対人援助のための
アートセラピー

山上榮子・山根 蕗

ART
THERAPY

誠信書房

序文

京都文教大学　森谷寛之

山上栄子さんが共同でアートセラピーの本を出版されることになったことは大変うれしいことである。山上さんは、神戸大学教育学部卒業後、神戸大学精神科にて心理臨床実践の研修を受け、精神病、神経症などさまざまな分野での心理療法や心理査定に携わって来られた。その豊かな経験を持ちながら、二〇〇一年、英国ハートフォードシャー大学大学院アートセラピー Diploma 専攻に入学し同 MA を修了され、イギリス政府認定アートセラピストの資格を取得された。本書は、日本とイギリスで体験したことを総まとめしたものである。

私自身は海外で学んだ経験が乏しい。山上さんのように海外で学ぶということは大変勇気ある行動で、素晴らしいことと思う。非常に心細い環境のなかで、苦労されながら自分の体験を深めてこられたことが本書を読むとよく分かる。私は自分の心理臨床実践の最初期から描画、箱庭療法、夢を主な方法としてきた。アートセラピーには私は本当に助けられた。その有益性についてはまったく疑う余地がないと思っている。その経験のなかで、私は「九分割統合絵画法」を思いつき、また箱庭療法からコラージュ療法に行き着いた。私自身はほとんど海外の影響を受けないまま研究を積み重ねてきた。それで私のしてきたことが海外のそれと比較してどのような位置づけになるのかはとても関心があった。

たとえば、イギリスのサンドプレイは、日本の箱庭療法とは違うと述べられている。カルフの規格化されたものではなく、もっと厚いものや丸い箱もあるという。そして中に配置されるアイテムも少なく、アイテムを置いて世界を構成するというのではなく、アイテムで「遊ぶ」のが目的と述べられている。すなわち、箱庭療法におけるアイテム（玩具）の意味が相当違っているのであろう。これは、私がコラージュ療法を言い出す時に、注目したことと関係があると思う。すなわち、日本では、このアイテム自体が進化したのではないだろうか。

カルフは文字通り「砂遊び療法」として考えている。「砂で遊ぶ」ことが如何に重要であるのかと述べている。アイテムは、カルフの記述の後の方でやっと出てくる。しかし、日本では「箱庭療法とは、砂箱に玩具を並べる」方法と定義されるのが普通である。これは玩具の表現力に力点が置かれていることを示している。そして、その延長に「レディ・メイドの組み合わせ」であるコラージュ療法がある、というのが私自身の研究の歩みなのである。しかし、この山上さんの記述を見ると、イギリスでは箱庭療法からコラージュ療法が出てこない、箱庭療法とコラージュ療法は別物なのだということが分かった。

日本では最近アートセラピーの高まりがある。私の大学では描画や箱庭療法、コラージュ療法などアートセラピーの実習や授業がたくさんあり、学生にも人気がある。治療法としてもまた学生、大学院生の教育効果としても有効であるということは実感している。しかし、そのセラピストとしての教育養成が系統的組織的に行われているとは言えない状況にある。その点、イギリスでは一九四六年から国家よりアートセラピストが任用されているという。このイギリスでの教育を身を持って体験し、また、イギリスで担当した豊富な事例を通してそのありさまを紹介してくれる本書は大変たぐい稀な書である。本書は日本の心理臨床の世界にも大きな影響を与えてくれるだろうと思う。

はじめに

さまざまな対人援助の現場では、アートセラピーや箱庭療法など、イメージを用いたアプローチへの関心がますます高まってきている昨今です。その理由のひとつとしては大きな伝える力となるはずの言葉だけではかかわりきれない事例が増えているからかもしれません。実際、マスコミで報道されることの多いいじめ、虐待、DV、災害や犯罪被害などトラウマがテーマとなるクライエントに、私たち臨床家が出会う機会は増えています。このトラウマという「言葉にならないほどの凍りついた外傷的記憶」(Herman, J. 1992) を取り扱うとき、言葉は無力にさえ感じられます。また認知症を含む高齢者のケアや、発達障害児（者）への援助では、非言語的接近がなくてはならないものですし、描画・造形活動を通じて彼らの可能性を知ることも多いのです。さらに日ごろの心理臨床活動のなかで、葛藤や苦悩を言葉で説明できない子どもが、何気ない絵のなかにその内界を表現し、一気に共感的理解が深まったという経験をすることはまれではありません。ではこのように、底深い力を秘めたアートセラピーをどこで学び、専門家としてどう自立していけばいいのでしょうか。この点については、日本はまだまだその教育体制は整っていないと言わざるをえないようです。

それに比べてイギリスでは、一九四六年、国家によりアートセラピストが任用されて以来の長い歴史があります。現在八つの大学の大学院教育において、アートセラピーが体系的に教えられ、毎年専門家としてのアートセラピストを輩出しています。それぞれの大学にはそれぞれの特色があるものの、基本的なカリキュラムはＢＡＡＴ

は学内、学外のほかに、協会から審査者が加わり、一定水準に達していると認められた学生だけが認定アートセラピストになることができるのです。

具体的な修学内容は第二章三節で述べますが、イギリス・アートセラピーの特徴は以下のことが考えられます。第一に、アートや描画を投映法テストの道具として考えるのでなく、表現活動として尊重する。第二に、セラピーとしてのクライエント・セラピスト関係が、基本的にはきちんと構造化されていること。第三に、セラピストが、精神分析や分析心理学など深層心理学の理論はもちろん、ゲシュタルト心理学やパーソンセンタードなど人間性心理学なども含んだ心理療法理論を幅広く学び、それらを必要に応じて活用できること。第四に、アートセラピストはセラピストであると同時に、アーティストとしての自覚と研鑽を積まねばならないこと。第五に、社会で認知され活躍するためには、現実の諸問題に目を向け、すでに確立された精神科臨床、教育臨床だけでなく、エイズ患者、ホスピスなどの緩和ケア、難民・移民などの異文化問題、犯罪者への矯正治療、被害者支援など、広く積極的な領域開拓をすることが求められるなどです。

イギリス・アートセラピーについては、すでに岡昌之監訳『芸術療法ハンドブック』(Case, C. & Dalley, T. 1992) が邦訳されています。著者のケイスとダリーはイギリス・アートセラピーの実践的、理論的中心人物ですから、これを精読すればほぼ概要はわかるでしょう。しかし、直訳のままだと意味が伝わり難い箇所もあります。何より、日本人の私たちがそのなかに身を置き、体験した訓練の実際をきちんと伝えておきたいという思いが強く、その思いに後押しされながら本書を書き進めてきました。

渡英に至るまで、私たちはそれぞれの領域で、アートセラピーにかかわってきていました。山上は長年臨床心理士として、心理査定や心理療法のなかで描画や箱庭を用いることが多く、イメージ表現への関心は大きいものでした。また山根は、海外でのボランティア活動や福祉領域で働くなかで、非言語的な接近の重要性を実感していました。このように働く現場は異なってはいましたが、ともに問題意識を持っての学びでした。訓練を受けるなかで、文化の違いを実感し、日本での直接的応用は難しいのではないかと感ずることもありましたが、それ以上にそこから学んだことは深く広いものでした

それらを日本に持ち帰り、私たちは心理臨床と高齢者支援の現場で応用実践を続けています。本書の第一章には、帰国後の事例を中心に、渡英前のものも含めてアートセラピーの実践例を挙げました。それらと、第三章のイギリス・アートセラピーの実習事例とを比較すると、よく似た進行をしているものもあれば、少し異なったアプローチをしているものも含まれています。渡英前の事例は、箱庭療法や風景構成法など、定着した技法が重要な役割を占めています。そして帰国後の実践、とりわけグループ・アートセラピーは、イギリスで学んだやり方をほぼ踏襲していますが、個別セラピーは臨床現場の諸事情のため変形せざるをえないこともありました。

言葉（論理性）を重視し、個としての境界をしっかり持って主張しあうイギリスと、その場の雰囲気（情緒性）を重視し、個を際立たせないことで協調しあう日本では、同じアートセラピーでもその展開の仕方は違って当然なのかもしれません。その違いを認めつつ、イギリスで学んだアートセラピーの心を忘れずに、クライエントのニーズに適ったセラピーをすることが、これからの課題です。私たちの訓練体験が共有され、心理職だけでなく、教育、保育、矯正、看護、介護などの対人援助の専門家や、アートセラピー導入を考えているさまざまな自助グループの活動に少しでもお役に立てばと願っています。

山上榮子

対人援助のためのアートセラピー　もくじ

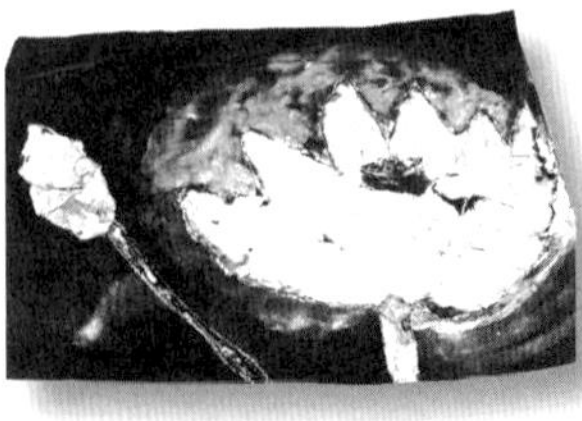

コラム

【第1章】

さまざまなアートセラピー実践

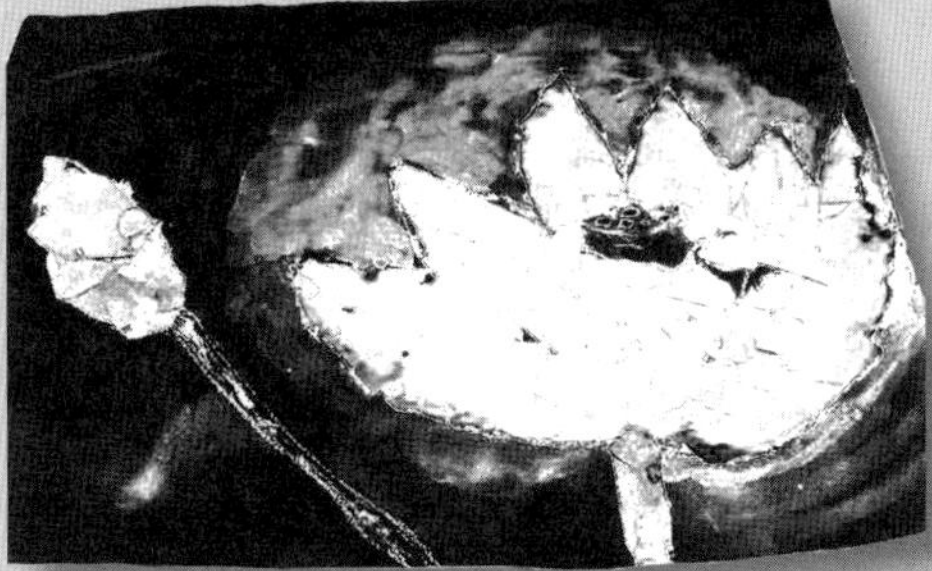

アートセラピーの有効性——事例を通して

臨床心理士としての私が、はじめてアートセラピーらしき対応をしたクライエントは、小学三年生の女の子でした。まだ臨床心理士という職名が世間に知られていない、一九七〇年代の前半です。「家でも学校でもそわそわしていて落ち着かない様子。夜中に突然大声を出して起き、部屋をうろうろしてまた寝る。どうなっているのか心配で」と、母親が受診の理由を話します。それに先立つ精神科医の診察で、「心理の先生」への相談を勧められたそうでした。その子とふたりだけになっていろいろ話しました。友達、家族、好きな授業、などについて、少しよそゆきの言葉と子どもっぽい言葉を混ぜながら応じてくれます。緊張しすぎず、なれなれしくもなく、私はほど良い距離を感じていました。「何か気になることや心配なことがあるの？」というこちらからの問いかけには「別にないけど」と言いますし、「落ち着かなくて困ることはある？」と尋ねても「分からへん（分からない）」と言うだけです。けれど、自覚はされていなくても、情緒不安定と夢中遊行という問題行動には出ているのです。「あなたは分からないのだけど、今までと少し違うみたいね。来週からここに来ていっしょに遊んだり、お話ししたりしてみますか。学校の先生やおかあさんとは違うことができるかもしれない」ということで始まりました。

こうしてセラピーを開始はしたものの、精神科病院の外来診察室です。無機的で、子どもの遊ぶ物は何もありません。紙に碁盤の線を描いての陣取りゲームやトランプをして、最後に絵を描くことが定番になりました。クレヨンで丁寧に描いた絵は、「金網の中の鶏の親子」をはじめとして、どれも意味深いものでした。はじめのころ言葉では語られなかった家族間の葛藤や、心を痛めている長女としての女の子の姿が徐々に浮かび上がってきました。描いた絵をきっかけにして、実際の生活のことや理想の家族の姿が、少しずつ彼女自身の言葉になって出てきました。その子は授業を終えて遠くから通院してくるので、セラピーを始めるとき、すでに夕暮れです。私はその時間を楽しみに待つようになりました。一時間のセッションが終ると外はもう真っ暗でした。新米臨床家の私は、その子の絵の力に支えられてセラピーを続けることができたのです。

このように、描画での表現が子どもの無意識を浮かび上がらせ、子ども自身が外的、内的現況を認識していく。意識化し、受け容れることで心が落ち着き問題行動も消失したという、アートセラピーの力強さを実感できたのは、とても幸運なことでした。しかし、成功例ばかりではありません。むしろその何倍もの中断や失敗したケースが、私の臨床体験の底で眠っています。その例としてあるのは、身体化障害の患者さんです。身体症状の辛さだけを強調し、悩みや感情にはいっさい触れない人たちに、何とかイメージを通してのかかわりを持ちたいと思いました。けれど、描画や箱庭に誘ってもやんわりと、時にはきっぱりと断られます。身体化という防衛機制でがっちり固まった患者さんへの、アートセラピー導入には、セラピストのよほどの許容力、時が熟するのを待つ力を必要とするようです。

また、解離性同一性障害の三〇歳代女性については、セラピストとしての後悔と痛みなくして思い出せません。セラピーが始まって数回目のことでした。それまでは、「交代人格がしたことを全く覚えていないので怖い」「自分の子どもがどう思っているのか、悪い影響を与えていないかと心配」というような、言葉でのやりとりだけでした。私は内的自己イメージを知りたくて、査定も兼ねてバウムテストをしました。枝、葉、実の全くない輪郭だけの木でした。「どんな木ですか?」の問いに、「こんな……」というだけです。攻撃的な人格が暴れまわり、奔放な女性が性的逸脱行動に走る、そしてやさしいシングル・マザーが子どもの世話をする、というめまぐるしく動く現実生活とは異なり、空虚感の漂うものでした。その空虚感を一本の木の絵を通して、彼女自身も知らされたのです。たった一枚の絵ですが、事実を突きつけられ、残酷なものでした。二日後、怖れていた攻撃的人格によって、その女性は殺められました。自死してしまったのです。描画を促すことの重みと、描かれたものを受け止めるセラピストとしての覚悟の足りなさを、今も自戒し続けているケースです。

精神科病院に入院している統合失調症の患者さんにも、いろいろなアートセラピーを試みてきました。絵に関心のある慢性期の患者さんが集まり、数人のグループ・セッションを毎週一回、病棟で行いました。毎回同じ「九歳の自分」の絵を描く中年の統合失調症の女性、メンバーどうしのかかわりが少ないことなど、興味深い発見もありましたが、作業療法でもなく、レクリエーションでもない、アートセラピーそのものを自分はしているのか不安でした。時には、研修会やスーパービジョンにいくつかのケースを提示し、諸先生の助言もいただきました。しかし、日本ではアカデミックなアートセラピーコースがないため（二〇〇八年現在、二つの大学にアートセラピーコースがあるそうです）、アートセラピストからの助言や指導はもらえませんでした。確かな基盤を持ちたい、アートセラピーを本格的に学びたいという思いはぶすぶすくすぶり続けていました。

そんなとき、阪神淡路大震災が起こりました。自宅は部分損壊でしたが、勤務先のひとつであるクリニックが全壊し、仕事に行けなくなりました。亡くなった知り合いもいました。妹の家族が被災してしばらく同居しました。ガス・水道などインフラの復旧まで不自由な生活が続きました。けれど、これぐらい大したことではない、もっと大変な人々がいる、多くの神戸の人はこう思って援助活動をしたのです。私も兵庫県臨床心理士会の支援活動に参加しました。最も被害の大きかった地区のひとつ、長田区の保育園にボランティアで入りました。子ども、保護者、保母の方々とかかわりましたが、一番私を待っていてくれたのは、主任保母の先生でした。現場の管理者としての気苦労とストレスは大変なもので、私の役目はケアする者のケアだと自覚しました。こうして瓦礫の中を通い、被災しなかった地域の勤務も続けました。「自分は元気」と思っていました。ところが、二カ月過ぎたころ、突然心身疲労と無気力に襲われたのです。自分自身の正直な感情を抑圧し、ストレスを溜め込んでいたのですから、排出する受け皿が必要だと痛感しました。はじめは、若いころ少し習った日本画の画材を引っ張り出してきて、絵を描いていましたが、保育園で出会う三歳の女の子をヒントに、お話を作りたくなりました。後に『ふうちゃんとじしんかいじゅう』という絵本になりましたが、今思うと、絵だけでは感情を排出はできても、心の収まりはどうだっただろうと感じます。そのとき、傷ついていた私はもうひとりの私に、この話を聞いて欲しかったのではないか。アートセラピーのシェアリング（アート制作の後、セラピストと作品について話し合う）の役割を物語がしてくれました。この自己治療としての絵本作りは、アートセラピーの有効性を確信する機会となり、ますますしっかり学びたいという思いが募ってきました。そして、変わり果てた神戸の街を目の前にして、「何が起きるか分からないのだから、今の自分の気持ちを大事にしよう」と、渡英を決心しました。

では、「なぜ、イギリスでの学びを選んだのか？」の問いには、公的、私的の二つの側面における理由があります。公的には、タビストック研究所で有名な精神分析が、どうアートセラピーの実際に生かされているのかを学びたかったこと、分析心理学の発達派や元型心理学の臨床家がアートセラピストとして活躍しているのを文献で知っていますが、実際どんなセラピーをしているのか、指導を受けてみたいということでした。もちろんアメリカでのアートセラピー学習にも魅力を感じましたが、そのとき自分の気持ちにぴったりしたのがイギリスだったわけです。私的な理由については、自分の内的な問題と向き合うにはイギリスしかないと、そのとき思ったからです。人の行動を後押しする動機は、おそらく私的な衝動のほうが強いのでしょうが、ここではそれ以上は触れないことにします。第二、第三章で、否応なく滲み出てくることになります。

さて、本章では、私たちが携わったアートセラピーの一〇の事例を紹介します。七つの個別事例は、小学生、中学生、大学生、成人男女、高齢者など、偏らないように選びました。また症状や主たる問題点は、いじめ、不登校、社会恐怖、虐待、ひきこもり、発達障害、認知症など、今、社会で多くの人が関心を寄せるトピックスばかりです。これらの問題に個々のクライエントがいかに向き合い、アートセラピーだからこそ回復につながったという過程を提示していこうと思います。

本章での発達障害と高齢者の事例は、アートセラピーの設定枠で実施し、終了までの期間は半年から一年でした。セラピーの流れとしては、①受理面接、②アートセラピー導入と同時にアートセラピーによる査定、③アートセラピー（アート制作と言葉によるシェアリング）、④終了となります。それ以外の事例は、臨床心理士による心理療法の枠組みの下に、アートセラピーを適宜導入したものです。したがって、治療過程の定式としては、①受理面接、②心理査定を混ぜながらの面接、③アートセラピー導入、④言語による面接、⑤終了、となります。もちろん、③と④の過程は何度も繰り返されますし、全期間も二～三年でケースによって異なります。また、注意したいのは、アートセラピー導入後も、言語は大切な治療媒体として、つねに存在するということです。例として、社会恐怖の大学生のある日のセッションを振り返ってみましょう。入室すると、クライエントは、今気になっていることや困っていること、前回からの変化などを話します。言葉でのやり取りの後、セラピストが非言語的方法（描画、コラージュ、箱庭など）に誘います。この方はコラージュを選択しました。「今日は何も作りたくない」というときは、もちろんそれ以上勧めません。制作のあと、ふたりで話し合います。この作品を作ってどう感じるか、何か連想することがあるかなど、クライエントの気持ちや感情に焦点を当てます。十分話し合った後、次回に向けての具体的、実際的生活の話題に戻ります。クライエントの意志をクライエント自身が語り、ふたりで確認しあってこの日のセッションは終了、ということになります。このように、言葉での意識化と定着はとても大切です。

七つの個別アートセラピーがすべて臨床群であるのに対して、グループセラピーは、高齢者を除いて臨床群ではありません。対人援助職のケア、母子のイメージ遊び、自己啓発というフィールドにおいても、アートセラピーが十分活用できるという例として示しました。アート素材も絵の具やクレヨンだけでなく、ウールや小石、落ち葉、空き箱など三次元の物も豊富に取り入れました。この素材の広がりは、イギリスでトレーニングを受けた成果のひとつです。何でも材料になりますし、もし材料がなければ鉛筆一本、紙一枚でもできます。一セッションの時間は個別アートセラピー五〇分が目安ですが、グループになると、一～二時間必要になることもあります。どういうセッティングでするのか、クライエントのニーズや体力・気力に応じた柔軟で多様な対応が望まれます。

CASE 1 いじめを受けた一〇歳男子

【事例】

まさる　一〇歳　男子　小学四年生

【主な問題】

- 登校前になると頭痛と微熱が出る。
- 不眠、ときによれば一晩に一時間しか眠れないこともあると訴える。
- 両親に怒られると身震いをしながら泣き叫び、パニック症状を呈する。
- 便秘と遺糞がある。

【来院するまでの経緯】

小学校に入学してから、体の小さいことや標準語をしゃべることでいじめにあい、登校を嫌がる。とくに四年生の春ごろからは、朝、微熱と頭痛がひどく、それを押しての登校が続いている。休日や登校した日の午後には症状もおさまるので、両親も本人も内科的な問題ではないと感じ、神経内科を受診。

【家族と生育歴】

高学歴で知的な職業についている父母と、幼稚園に通う妹の四人家族。一家は数年前、遠方より転居してきており、現在住んでいる地域には親ともどもなじみが薄い。二～三歳時のトイレットトレーニングの結果、おむつはとれたが便秘がちで、親が促さないとトイレに行かない。赤ん坊の時は夜泣きが多く、指しゃぶりもずっと続いたままだが、学校ではいっさいしないという。

面接経過

第1期　いじめられ体験について話す〔X年5月〜7月〕（#1〜#7）

（親が教師に相談したため）「いじめっ子もいなくなったけど、親友もはなれた。ランドセルにつばをはきかけられたり、田んぼにつきおとされたりした。（皆）ストレスがたまると僕で解消していたのかな。三年のとき転校生が来て、その子にターゲットが変わって、僕は少し楽になった。いじめっ子がうろついていると思うと、気持ち良いとはいえないよ」と冷静に、むしろ他人事のように話しますが、大人っぽい話し方と小さく可愛い外見が妙にちぐはぐでした。

査定を兼ねて風景構成法（図1―1）を描いてもらいました。その特徴は以下のようなものです。画面全体はべた塗りされ、強いエネルギーとともに、何かを塗り込めずにいられない隠蔽傾向も感じさせます。「道」（＝社会化への過程、あるいは個人の発達の過程）だけが彩色されず（＝感情が伴わず）、手付かずのままです。その「道」が、まさるの内的世界を上と下の二つに分断しています。地下の（＝無意識の）世界はまだ眠ったままです。道の下に太く大きく横に流れる川が、よどんでいる強い衝動性と、それが明るみに出て来ない内的状況を表しています。左に見える小さな「田」は母性的な守りの少なさを予想させ、保護される空間は狭いと感じているようです。

上の世界に眼を転じてみましょう。ここ、自我のレベルで特徴的なことは、「動物」「木」「家」「人」「花」がそれぞれ「道」に面して並んでいることです。社会的な場面での意欲や意気込みを感じさせます。しかし意気込みに比べて、「人」の顔には目鼻口がなく、足を投げ出したように座り込んでいます。「家」の戸も真っ黒に塗られ閉ざされています。このような退行的傾向と他者に対する拒否感は、外に向かってがんばらねばならないという思いと

図1－1　第1回目の風景構成法

拮抗することになります。また、イヌは太い鎖につながれて吠えています。怒りは相当強いのですが、その太い鎖のために自由に動けず、攻撃性はうまく生かされません。しかしこのような問題を孕みながらも、全体の構成はしっかりしています。高い知的能力をうかがわせますし、白い雲が流れているのも少しほっとさせます。このわずかな自由さに、これからのまさるの変容の可能性を感じました。

このころまさるは箱庭療法(1)の箱のそばに座り込み、ほとんど毎回のように道路作りをしていました。工事中の看板を立てて、**「ただ今工事中、注意！」**と呼びかけます。発達の次の段階に向けて、地固めしているかのようです。ブルドーザーやダンプカーが何台も行き来して、土を掘り、砂を運んで行きます。ときには救急車を道端に待機させたりして、いざというときに備えます。工事をしているまさるを、じっと横で見守っているセラピストが救急車なのでしょうか。何度も何度も土をぎゅっと固めて、新しい道を作っていくのです。イメージ表現を通して社会化を内的に試みようとはするものの、現実生活では、「**体力が弱いので鬼ごっこで狙われる**」と、遊びのなかで、弱い者いじめのターゲットになっていることを話します。また、父母の圧力を皮肉たっぷりに語ります。ところがこの時期、はじめて自分から友達の家に遊びに行くことができました。

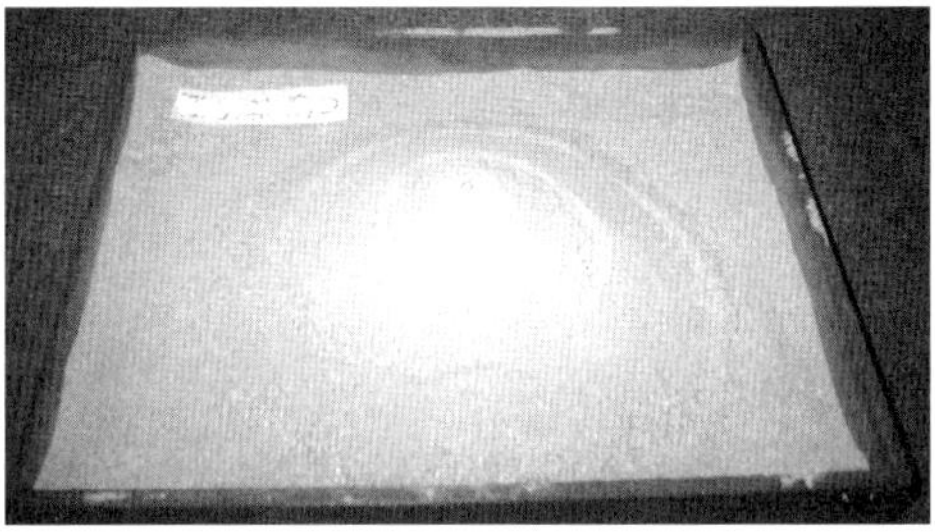

図1−2　丸い山

第2期　母なるものへの甘えから現実の母に甘えるように

〔X年8月〜X＋1年1月〕（#8〜#17）

道作りに終始していた箱庭が、丸い山〔まさに乳房のよう（図1−2）〕に変わりました。アイテムをすべて排して、山だけを丸く丸く大切に作っていきます。母なるものへの甘えや依存欲求を、イメージで表現できるようになったのです。これには、砂の退行促進的傾向（2）がずいぶん関係していたようです。実際まさるは、何度も砂をすくっては落とす行為を繰り返したり、砂をぎゅっと下に押し付けたり、その感触を楽しんでいるかのようでした。母親に対しても、汚れたパンツを恥じることもなく「**洗って**」と出したり、「**パートの仕事に行かないで**」と言うようになりました。そのまさるの要求に母親も応えて、仕事を三カ月間休んだそうです。また、汚れたパンツを発見して、「**私にわかってほしいのかもしれない**」とまさるの心を推し量るような、やさしさをみせるようになった母親でした。

学校生活では、みんなの好きな格闘技のゲームには興味がなく、頭を使うゲームのほうが好きなようで、ほかの子どもとの違和感を話します。サッカーの時間は走るのが遅いのでグランドの隅にいます。「**窮屈な風船に閉じ込められた感じ**」と話し、学校で本当の自分を出せない不自由さを述べます。ただ、「**いじめっ子は避けている。近所の子には機嫌よさそうなら声をかける**」と、その場の状況を見て、上手にふるまうことはできるようになりました。

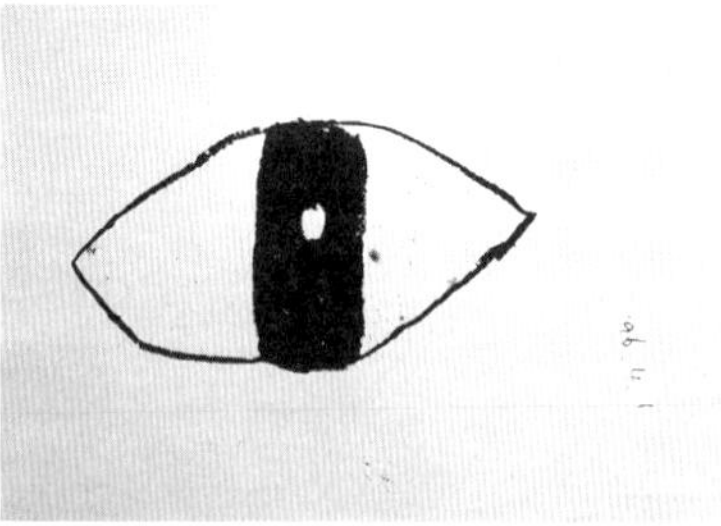

図1−3　「キャラクターの目」

図1−4　「下半身裸のゲームキャラクター」

第3期　複雑な思いを描画で表現〔X＋1年1月〜12月〕（＃18〜＃32）

「仕事も家事も忙しいけれど、甘えてくる息子にも応えてやりたい」。身体も心もいっぱいいっぱいになった母親が、感情の大爆発をさせます。その情況に父親も加わり、二人の怒りにまさるはパニックになります。しかし、セラピスト（筆者）には**「親をぎゃふんと言わせたい」**と話し、いずれ逆襲するぞという覚悟を秘めた攻撃性を見せ始めます。安心できるセラピスト−クライエント関係と、箱庭や描画材料も含んだこのアートセラピーセッティング全体が、ウィニコットの言う「ホールディング環境」（Winnicott, D. W. 1971）となっているのです。実際、このころからまさるの関心は箱庭療法に代わり、描画で自己表現することを選ぶようになりました。「キャラクターの目」（図1−3）[3]を描いたセッションでは、まさるが以前に同様の絵を描いたとき、「ギラギラしてこわい」と、友達に言われたことを連想しました。外界からの脅威の目を感じるだけでなく、にらみ返すような、抵抗する力が自分にもあるのだ、と認識し始めています。一方、朝の登校前、ぐっと母親に抱きしめてもらわないと家を出られなかったり、**「どうせ僕より妹がかわいいのだろう」**とすねるような、子どもらしい甘えを母親に表現します。自由画では「下半身裸のキャラクター」（図1−4）を描きました。サングラスをかけて、耳が強調され、「悪魔の羽」をつけて、**「あそこ（下腹部）は見せるのはめんどくさいから黒く塗った」**というものです。第二次性徴で刻々と変化していくまさるの身体です。性衝動は悪

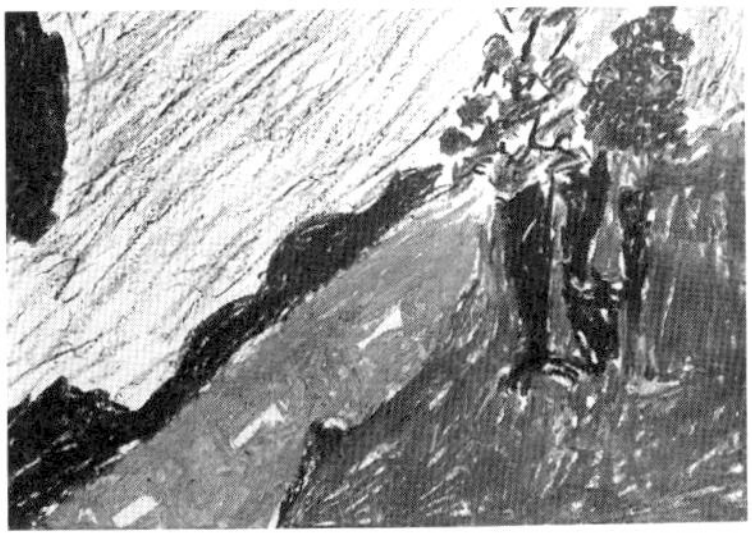

図1−6 「激しい流れ」

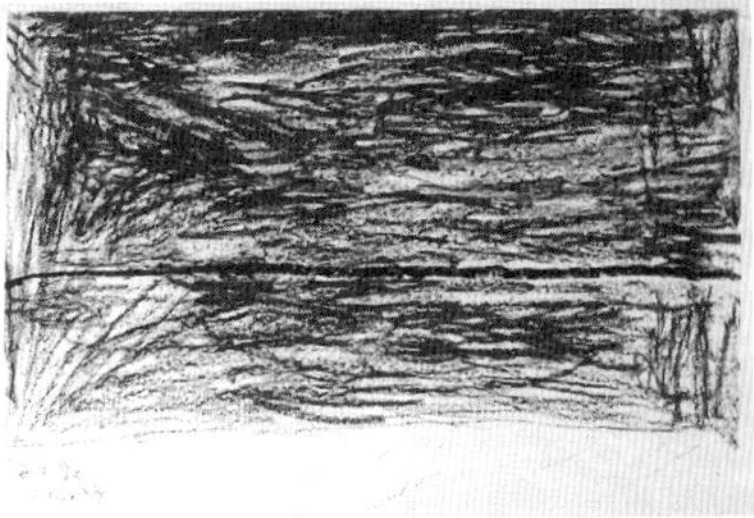

図1−5 「海も空も群青色」

魔のささやきのように、誘惑的なものなのです。友達のひそひそ話が聞こえてくるけれど見たくない。サングラスをかけて見ないようにしようとする、前思春期の不安定な情動が表現されています。

学校では「**笑わせるネタを考えて、隣の子に言ったらシラっとされた**」と、周りに受け容れてもらおうとがんばりますが、まだ冷ややかな視線を感じています。塾でも笑い者になって落ち込む自分と、失敗を笑い飛ばすほかの子の強さとを比べます。排便をめぐる葛藤や強迫傾向を自覚するものの、行動は一進一退です。このような混沌とした状態を「海も空も群青色」（図1−5）という形態のない絵で表します。また「激しい流れ」（図1−6）を画面からあふれるばかりに描きます。治療当初の風景構成法に描かれた川、よどむ川とは全く違うイメージが出現しました。コントロールを失ったのではないかと心配してしまうほどの激しさです。思わず、私は「わあ、すごい川ね」と言いました。まさるは、「**うん、すごい急流なんだよ**」と答えました。エネルギー放出を描画という媒体を通してできたことに、まさるの自我の強さを感じます。家では父母に怒られてもパニックにはならず、自己弁護するようになりました。感情が流れ出すとともに、便秘は治り、不明熱などの身体症状も消失しました。友人の家にもためらいなく自分から出かけ、育ってきた自己を感じさせます。

最後に描いた絵は、「**食いしん坊のゲームのキャラクター**」（図1−7）でした。ピンク色に全体が塗られ、甘くかわいい雰囲気を漂わせています。自分の欲求を認

図 1－7　「食いしん坊のゲームのキャラクター」

め、子どもらしさを自分のものとしたまさるです。この絵を描いた後、まさるはこれまでのことを振り返るかのようにつぶやきました。**「初めのころ辛い思いした。キャラクターは一番かわいいのがクラスの人気者になる。僕は自信がなくて出さなかった。はずされると虚しいし……」**。いじめられないかとびくびくしていたことは、過去の話になりました。そして、校内マラソンでは今までにない成績を上げ、本当の強さも獲得したようでした。

第4期　元気になったまさるの後ろに〔X＋2年2月～9月〕（#33～#35）

友人と意見の衝突があると、けんかをするほど元気になったまさるは、開始から二年でセラピーに来なくなりました。リーダーシップをとってみんなとも遊び、父親には大きな声で言い返し、そして男性としての生理現象が始まったまさるは、まさに前思春期から思春期真っただなかに入ったのです。後に残された母親だけが来院し、初めて涙を流します。そして自分自身の問題を話し始めましたが、まさるの問題が消失したので、治療は一応終結したいとのことでした。母親の相談にはいつもオープンであることを告げて、治療が終わりました。

考 察

知性と情緒発達のアンバランス

指しゃぶりや遺糞などの幼児的症状と、頭痛や不眠という大人びた症状の混在は、まさにまさるのメンタリティを象徴していると言えるでしょう。つまり知的な能力は非常に高く、学業面でも十分成果をあげている一方、社会性に乏しく情緒的には幼児そのものというアンバランスのなかに彼がいることです。しかもその知的能力は学業だけでなく、親や級友に対する鋭い観察にも表れ、的確で、ときには辛らつな言語表現すらしてしまいます。このような特別の能力を持った子どもを、ほかの子どもは疎ましく感じてしまうことがあります。しかも、話す言葉や雰囲気なども、住む地域共同体とは違うものです。このような異分子的存在に対する、情け容赦のないほかの子どもたちのいじめに、対抗できないまさるでした。母親や教師の介入により、あからさまないじめはなくなりましたが、まさるの心はまだ不安でした。それが登校時のさまざまな身体症状に出ていました。また、母親に甘え、そして受け容れられる体験を逃してしまったまさるは、家庭においても心的にはアウトサイダーでした。家族一人ひとりの特徴を、皮肉っぽく見るような冷ややかさがありました。そしていったん両親に怒られるような、自己の感情が関与する場になると非常に混乱し、プリミティブな反応を返すのです。このような未熟な情緒性を防衛するために、さらに知的、論理的側面を強化するというサイクルができあがっていました。

一〇歳の意味

しかし一〇歳という「時」が、彼を内界から突き動かしはじめたのです。一〇歳については、村瀬（二〇〇六）が心理的転換の時期として、「良き保護に支えられてこそ、自律への志向は現実的に適応的な意味のある行動として発現する」ことを指摘しています。また、伊藤（二〇〇六）は、サリバンのいうチャムシップ[4]が一〇歳の「個」の体験を補うと言っています。つまり、同性同年齢の友達がいるからこそ孤独を共有し、絶望感から救ってくれるというのです。まさるの場合、両親の情緒的な守りは、彼の欲求と少しずれたものでした。また友達はまさるを脅かす存在でした。このようななかで一〇歳の自律にむけての課題を成し遂げるのは大変なことです。

ここにアートセラピーが有効に働きました。まさるを防衛していた言葉（＝論理）の力を借りず、生の自分自身が砂やアート材料に向きあったのです。カルフの言う「自由で保護された」（Kalff, D. M. 1966）セラピー空間で、求められなかった甘えを砂に表現し、怒りや性衝動などの激しい情動を描画で表しました。まさるが「急流」を描いたとき、私は思わず「すごい川だね」という言葉で返しました。大きく変容したまさるに驚いた自然な感想でした。このとき、まさるの排出された衝動性は、違う形で彼のもとに帰っていったのです。ビオンのいう「アルファ機能[5]」をその「急流」の絵が、そしてセラピストのことばが果たしたのです。つまり、「赤ん坊（まさる）[6]のまだ耐え難い情動経験を自らの（絵の、セラピストの）心のなかに受け取り、それを許容し、処理し、最後には赤ん坊が（まさるが）耐えることのできる緩和された形で赤ん坊（まさる）に返し」（Symington, J. & Symington, N. 1996）たのです。この内なる衝動の受容は、まさるを自己主張と協調という友達とのほど良い関係へと導いてくれました。内的な安全感の獲得によって、現実の母親に対しても素直に甘えるようになりましたし、また母親自身も彼の甘えを受け容れるように変わったのです。このように、アートセラピーをきっかけにして、まさるは確かな自我感情を得て、思春期へと突入していきました。

注

（1）箱庭療法▼私の見たイギリスのサンドプレイは、日本の箱庭療法とは少し異なる。カルフによる規格化された砂箱を使うのでなく、もっと厚みの深いものや、丸い形の物があった。アイテムの数も少なく、アイテムを置いて世界を構成するというのではなく、アイテムで遊ぶのが主たる目的で、まさにプレイであった。

（2）砂の退行促進的傾向▼箱庭の砂に触れること自体が遠い日の感覚を呼び起こすのか退行的になる。幼児期の砂遊びは多くの人が通過してきた原体験。

（3）「キャラクターの目」▼ゲームのキャラクターのこと。当時まさるのクラスではかわいいキャラクターを競って作っていた。

（4）チャムシップ▼青年期前期における同性同年輩の友達関係。

（5）アルファ機能▼生の感覚データを自己が理解できるような内容に変える精神機能。

（6）括弧内の（まさる）（絵の、セラピストの）は著者が加えた。

CASE 2 不登校男子中学生の言葉とイメージによる表現

【事例】

かつと　一四歳　男子　中学二年生

【おもな問題】

● 朝の食欲不振としんどさによる不登校。
● 学校での緊張に伴う身体症状（手足のしびれや胸の痛み）。

【現病歴】

中学入学後、「軽い冗談や大人っぽい遊び」の多くなった級友に違和感を持ち始め、登校しづらくなっていた。二年生の一学期は一週間に一日休む程度だったが、二学期になり同級生の女の子に「まじめで変」とからかわれたことをきっかけに、全く学校に行けなくなる。不登校を始めて一〇日目に、母親に付き添われて精神科を受診。

【生活歴】

小さな町の名士である父方祖父母、父母、弟妹らとともに居住。小心で職場不適応を起こしがちの父親にかわり、祖父母から期待されて成長。

小学校では、期待に沿うように勉学にも社会性にも優れ、リーダー的存在。外では活発だが家のなかでは父親が職場の不満をもって帰り、家族に当り散らすためいつもびくびくしながら過ごしていた。母親は、病床に伏す祖父を長年看病し、二〜三カ月前見送った。

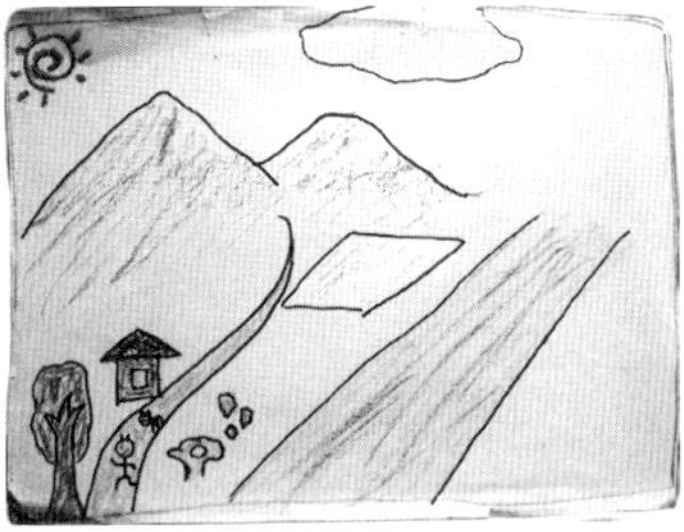

図２−１　第１回目の風景構成法

面接経過

第１期　友達を責め、父を責め〔X年10月〜12月〕（＃1〜＃9）

初めて面接室に入って来たかつとは、高校生と間違えるほど体格がよく、大きな声で学校での不適応感を話します。「**中学になってふざけの多くなった友達に合わせようとするが、むこうが乗ってこない。こちらも乗りにくくぎこちない。そのことで頭がいっぱい。授業中の冗談やふざけを見るとたまらない。ぼくはまじめ。その日に学校であったことや明日のことを考えると落ち着かない。学校に行きたくないが、行かないといけないと思うとしんどい**」ということを、語気強く話します。「**いろいろ考え込んでしまう自分が嫌**」とも言いますが、単なる劣等感だけではなさそうです。「**むこうが乗ってこない**」に、操作したいのにできない不満を感じます。友達は思春期男子特有のふざけを享受しているのに、内的にも対人関係的にも思春期に入れないで、幼児的な全能性にとらわれているかつとです。

第一回面接時の風景構成法（図２−１）は、空白部分が多く、全画面を扱いかねています。全体の構成も一応あるように見えますが、川だけが大きく右側に流れ、別の世界を作っています。高まってきている内なる衝動性を、どう自分のなかに位置付けて良いのかわからない感じです。家に扉がないことや、左に向いて走り去ろうとする人間は、社会的場面からの撤退傾向にも見えます。彩色はアイテムを塗る

図２－２　静的な「町」

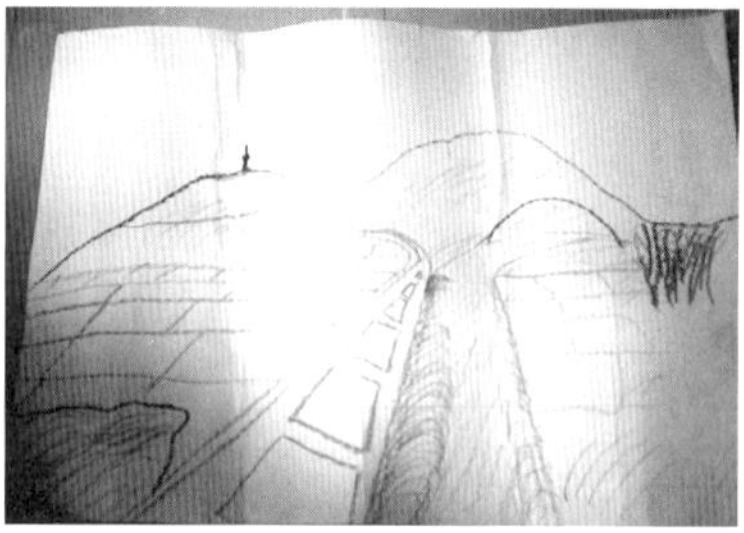

図２－３　「分離帯が大き過ぎた高速道路」

のがやっとで、背景は塗られていません。色（＝感情）を扱うのには臆病なかつとです。その他者との情緒交流に関する臆病さは、友人や家族の間だけでなく、セラピストである私に対しても、最少で済ませようという志向を感じます。言葉でいっぱい話したい、聴いてほしいという意識的態度とちょうど反対です。この風景構成法でもっとも目を引く「誘目性」（皆藤 一九九四）は、渦巻き状の太陽です。黒い輪郭線に真っ赤なクレヨンでなぞった太陽は、光を与えると同時に、巻き込む（呑み込む）働きをも持つ強力な存在です。グレイト・マザー[1]的な、あるいは世界を統《す》べる神的な、かつとを支配する何かが気になりはじめています。渦巻き状の太陽は、それらを集約するシンボルのように感じました。

「学校へ行く気になれない、みんな軽い。ふざけたテレビの話にうんざり。僕はまじめなドラマや静かな音楽が好き。ネクラとか面白みがないと言われて、自信をなくした。小学校のときは、クラスの中心人物だった。まわりの子が急に僕の言うことに耳を傾けなくなって、弱気になった」ということを毎回のようにセッションで話します。自分と同級生の違いによる居心地の悪さは意識化されていますが、万能感を捨てられない幼児性については気づいていません。初めて作った箱庭は、左右対称で、静的な「町」（図２―２）です。堅苦しく小さいまとまりを持っていて、かつとの強迫傾向が表れています。と同時に、彼の家族や住む地域の雰囲気を感じさせるものでした。伝えたい思いいっぱいの「電話ボックス」がこれからのセラピーの可能性を表しています。二つ目の箱庭は「アフリカのサバンナ」ということで、野生動物を置き、「**一番好きな動物はライオン**」と言います。百獣の王ライオンへの同一化願望の反面、「親ヒョウの下に隠れている二匹の子ヒョウ」を置き、親に守られていたい依存性の強さも出ています。

学級委員長をしているかつとが学校を休み始めると、職場で辛い思いをしながらも、かろうじて出勤している父親は、激しい反応を見せます。「家をぐちゃぐちゃにするおまえなんか殺してやる」とかつとにつかみかかり、酒量が増えます。かつと自身も応酬し、取っ組み合いのけんかになります。それは親子げんかというより、ともに親からの分離独立がなされていない、未熟な兄弟げんかのようなものでした。「**生活がルーズになってきた、ぼくがこんな性格になったのも父のせい。全部罪を父に押し付けたい。母は何でも良いようにとってやさしい**」と話し、悪＝父、善＝母というスプリッティングがなされます。同じとき、自由画にも、「分離帯が大き過ぎた高速道路」（図2-3）を描きました。分ける（スプリットする）ことに注目し過ぎて、肝心の道路（＝外とのつながりや内的な発達）は細く、車は通っていません。そして「**今登校すると父が悩まなくなる。父は甘えから登校しないと思っている。そうではない、父に抵抗している。友達関係で悩み出したときわかってくれなかった**」と言います。不登校は父親へのリベンジだと自覚していますが、母親にとりこまれていることには無意識のままです。

第2期「何で学校に行けないのか分からなくなった」〔X年12月～X＋1年2月〕（#10～#18）

「**理由がわからない、さぼりぐせ？　苦しいのを避けている？**」と不登校の理由が分からなくなっただけでなく、「**自分の性格はまとまっていない、高望み？　さみしがり？　気が弱い？**」と、自己イメージが混乱してきたことを言葉で話します。またこれまでの箱庭では、整然とした「町」を作る日があるかと思えば、「アフリカのサバンナ」を作る日があるように、静と動の両極端が交互に出てきていました。ところがこのとき、「西部劇」（図2-4）という作品を作りました。それはどちらが敵なのか方向も定まらない、乱戦のシーンです。そうしているうちに、「**（自**

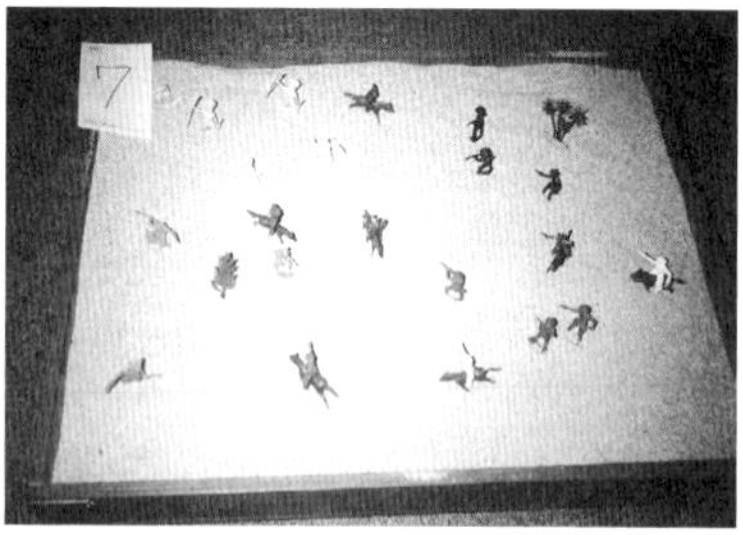

図2―4　「西部劇」

図2―5　「猟師がツルを食べた」話

分に）合わさないほかのやつが悪いと思っていたのは、甘ったれていたのか。でも認めたくない」と、自分の思い通りに外界を動かせるという万能感的な幼児性について思い至ります。しかし、洞察が生まれることは、これまでの適応形式がゆさぶりをかけられることでもあり、現実行動では、父親との関係がさらに混乱していきます。かつとは父親とのバトルを、「**父と追いかけっこ**」と言い、まるでじゃれて遊んでいるかのようです。泣き出す父親をなだめたり、これまでの苦労を愚痴る父親に同情したりと、精神的には、かつとが父親役で、しっかりした立場を取らざるを得ません。

内的な揺れはMSSM法（Mutural Squiggle Story Making　交互ぐるぐる描き物語統合法）（山中　一九九〇）による激しい表現でも表れます。「**山と湖があって、山のてっぺんに旗が立っていた。その湖にツルが来て、浮かんでいた靴を取って山に行った。道端にとうもろこしが落ちていた。それは猟師の罠。猟師がそのツルを撃とうとして、ハートを撃ち抜かれて、ツルが殺された。猟師がツルを食べた**」（図2―5）と話を作りました。自分を被害を受けたツルに同一化していますが、攻撃者である猟師もかつとの一側面でしょう。私はすさまじい結末に唖然とし、思わず「わあ、すごいことになるね。この話を作ってどう思う？」と聞きました。「**とうもろこしと靴に気を奪われ命を落とした**」と言います。「**油断するまいぞ**」というのが意識的な態度です。深層的にはバイオレント・ファンタジー[2]と言えるほどの激しい衝動の存在を予想させます。箱庭に、「サメがいる海」（図2―6）や「ワニが

図2－6　「サメがいる海」

図2－7　「ワニがいる川」

いる川」（図2－7）という母性的世界への脅威を表現しつつ、一方では行く手を照らしてくれる「灯台」を配して守りを持ちながら、「戦闘機が飛び立とうとしている」イメージを作り、登校することを決心します。

第3期「自分を出すこと恐怖症」の自分〔X＋1年2月～12月〕（#19～#29）

登校しますが、クラスで浮いている感じは消えません。「戦闘機」という決死の覚悟で学校に来ているのですから、楽なはずがありません。ふざける子についても、「**そういう子がいるから楽しい**」と受け容れるものの、「**みんなが笑うか笑わないかを考えて笑う**」と自由ではありません。行動的には、まじめ一本だったのが、お笑い番組も見るようになりました。これまで「まじめで変」と言われていたかつとが、「シモネタのかたまり」と噂されるようになります。身体の変化が厳然として出現する思春期の男子が、性的なことへの関心を持つのは自然なことですが、はじめはそれを拒否していたかつとでした。変わろうとするプロセスで反転を起こすと、とんでもない行動化になってしまうことがあります。

帰宅すると、「**学校で疲れるから家では楽でいたい**」と父親に愚痴をこぼします。逆に今まで愚痴るばかりの父親が俄然元気になり、パソコンの練習に励みます。役割が交替してきました。「**気楽にすることがわからない。気楽にしたらまた人を見下げるのじゃないか**」「**自分をどう出してよいかわからない。良い子でないと不満を持たれているようで、捨てられたみたいで情けない。昔から親が決めていた。父**

図2−9　第3期の風景構成法

図2−8　「アフリカの世界」

のむちゃするのが怖かった。あやつり人形になったみたいで何しても手応えない」と、今まで主体性を持たず、家族の価値観や期待どおりに動かされてきたことなどを振り返ります。とりわけ「**悩みは母に相談してきたが、友達にマザコンと言われてぐさっときた。心の底では気づいていたが認めたくない**」と話し、母親の何でも受け容れてしまう地母性について意識化します。第2期に引き続き、いろいろな側面をそのまま出してよいのだというセラピーでの抱えられ体験(3)が、「『**自分を出すこと恐怖症**』**の自分だ**」と「**自分を出し**」、客観視できるまでになりました。

箱庭の「町」も、以前のように人気がなく堅いものではありません。「**雨の中を歩いている人**」と寂しさを感じさせる人を登場させながら、一方では「**宣伝の飛行機が空を飛んでいる**」と「**目立ちたい**」欲求の強さや全体を俯瞰する態度を表すなど、いろいろな思いを抱えたダイナミックな心的世界を表現します。また「アフリカの世界」（図2−8）も、「**トラがシマウマを追いかけている**」という、強い者が弱い者に攻撃をかける肉食動物の姿（父との追いかけっこ）と、「**木の上でゴリラが木の実を取って食べている**」という悠然とした草食動物（ひとりで好きな映画を見るかつと）を、ひとつの世界に表すことができるようになっています。

第3期の終わりに描かれた風景構成法（図2−9）は、ひとつの世界に収まったものでした。川には道が沿い、衝動性を自己のコントロールの下に置いています。家も大きくどっしりしてドアもついています。田も稲が植えられ、ネコもリアルな顔つきです。そして何よりこちらを向いて肩をいからせ、眉をつりあげている男性

図2－10　最後の日に描いた風景構成法

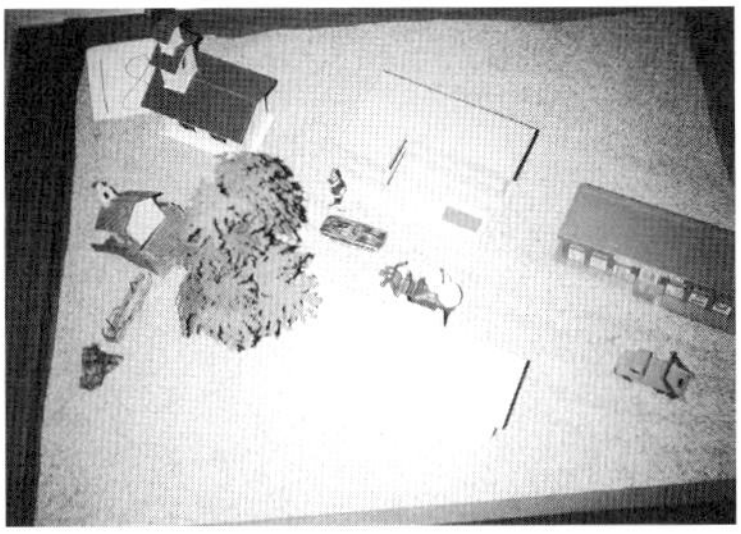

図2－11　最後の箱庭

は、きちんと自己主張できるようになったかつとのようです。ただ、道の輪郭線を無視した「男性」と「ネコ」は、現実状況を無視して自己顕示してしまう強引さを感じさせます。また彩色にむらがあり、遠くの山や空は混色で塗られているのに対して、近景の「男性」「ネコ」「地面」が全く塗られていません。自己や、自己に近い対象がどういう感情を持っているのか、まだ同定できないのでしょうか。

第4期「橋を渡る少年」として〔X＋2年5月〕（#30）

高校に入学したかつとが三カ月ぶりに来院しました。「**こんがらなくなった。今は自分の状態が分かる。苦しいことがあっても自分の一部だから、あまり苦にならない。父や母とはあまり話しないけど**」と言います。最後の日に描いた風景構成法（図2－10）は統合性の高いものでした。画面の真ん中に大きな川が流れ、左と右の世界に分けられはしていますが、その川に負けないぐらいしっかりした橋がかかっています。その橋を左から右へ（内的世界から外的世界へ）、今まさに渡ろうとする男の人が立っています。「**買い物に行こうとしている**」と、現実的です。左側の山には、ふもとから道が伸び、その終点の頂上に、黒い鉄塔が立っています。しっかりした男性性が自分史のなかで位置付けられたことをうかがわせます。また、近景に稲の生えている田、中景に紅葉の山、遠景に雪山と、季節の移り変わりをひとつの画面に描いています。これまでの経緯を振り返るかのようです。そして以前の風景との大きな違いのひとつが、天空の太陽から星への変化です。輝く星ふたつは、しっかりした意志を感じさせるものです。

最後の箱庭（図2-11）には、教会、学校、スーパー、病院などが道の両側に並び、ブルドーザーが道をならしながら進んで行きます。宗教性、現実生活、身体性や心理的援助など、いろいろな要素が布置され、それらをひとつひとつ確かめ、固めながら進んでいくありようが示されています。**「僕の性格にくせがあるように、皆それぞれあるし、ぼちぼちやっていく」**と、セラピーを終わりました。自己と他者を別々の存在として尊重し、肯定的に捉えることができるようになりました。

考察

「本当の自己」を体験してきていないかつと

祖父という一家の支柱が健在だったとき、かつとはとても元気で、勉強も友人関係も何の問題もありませんでした。むしろ過剰適応的でした。しかし、それは、祖父の価値観をそっくりコピーすることで祖父からの賞賛を得たり、きまぐれな父の怒りをかわすために築きあげた防衛の結果です。一方、母親は、すべてのことを受け容れ飲み込んでくれる地母的存在です。そこでは自分の欲求を排除するか、全面的に受け容れてもらえるかのどちらかであり、彼自身の欲求や願望、衝動を現実妥当的な形に変える工夫力は育ちません。発達の健康な指標である「中心的自己の分立」（Winnicott, D. 1965）は果たされていないのです。基本的には万能感的幼児性を抱えながら、ペルソナ的には「お利口さん」という「偽りの自己」（Winnicott, D. 1965）を組織することで、自分も家族も安泰でいられました。また小学生の間は、発達的にも外に向くときです。彼の攻撃性はリーダーシップという名のもとに、友達を操作することで満たされていたのかもしれません。

しかし中学生になると、これまでかつとに従っていた友達も、当然のことながら自己主張するようになります。しかも思春期まっさかりの男子の性衝動は、否応なく誰にも平等に高まってくるものです。友達は少し卑猥な言葉や行動を他の男子と共有し、発散させています。かつとにはそれができませんでした。自分の欲求や衝動を自分で扱う術を知らないかつとにとって、そこは未知の領域です。すべてを満たしてくれていた母親も、厳格な家訓をしても解決できない問題なのです。かつとは混乱しました。「まじめは良し」だったはずなのに、「まじめで変」と言われたのです。不登校という現実生活から少しはずれることで、自分探しの旅に出かけます。かつとの言う「自分を出すこと恐怖症」は正確には「本当の自分を出すこと恐怖症」であったのです。

ことばとイメージによる表現

一四歳男子としての自己が育っていないかつとは、不登校によって刺激的な同世代の対人関係を避け、セラピーによって母親とは異なる「抱える環境」を手に入れます。この状況で、彼は言葉とイメージによる表現によって「中心的自己の分立」を果たしていきます。ドボルスキー（Duborski, J. 1992）は『アート対言語』のなかで、乳幼児の表現発達について説明しています。表現発達の原初形態は泣いたり、微笑んだりという情緒化 emotioning ですが、一歳前後から図象 iconic と言語 linguistic の発達が始まり、それらは描画化 picturing と言葉化 languaging の行為で、初めはそれぞれ独立して情緒を表現する手立てとして発達していきます。ボキャブラリーが発達とともに増えていくように、図象的ボキャブラリー iconic vocabulary も、描画という目と手の協応をするなかで豊富になっていくのです。そして、あるときそれらふたつは表象的描画として結実します。

かつとは、発達的には表象的描画まで達しているはずです。しかし実際にはアンバランスがありました。面接当初、かつとは父親への怒りや友達への不満を、たくさんの言葉で話しました。しかし量的には多くても、質的には他者を責める論調一色です。そのときの図象的表現は量的には少ないものでしたが、質的には意味深いものを含んでいます。ここでは、図象と言語は補償的関係です。治療が進むにつれ、それまでの強迫的防衛が揺さぶりをかけられると、父親と取っ組み合いのけんかになってしまいます。泣き叫びという乳児の情緒化と等価の表現をすることで、再び表現の発達の振り出しに戻ったのです。言葉では語れない思いがあることに自分自身驚きながら、図象の世界で感情を表現し同化していきます。表象的描画や箱庭のイメージを表現するなかで、少しずつ気づき、言葉でも表現していったのです。

グッドマン（Goodman, N. 1976）は「表象 representation」と、「～としての表象 representation-as」の違い（ときには同じこともありますが）を考えることが、アートを理解するとき、とても大切だと言っています。かつとは、母性性を「渦巻きの太陽」「子ヒョウをかばう親ヒョウ」「サメ」「ワニ」などとして、順次イメージで表象しました。そして、「**マザコンなのかな**」という言葉で、分離できていない母との関係を表象し、意識化しました。また、自己自身についても、「逃げ出そうとしている人」「子ヒョウ」「肩をいからした男性」「橋を渡る少年」「ブルドーザー」などとして表象してきました。そして、「**苦しいことも自分の一部だから、少しずつやっていく**」という言葉で新たな自己を表象しました。このように、言葉での「表象 representation」と、描画や箱庭での「～としての表象 representation-as」で補い合いながら、この時点での本当の自分探しをやり遂げていきました。これからも自分探しの旅は続きますが、このアートセラピーでの体験を基に、自己や対象を明確化しながら歩んでいくことでしょう。

注

（1）グレイト・マザー▼分析心理学の概念で、元型のひとつ。「太母」と訳されている。母性の肯定的、否定的諸特徴をすべて備えているとされる。

（2）バイオレント・ファンタジー▼暴力的空想。「破壊的衝動が高まり、コントロールできなくなった感情が子どものプレイや絵の中に出てきたもの」とリリトス（Lillitos,A. 1992）は定義している。

（3）抱えられ体験▼ウィニコットの概念である「抱える holding」は、本来養育者が子どもを文字通り抱きかかえ、子どもに安心感と安定感を与えるものである。臨床的にはクライエントの依存を引き受け支持的治療環境の存在を知らしめる対応をすることを示す。

CASE 3 社会恐怖の女子学生——キャンパス・カウンセリング

【事例】

晴子　二〇歳代前半　女性　大学自然科学系学部二回生

【おもな問題】

● 大学での実験実習で試験管を持つと手が震える、クラスでの発言時に声が震える、などが気になっている。

● そのため自分が発表担当に当たると考えただけで怖くなり、授業を休みがちに。

【現病歴】

小学校のころより学校で緊張し、帰宅すると偏頭痛があった。が、不登校にはならず、むしろ優等生でリーダー的存在を楽しんでいた。

中学二年の授業中、本読みのとき、声が震え、はじめての体験で非常にショックを受ける。克服しようと、何度も自ら手を挙げ、本読みに挑戦するもいつもうまくいかず、だめなのではと思うように。

高校時代はたまに保健室に避難しながらも、大きな破綻はきたさず、良い成績で卒業。

大学入学後の一回生の間は大教室の授業がほとんどだったので、他学生と接触しないことで何とか乗り切った。専門課程に進み、小教室での実験や演習が多くなり苦痛になっている。

【生活歴】

父母、（両親ともあがり性だが日常生活に支障をきたすほどではない）と、弟妹（楽天的な高校生）は他府県に居住。晴子は小さいころからしっかりしていて、ほとんど自分で進路などを決めてきた。

面接経過

第１期「大学ではねこをかぶっている」自分〔X年11月〜X＋１年６月〕（＃１〜＃17）

授業中、発言する必要のない講義は問題ないのですが、実習は怖いと言います。ピペットやピンセットを持てないぐらい震え、また震えてしまうだろうと思うと、その前から不安に襲われます。しかし、父親が同じ分野の技術職であり、高校生のころからこの専門領域に進もうと決めていた晴子です。専門課程に進むのを楽しみに待つ一方、「**はじめから震えると思っていた**」と断言します。他人の前ではいつも震えるらしく、訪問客にお茶を出すとき、買い物の際のレジでの支払いなど、見られている緊張感が強く、失敗を恐れます。中二の本読みでの震え以来ずっと悩んでいましたが、高二のとき、初めて親に相談しました。「長いあいだ言わなかったのね」という私の言葉に、「**親にも知られると恥ずかしい。友達にも深くは入ってきてほしくない。高校のころしゃべらないことがクールで格好いいと人気者だった。**元来プライド高い。**簡単にできていたことが今できない。許せない**」と、自分に対する要求水準が高く、孤高の人であることが心地よかったと自覚されています。

自分の弱点を知られたくない晴子が、このセラピーのなかで、私には知られても良い、むしろ知って欲しいと思うようになるには、言葉だけでは難しいと感じました。言葉では知的防衛を強めるか、論理的に自分を追い詰めていって、やっぱりだめな自分に帰着するのではないかと危惧しました。そこでまず風景構成法（図３―１）をしまし

図３−１　第１期の風景構成法

図３−２　コラージュ１「雪原」

た。彩色時のクレヨンの扱いが稚拙で、人間以外のアイテムには一応色をつけますが、さっと塗り、はみだしても気にしていない様子です。感情の領域は扱いたくないかのようです。人間はのっぺらぼうのスティック・パーソンで、「**ただ突っ立ている**」と、とりつくしまがありません。かかわろうとしないにもかかわらず、あるいはそれだからこそなのか、川は、海のようになって、右隅からひたひたと波寄せてきています。それをじっと見ているのが、家のそばに座る黒ネコです。小さい体ながら、目をしっかり波に向け、尻尾を立てています。緊張はしているものの、晴子のひたむきさや可能性を、このネコに感じました。ネコはこれ以後、晴子にとって意味のある存在として、作品に登場します。

授業には、出たり出なかったりです。「**絶対震えてしまう。震える自信はある**」と確信的で、緊張する場面を避けています。中二のあのときから、遊びに行こうと友達を誘わないし、人とかかわりを少なくしてしまったそうです。大学に入ったときも、「**友達は作らないぞ**」と決心したほどです。その理由は、友達に「なぜ休んだの？」と聞かれるのが嫌だからです。「**辛いこと、嫌なことはがまんしてきた、親にも言わなかった**」というので、「我慢強いのね」と私が応じました。すると、「**言いたくない、隠しておきたい。言うと後悔する。周りからはしっかりした子と思われている、変にがんばってしまう**」と話します。他者の抱くイメージから自由になれない晴子です。

授業での失敗を怖れての緊張だけでなく、大学自体居心地が悪いそうです。休み

図３−３　コラージュ ２「荒野のキリン」

図３−４　コラージュ ３「四 つの風景」

時間も何となく違和感があって、心が落ち着かないのですが、「**大学にいるとねこをかぶってしまう**」状態です。他学生はサークルやアルバイト、ファッションなどの話で盛り上がるようですが、晴子は全く関心ありません。一応そういう周りに合わせていますが、とても不自然で疲れます。初めて作ったコラージュは、「雪原」（図３−２）でした。冷たく厳しい世界にいると感じていたようです。葉を落とした木が画面の真ん中に立っています。情緒性を殺ぎ落としていますが、とてもしっかりした自己像です。しかし、木の根元の幼虫はまだ育っていない晴子の何かを予想させますし、右隅に置かれたぬいぐるみのゾウが幼く、怖れている者の実体は案外幼児的世界につながっているのかもしれません。それでも全体としては寒々とした雪野原に違いなく、しかも、左から右に向かって吠えるイヌ三頭は、現実世界が恐くて吠えているようにも感じます。

　休学届をやっと出しました。担当教官に説明したのは、ほとんど付き添ってくれた母親で、晴子は緊張のため言葉が出なかったそうです。セラピーで言葉が出せるのは、「**浮かんでくることを言えばいいから大丈夫**」だからだそうです。しかし、「**しゃべっているときは苦痛じゃないけど、終わってから嫌になる。違う言い方があったのじゃないかと思って**」と、不全感が強く、まだまだセラピストにも心を許せない晴子です。そのとき、コラージュ２（図３−３）を作りました。草木も生えない荒野に、大きなキリンが一頭遠くを見ています。不穏な赤い雲が竜巻のように空を覆っています「**広い果てしない大地にキリンが一頭ぽつんといる。ひとりぼっ**

ち、**楽しくなさそう**」と、言語化しました。「ひとりぼっち」を話題にすると、「**他学生は試験勉強中、自分はぼーっとしている**」という客観的状況を比べるだけで、自身の感情については、たとえば寂しいなどとは、言いませんでした。甲冑をつけた昆虫が意識化されていない脅えや警戒心を感じさせます。

コラージュ3（図3-4）は、「荒野」「雪原」「岩山」「赤い雲」の四つの風景を、鋭角的な長方形で切り抜き貼りました。「**華やかなのは苦手、人は（コラージュに）いらない**」と言うので、「あなたの気持ち？」と尋ねました。「**うん、人はしんどい、とくに同年代の人に変な人と思われてないか気になる**」と、本当にしんどそうです。それでも、「**ずっと苦しくてためこんできたけど、やっと相談できるようになった**」と、このセラピーを機に少し態度が変わってきたことを話します。まず、両親に「**ちょっとくらい休みたい**」と、話します。（両親は）「**反応ない、怒るわけでも、良いとも言わない**」らしく、せっかく投げたボールはうまくキャッチされませんでした。

第2期　アルバイトで対人関係を練習するが、「復学したけど辛い」〔X＋1年6月～10月〕（＃18～＃23）

休学中、実家に戻り、アルバイトに就くかどうか非常に悩んでいましたが、ついに飲食店で働くことに決めました。接客の仕事で、対人折衝を練習しようという意図です。手が震えて水をこぼすなどの失敗もありますが、他のスタッフは「（晴子の失敗を）すぐ忘れてくれる」そうです。二週間経ったころ震えずに注文の品を運べていることに気がつきました。ただ成功した理由に、見られる対象の客層が中高年であること、働いている同僚も同年齢の人がいないこと、「**できなかったらすぐ逃げることができる**」などを挙げました。つまり、大学では「**同年代の人と比べてしまい、身構え、辞めるわけにはいかない**」ので、状況が違うのです。それでも、「**体を動かすこと自体が楽しく**」、二カ月間が過ぎていきます。この夏の日に作ったコラージュ4（図3-5）は、緑の木や草が豊かな「さわやかな家の庭」です。庭の写真を一枚大きく全面に貼り、そこに、小さなネコを切って置きました。「**自由での**

図3−5　コラージュ4「さわやかな家の庭」

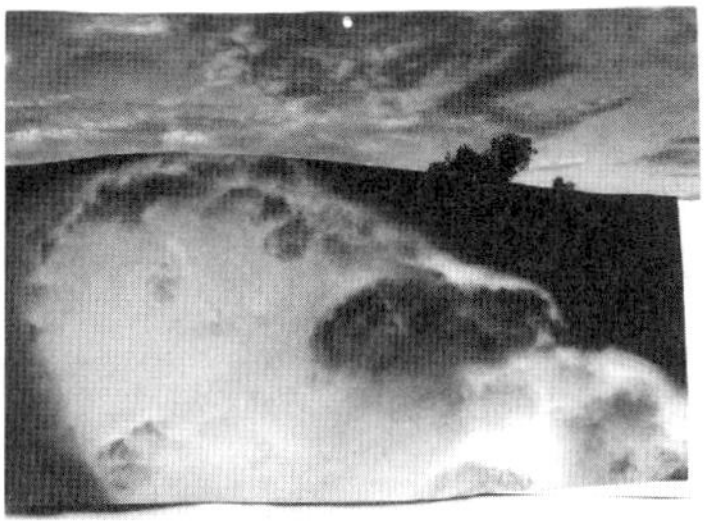

図3−6　具象的なコラージュ5

ん**びり、気分はさわやか**」だそうです。アルバイトで他者に受け容れられたこと、自分なりにやれたという自信が、みずみずしい世界を運んできてくれました。

新学期が近づいてきました。復学を決めていましたが、不安はあります。その気分を「**もやっとした感じ、晴れでも、雨でも、曇りでもなく**」というコラージュ5（図3−6）で表しました。地底から湧きあがってくるものなのか、空の雲なのか判然としない、具象的なコラージュです。この間、「カウンセリング、服薬、親にも告白」と、一連の体験を通し、以前のひとりで悩んでいたころとは違うことを自覚しました。でも「**何とかなるかな、でもだめかな**」と不安はあるようです。ただ、セラピスト（筆者）としては、底に流れる不安感と意識が近づいてきている変化を感じ、晴子の強さを信頼しようという気持ちでした。次のコラージュ6は、晴子の要望に応えて用意していた新聞の白黒写真を用いました（図3−7）。人物の部分をカットしたことについて、「**人はいらない、虫がいいかな。でもちょっと寂しいかな**」と言います。このことから、再び人との関係を話題に取り上げました。「**負けず嫌い。勉強じゃないことで負けるのが悔しい**」と、勝気が前面に出ます。「寂しいかな」については、「**人とかかわりたくないのではない**」と、二重否定の表現で、

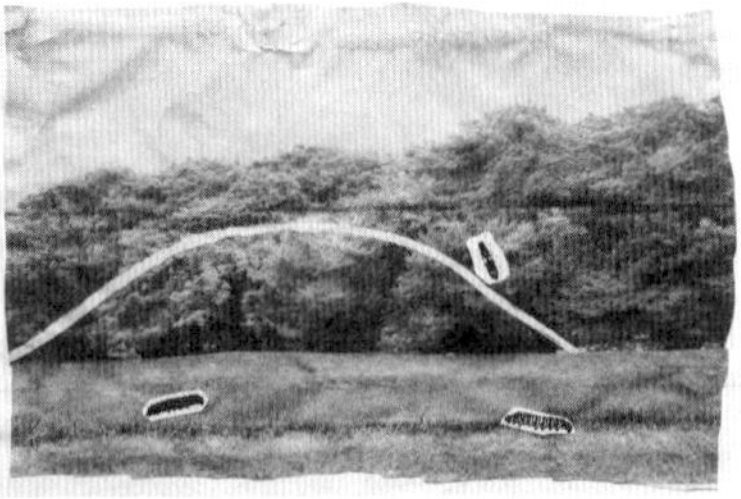

図３−７　コラージュ６「人はいらない」は白黒写真を用いた

図３−８　コラージュ７「スカイブルーと黄色の気分」

率直には接触欲求を認めません。むしろ、「**話したいとあまり考えたことはない**」と欲求を否定します。

第３期　感情爆発し、少し自由になる

〔X＋1年10月〜X＋2年3月〕（#24〜#30）

明日から授業という日のセッションです。「**とうとう始まる。昨日まで普通だったのに、辛い**」と言って、涙を流します。実験室まで下見に行って恐くなったこと、教官の説明を具体的に受けた後、心配で落ち着かないこと、抗不安薬を飲んでも効かないことなど、あふれるように感情を出してきます。セッションのなかだけでなく、公園でひとり大泣きもします。晴子のこれまでの行動にはなかった表現の仕方です。晴子は、泣いた後、「**明日もあるし、帰って（次の日の授業の）準備する**」「**ダメな日はだめ、いい日もある**」と、自分の負の部分を少し受け容れることができました。

泣くことを自分に許した晴子は、親や友人に少しだけ依存するようになりました。自分の発表が当たっている日、母親にメールをして、担当教官に欠席の連絡をして欲しいと頼みます。そして、用意していた発表原稿を、友人に代読してもらいました。「**今までだったら誰にも言えないで、ひとりで抱えていた。言えてほっとした**」晴子です。コラージュ７（図３−８）は、黄色の大きな百合の花を左右対称に貼り、中央下部に花の咲く草原、上部に気球がふたつふんわりと浮かんでいます。

図3−9　コラージュ8「夕日を受けた岩山」

図3−10　コラージュ9「荒涼とした岩山を飛ぶ鳥」

そして、草原にいる白いネコは気球を眺めています。「**今日はスカイブルーと黄色の気分、自由な感じ**」と言うのです。以前、色の着いている写真は嫌と言っていた晴子がです。

震えないで実験できることもあれば、震えてできないときもあります。できないときは、同じ班の友人に代わってもらいます。「**今まで黒か白かで決めていた。百点取れないのなら試験受けない**」という姿勢できたことを自覚します。そういう自分を葬るかのように、黒い太枠で画面を閉じ込めたコラージュ8（図3−9）を作ります。「**華やかなのより、暗いほうがいい**」と言いますが、全く暗い世界ではなく、夕日を受けた岩山です。こちらの木立から、カブトムシが岩山に向かって飛んでいこうとしています。昼でもなく夜でもない夕暮れのとき、緑豊かな森と、そそり立つ岩山、重い甲冑をつけても飛ぼうとする昆虫という、二律背反を止揚したい意志を感じさせるコラージュでした。

その意思は行動に反映されました。手の震えのため、書けないのではないかと心配していた試験を無事に終えたのです。「**今まで百点とらなきゃだったけど、合格点の六〇点でいいかと思って。何とかなるわの妹を見ていると、生き方楽そう。ちょっと見習う**」と、他者のあり方を取り入れようとする謙虚さや柔軟さが出てきました。それでもコラージュ9（図3−10）は、依然として荒涼とした岩山です。大きな風景写真のその部分を切り出し、用紙の下半分に貼りました。上部は青いクレヨンで空を塗り、白い鳥を五羽飛ばしました。色（感情）を自ら扱おうとする晴子

図3−11　セラピストが作ったクライエントの切り残し

図3−12　コラージュ 10「春の観光地」

の積極性に期待を持つ反面、岩山の後ろにあるものも気がかりでした。セッションが終わったあと、晴子が前面に置きたくない世界はどういうものなのか、切り残された写真でセラピスト（筆者）がコラージュを作ってみました[1]（図3−11）。緑の森と、藍色の水をたたえた湖、そびえる雪山の景色ができました。「famous sites of」という意味深いロゴの入った雪山は、きれいに切り抜いておきながら、貼らなかったものです。聳えて名を成していたい優越欲求は、いったんは置こうとしているのでしょうか？　そして母なる湖は近づき難いものでしょうか？　そういう連想を起こさせました。他の学生の切り残しを発見して、「**人を貼る人もいるんやね、私は風景でないとぴんとこない**」と言います。現実の対人関係については、「**高校時代の友人や、同じ下宿の学生で気の合う人とは楽しめる。でも学部の女性は大人っぽくて、距離がある**」と言います。成熟した女性への同一性獲得がまだなされていないようです。

第4期「肩の力が抜けた」（X＋2年4月〜X＋3年2月）（#31〜#45）

後期の試験も無事合格し、友達と旅行に出かけました。生まれて初めての友達とふたりだけの旅行を、十分楽しめました。ささやかな二泊三日の旅ですが、晴子にとってはまさに旅立ちだったのです。「**肩の力が抜けた**」と言います。コラージュ10（図3−12）も「**春です。気分いいです**」と説明しました。湖か川の中州に建物があり、観光客らしき人々が訪れています。あれほど「人はいらない」と強調していた晴子

図3−13　コラージュ 11「存在感のある鳥」

図3−14　コラージュ12「気ままで自由なネコ」

が遠景ながら人を許容しました。そして空には黄色のアゲハチョウや、小鳥たちが飛んでいます。色彩も豊かでのびやかな風景です。

ゼミでの発表が近づいてきました。次回のセッションは発表の翌日です。晴子は、「**先生、発表どうなるか、楽しみにしといてください**」と、私に言いました。晴子からの「**がんばるから期待して待ってて、気にしていてね**」というメッセージと受け取り、甘えを出して、向こうからこちらに近づいてきたと、距離の縮まるのを感じました。コラージュ11（図3−13）では、大きな鳥を、右向きに置き、「**存在感あってよかった**」と言います。少し、自我肥大しているような、はしゃいでいるような感じもします。超自我が強く、窮屈な晴子が自由になるためには、一度はこういうはめをはずすことが必要かもしれません。他の学生が、「（ゼミの発言では）震えた」というのを聞き、自分だけではないと相対化できたことも、自己価値を高めました。

発表を、声が震えながらも無事に終えました。「**ほどほどでいいかな**」と思っている晴子です。コラージュ12（図3−14）は、「**明るい。単なる草より、黄色の花にしたかった。ネコは気ままで自由、静か**」というゆっくりした風景です。小さな花たちが晴子の女の子らしさを表現しているようです。自分のペースでいこうとするゆとりを感じさせるイメージでした。

考　察

社会恐怖の、外的内的ひきこもり性

晴子は社会恐怖の診断基準を満たすと同時に、日本人特有の対人恐怖心性も合わせ持っていました。つまり、いわゆる「半知り」状態（非常に親しいのでもなく、全く見ず知らずの人でもない境界状態）の同学部生の面前がもっとも緊張しやすく、震えてしまうのです。そして、その反面自分を許せないほど負けん気が強いため、できるかできないかが非常に問題になっています。元来、知的能力が高くしっかり者の晴子は、中学二年の本読み震え事件まではその強気さで突っ走ってきました。ところが、授業中の失敗は大きなトラウマ体験となり、晴子の自己愛は傷つけられました。しかも、挑戦しては失敗の連続に、一過的な傷つきに留まらず、傷は固定していったのです。青年期は同一性獲得の時代です（Erikson 1959）。その目標に向かってときには同一性拡散することもあります。しかし、晴子は拡散の冒険を許さないほど過敏であり、自己愛性人格障害の過敏型に近似していながらも、自我の発達レベルは高いため、神経症的な防衛機制で終始しました。

小此木は、アンナ・フロイトの「思春期心性としての禁欲主義」の現代版として、「受験へのひきこもり」「ピアノ、スポーツへのひきこもり」（小此木 二〇〇〇）を挙げています。晴子は勉学にひきこもることで自分を守り、欲求や衝動には目を向けずにきました。実際、登校はしても親しい友人関係は持たず、怒りや悲しみの感情は抑え、アルバイト先や学校で友人との会食をしないという行動制限、これらの回避、抑圧、制止という防衛機制使用は、まさに内的外的ひきこもり状態と言えます。この内的外的ひきこもりを思春期以来続けていた晴子ですから、社会性や性的成熟を含む情緒発達がうまく成されていないのは当然とも言えます。しかも、大学進学により地方から都

会へという、カルチャー・ショックも晴子に緊張を与える要因となりました。このように、所属する文化の問題と思春期の発達的問題など、「境界人としての対人恐怖者」（高橋 一九七六）を促進する要素が晴子に重なりました。

晴子自身「ネコをかぶっている」と自己定義しているように、「本性をかくし、おとなしそうに見せかける」（『広辞苑』）あり方は、他者に対してだけでなく、自分にもなされていたのです。セラピーでの、「浮かんでくることだけを言えばよいから緊張しない」は、隠しておきたいことは言葉では言わないですむということです。その点、アートセラピーには、隠しておきたいことが出てしまう危険性と、それだからこそ一層の発展の可能性が内包されています。

コラージュの特徴

コラージュの流れ

コラージュの流れをたどると、晴子の心象風景の変化がよくわかります。はじめのころ、「雪原」や「荒野」という痛々しい心の場にいた晴子でしたが、相談しようとする姿勢を持てたことや、アルバイトを通じて震えについての課題がまずまず成功したことによって、緑豊かな庭に入ることができました。それでも、復学という現実に戻るに当たり、わけのわからない不安がもくもくと出てきます。大地を揺るがすものなのか、天空からの罰としての雲なのか、定かでないものがコラージュとして現れてきたのです。つまり、女性としての自我同一性を確立するときの、根本からの揺らぎ

コラム

「作品の振り返り」

治療が終わったとき、あるいは、ひと山超えたとき、膠着状態に陥ったときなど、クライエントの作ってきた作品をいっしょに振り返ることがあります。本ケースでは、第４期の終わり近くに、最初からの作品を並べて眺めました。晴子は第２期の黒白の新聞写真で作ったコラージュを見て、「わあ、これはひどいわ」と言いました。アートセラピーでは、自分自身の気持ちの変化が、ありありと目の前に並べられ、確認できるのです。

と、失敗するべきでないという超自我不安が外在化されたのでした。この不安を、晴子はセラピストの前で泣くことによって、吐き出しました。この感情表出ができたことをきっかけに、晴子は、現実生活でも母親や友人に依存することができるようになります。大きな百合の花や、巨大な南洋の鳥は、自我肥大（インフレーション）を一時起こしていた現れかもしれません。そして今は成熟した女性とまではいきませんが、女の子らしい、小さな黄色の花がいっぱい咲く丘を手に入れた晴子です。

切り取らない意味

以上のような風景のほとんどが、写真をほとんど切り取らない一枚のままか、あるいは、大きく二枚を貼り合わせて作られました。どちらにしても、コラージュ3以外は、すべてべた貼りです。切ることの意味についてケイス（Case. C. 2006）は、「分離と定義をもたらす」とし、また切り取るときには「破壊衝動と創造衝動が葛藤する」のであり、「この緊張を包含する切り取るということは、非常に多義的な行為である」と言っています。黒か白かで自分の行動を決めてしまう晴子には、多義的な行為は難しかったのかもしれません。とりわけ、内的ひきこもりにより、破壊衝動を扱うことなくきてしまった晴子です。自分自身の感情の分化や定義がなされていないことも、切り取ることができなかった理由かもしれません。

象徴としてのネコと虫

このようにべた貼りされた背景の上に、いくつかのアイテムが小さく切って貼られました。そのなかで何度も登場する重要なアイテムがネコと虫です。ネコは比較的意識化された理想の自己像です。「ネコは気ままで自由、静か」というイメージですし、ネコが登場するのはいつも肯定的な場面です。アルバイトが成功した後のさわやかな庭、母親や友人に依存することで切り抜けた後の草原、そしてほどほどでよいかと完全主義者を降りた後の丘の上、これらの居心地のよいところでなら、ネコは座っていられます。いわば、晴子に受け容れられた光の側面、ペルソナの象徴でした。一方、虫は生き難い現代人の一分身です。地を這い、誰からも顧みられず、虫けらのように扱われる侮蔑感にも堪え、辛い存在の象徴、影かもしれません。しかし、困難な時を乗り越え、春になるとその虫も蝶になりました。最後のネコは、「**ネコをかぶった私**」なのではなく、虫も蝶も（影も光も）内包した、ひと回り大きなネコになったようにセラピストには思われました。

注

（1）クライエントのコラージュ作りをセラピストは横で見守るのが一般的なやり方だが、セラピストがコラージュしたものに積極的にかかわるアプローチもある。①クライエントと並行してセラピストも作る。②クライエントといっしょに、一枚のコラージュを仕上げる。③クライエントの問題（とりわけ大きいトラウマ）を想像し追体験しながら作る。④クライエントの用いた写真の裏を使って作る。ここでは、⑤クライエントが一度は意識しながら切り捨てた（排除した）側面に注目するやり方をした。

CASE 4 虐待を受けた女性の自己回復のためのコラージュ
——精神科臨床

【事例】

秋代　二〇歳代前半　女性

【おもな問題】

● 過食・嘔吐、自傷行為、不安発作、解離性人格障害

【現病歴】

一四歳のころダイエットをして四〇キロまで痩せたが、リバウンドで六〇キロになるということがあった。その後数年は普通の食行動だったが数カ月前より過食・嘔吐が習慣化。

また、食べるのをがまんしたり、不安になると自傷行為に及ぶ。そんなとき、「傷つけたらだめ、私が代わってあげるから眠りなさい」という解離性幻聴があり、交代人格の存在に気づく。五歳の女の子、同じ年のきつい女性とやさしい女性の三人が交代人格。秋代は交代人格が何をするかわからないので、後ろから見張っている。

【生活歴】

小さいころから友達との付き合いが苦手で、頭痛や不眠もあって小学校高学年には不登校が始まる。ひきこもりが続いていたが、一六歳から工場や飲食店などで働き始めた。しかし、上司の理不尽な要求や異性問題が持ち上がり、過食症の症状がひどくなったために辞めた。

現在、調子のよいときは家事や手芸をしている。両親は秋代の幼少時からけんかが多く、「お金さえあれば出て行くのに」が母親の口癖であった。ごく近所に母方祖母が住み、母親や秋代はそちらに出入りすることが多く、家族の境界は不明確。

面接経過

第1期「いいと思ったことがない自分」が揺れ始める〔X年7月〜X＋1年4月〕（#1〜#35）

面接当初は「ブスで太っていて頭の悪い自分」と否定的な自己像ばかりが強調されました。とりわけ対人関係が苦手で、自分は嫌がられているのではないかと思って他者を避けるようになったことや、女の子であること自体が嫌で、男性の格好を一〇代後半にしていたことなどが、淡々と話されます。自分に腹が立ち、苦しくて死にたい、消えたいと思っていたら「代わってあげる」と声が聞こえてきたそうです。（交代人格が）いないと不安だけれど、身体をのっとられるのは怖いと用心はしています。「**嫌いな物は嫌いというきつい子**（**交代人格**）**に対して、私は人の顔色を見てしまう。母が怒っていないかと怖く、怒っていなくても縛られているよう**」に感じると言います。この恐い母親は秋代の内的イメージとしてだけでなく、母の気に入らないことをすると、「お前はいらん子や、出て行け」と実際に心理的虐待を受けていたことが話されます。しかも母親は人前ではいい顔をし、裏でけなすという態度を日常としており、そのためか秋代は女性を信じることができません。いっしょにいて楽なのは男性ですが、男性は性的関係抜きの付き合いをしてくれず、それほど好きでもない複数の男性と性的関係を持っています。どちらにしても安心の場を持てない秋代です。

この時期に実施した投映法には分断された世界や、不安定で葛藤的な外界への反応、迫害不安が投影されまし

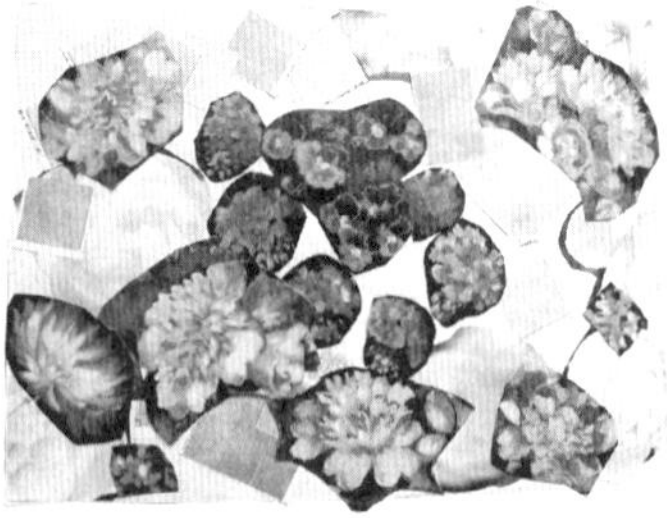

図4−1　「きれいになるから楽しいコラージュ」

図4−2　「可愛いから貼った」ケーキ

た。言葉以外の自己表現方法としてのコラージュが、手芸を趣味とする秋代にはなじみやすいのではないかと誘ってみますと、スムースに応じました。はじめての作品は（図4−1）、花やタイルが画面いっぱいにある重ね貼りです。そして「**作っていくと、どんどんきれいになるから楽しい**」と喜びを見出しました。そのときの秋代は笑顔です。辛い現状を話すときの、能面のような顔とは別人のようでした。実際、コラージュをするときは、五歳の女の子（交代人格）がよく出てくるそうです。ふたつ目のコラージュ（図4−2）も重ね貼りで、カレンダーの日付に「**いつも急かされているよう**」と内的衝迫性の強さを表しましたが、いっぱいのケーキには、「**食べたいからでなく可愛いから貼った**」と可愛さが強調されました。このように秋代の現実生活にはない（と秋代自身が主観的に思っている）美しさや可愛さを花や菓子で表現し始めたこのころ、母親が父親とけんかをして家を出ます。秋代のウチもソトも動き始めたようです。

第三のコラージュ（図4−3）は「**毛糸の暖かさと雪の冷たさ**」という対称的なふたつの世界と、コップなどの物に表されたいろいろな顔に注目します。そして、「**私はいつも泣いたような、笑っていても本当の気持ちではない**」と自分自身の二重性をイメージと言葉で表現します。コラージュ4（図4−4）では、ついに若い女性を登場させ、「**ピンクの似合う女の子になりたかったが、なれない**」と羨望をはっきりと述べます。こうして自分の願望をコラージュで明確化していきながら、現実生活でも自分で考えて掃除やかたづけをするようになりました。これまでは「**自分**

図4－3　いろいろな顔

図4－4　「可愛い女の子」への羨望

のしたいことをやろうとすると胸が痛くなって、ものすごく悪いことしているようだった」そうです。その秋代が、自分の意見を少しずつですが、**「(自分の気持ちを)探りながら」**言うようになりました。

第2期「(交代人格の)誰が消えても悲しくないわ」と決意

〔X＋1年4月～6月〕(#36～#45)

交際している男性にお金を無心されます。これまでも同じことがたびたびあり、一週前のセッションでも話題になりました。そのとき、**「きつい女性（交代人格）が『(彼から)離れろ！　必要ない！』と怒った」**と話す秋代に、「秋代さん自身の気持ちはどうだったのかしら」とセラピストは問いかけました。その言葉を思い出します。そして、**「きつい女性でなく、自分が腹立っているのだと思うと足元がしびれてきて、でも何かが戻ってくるよう」**と身体感覚の変容があり、それ以後交代人格は出て来なくなります。そして、**「(交代人格の)誰が消えても悲しくないわ」**と決意すると、忘れ物を思い出した感覚をいったん持ちます。このときから子ども時代のいろいろなことが、違う意味を持って彼女の前に立ち現れてきます。母親の言う通りにしないとき、ふとんたたきでたたかれたり、針で刺されたりしたのは日常的なことでした。**「これはしつけのためだろう、自分が悪いのだと思っていたけれど、そうではなかったのだ」**と思い至ります。また一五歳のある日、母親に珍しく口返答して、首を締められ包丁を腕に押し付けられました。**「ほかの母親も怒れ**

図4−5　移行対象的なコラージュ 5「タオル地のウサギ」

ば包丁持ち出すのだ、平気と思っていたけど、本当はどうなんやろう、そのときのことを言葉にしようとすると、涙が出てくる」と静かに泣きます。「凍りついた外傷的記憶」(Herman, J. 1992) が熔け始め、自己の体験になろうとしています。またレイプ未遂事件のときも同様に首を絞められ、それ以後、タートルネックのセーターやネックレスなどをつけると、首まわりが苦しくなり、普通にしていられないことが語られます。このように、虐待を始めとする辛い心的外傷体験を回想し表出するとき、コラージュは移行対象(1)的存在で秋代を守ります。つまり、コラージュ5の(図4−5)「タオル地のウサギ」は、「**そばに置いているとほっとする感じ。ウサギはかわいいけど、寂しいと死んでしまう**」と自己を投映し、「**ヒツジ**」は「**眠れないとき、〝ヒツジが一匹〟と数えたがだめだった、ふわふわして気持ちよさそう**」と辛いときの守り手のようであって、でも守りきってはくれなかったという複雑な思いを投げかけます。

　日常生活でも少しずつ行動が変わってきました。電話で自分の思っていることを彼に言ったり、自分がそばに行くと迷惑じゃないかと気にしながらも、行けることもあります。そして、「**本当は自分はどうしたいのだろう。何を思っているのだろう**」と自己疎外感のあることがはっきりしてきます。今までそれすら感じていなかったこと、それを感じられるようになったのは大きな変化だということをセラピストは言葉で支えていきます。秋代は迷いながらも、「**自分がいいと思うことをしている喜びが初めて出てきたから**」と、治療をひとまず中断し、仕事に行くことを選びます。

図4−6　コラージュ6「女性の下着、化粧道具、宝石」

図4−7　コラージュ7「指輪と雪だるま」

第3期　怖い母とだぶる彼〔X＋1年8月～X＋2年1月〕（#46～#65）

週四日の仕事が軌道に乗り、再びカウンセリングにやって来ました。母に何かを言いたくて言えないときに吐きたくなることなど、気持ちと食行動のつながりを言語化します。そして、過食嘔吐しないためには、自分の気持ちを出せばよいのだと秋代自身思いますが、「**今まで自分の感情がわからなかった**」秋代にとっては大変なことです。少しずつ言うようになってきたものの、「**何をしても怒られそう**」という感じは消えません。そして帰宅時の冷蔵庫への直行は、「**母にくっついていたいけど、そばにいたらいかん**（だめな）**ようで**（母が）**怖い。冷蔵庫は抱きついても何も言わない、落ち着く**」と言い、冷蔵庫が母親への愛着の代理であることがうかがえます。このときのコラージュ6（図4−6）は「女性の下着、化粧道具、宝石」という、女性的なものです。「**女の子らしい物が欲しいが、私には似合わない**」と語りますが、この自己評価が母の意見の取り入れであることにまだ気がついていません。また、彼に対しても「**怒らせないように合わせてばかり**」で、母親に対する態度と同じです。彼が横を向いて寝ると、幼少のとき母に拒否された感じがだぶって出てきます。しかしコラージュでの「**原石を見ると落ち着き、よく透かして見る**」という、真実を見つめようとする秋代の態度に、セラピストは潜在的な力強さを感じていました。

これまで母親は怖いばかりのイメージで語られていましたが、秋代が変わり始め

図４−８　コラージュ８「きれいな人はうらやましい」

図４−９　コラージュ９「きつい色は嫌」

ると母親も変わってくるものでしょうか。立ち仕事で疲れた秋代の脚をさすってくれるようになりました。その母親に対して「**好きやけど嫌い**」とアンビバレントな感情を認めるようになります。同時に、彼に対しても同様の感情があることを話します。そして「太っている」と秋代をからかう彼は嫌だという感情をはっきり自覚し、体をぶつけて彼に反抗します。コラージュ７（図４−７）では「指輪と雪だるま」を貼ります。指輪は関係性を象徴し、大切な契りの証ですが、秋代にとっては「**欲しいけど、手に入らない**」物です。確かな信頼関係は高嶺の花であるために、より一層切望していることをイメージ化します。

　コラージュ８（図４−８）では「女性の顔」を、大きく正面に据え、「**きれいな人はうらやましい、髪を伸ばしたかったけど、自分には似合わない**」と語り、羨望と取り入れ願望をはっきりと自己主張します。この自己主張は、現実生活では母親への反論や怒りとなって出てきます。そして母親に対する行為は「**彼が私を傷つけるように、私が母を傷つけているのかな**」という意味を持ち、虐待被害者であった秋代が加害者に（秋代の主観的な思いですが）反転していきます。

　怒りの感情を自己受容し、放出もし始めた秋代のコラージュは、これまでとは異なります。「**いつもと違う。**（アイテムを）**捜しても見つからない**」と、コラージュへの抵抗（セラピストへの抵抗）を示しながらも、「**赤と緑の菊が嫌だったので、ピンクを貼って良くなった。下着は女の子らしくて好き**」というコラージュ９（図４−９）を作りました。これまで秋代自身の願望をコラージュで外在化し、それを取り入れることで傷ついた自己愛を癒していた秋代でしたが、きつく嫌な色（感情）も扱えるほどになってきました。「**脅すように私を動かす母と、私を利用する彼**」と、はっきり客観視します。それでも「好きで嫌い」とアンビバレントな感情を抱えながら、かじりついていた彼から少し距離をおきます。半同棲状態だった彼の所から家に戻った秋代は、母親に甘えるようになったのです。冷蔵庫に抱きついていた秋代が母親の身体にくっつきます。また膝枕する秋代の頭を撫でてくれるようになった母親との関係について、「**こんな年で甘えて、でも（胸の）穴が塞ぐ**」と今までにない充足感を感じはじめたのです。そして、このときには普通の食事を家族といっしょにとることができるようになっていました。

第４期　母の愛を再び求めて〔X＋2年2月〜〕（#66〜）

過食嘔吐は収まりましたが、幼児期に悩まされた頭痛と不眠が出現してきます。現実生活での母親への退行的な態度が、かつての症状発現を促したのかもしれません。そして「**（母親の前では泣かないのに）ここではなぜか涙が出る**」と、セラピストへの甘えを、泣く行為で示します。感情が流れ出すと、小さいころの不安な気分を呼び起こします。「**夜眠っている間に（母親が）いなくなってしまう**」という、見捨てられ不安が強かったこと、「出て行く」という母親の口癖が「**心配で眠れなかった**」ことを洞察します。このころ、コラージュではなく絵を選択し、はっきりした秋代自身の意志をセラピストに見せるようになりました。コラージュはシャブリーンも言うように、「コントロールと距離を与える」（Schaverien, J. 1995）ものの要素があり、秋代のすさまじい体験想起による二次トラウマを起こさせないように、守りながら自己表出する手段でした。けれど、もう自分自身を守れるようになった秋代は、もっとダイレクトに自分を示したいのです。秋代はオレンジ色の塊を描いて、「**暖かいもの、その中にいると幸せになるものを探している**」と話し、母性への愛着の意識化が始まりました。数カ月の退行の時期が過ぎ、現

図４−10 「今は桜が好き」

実生活では、物を作る新しい仕事に就きました。色と光に特別の感性を持つ秋代に、共感を寄せてくれる同僚を得ます。もう母親に幼児のようにまとわりつく必要はなくなったのです。とりわけ物作りの一工程でまかされている仕事があることが、秋代の自己価値を高めました。自尊感情を持ち始めた秋代は、ようやくひとりの人として、対等に他者とかかわれるようになりました。桜の季節が過ぎたころ描いた一面ピンクの絵（図４−10）には、「今年は桜をたくさん見た。今は桜が好き」と嬉しそうに話します。「自分の好きな花がわかって、そう思って良いと受け容れるようになったね」と確認しあいました。普通の食事をし、普通に眠り、普通に話す、この穏やかな日常の大切さを実感している秋代です。**これまで好きな花は？　と聞かれてもわからなかった。好きやなーって、**

考察

コラージュの意味

母親からの心身虐待と、出会った人たちからの心的外傷を受けた秋代は、「**自分は何の価値もなく愛されていない**」と確信していました。そして、人に嫌がられないために他人に合わせることだけで生きてきました。このように、自己を育てる機会を持てなかった人、自己愛を満たしてもらえず影が前面に出てしまった人に、分析、解釈という伝統的心理療法は不適切であることをユング派の分析家アスパーは

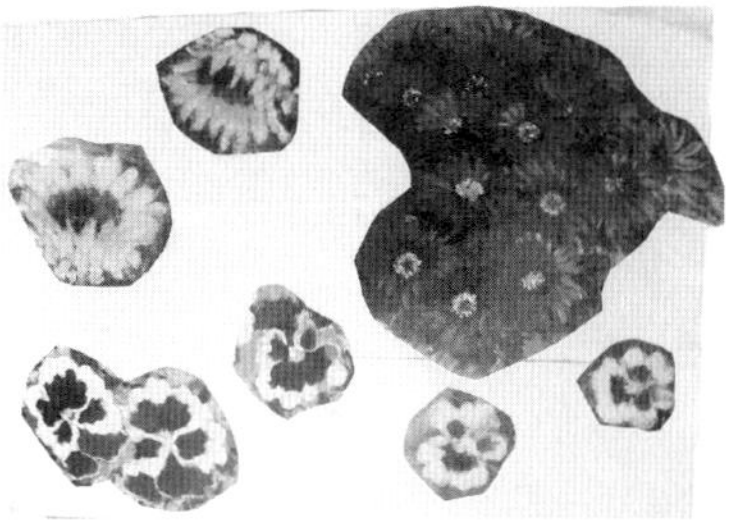

図4−11　コラージュ10「ひとつひとつが形を持っている」

述べています。そして、「いつか影に直面できるようになるためにまず必要なのは、光と温もりである」（Asper, K. 1987）と強調しています。

秋代が好んでコラージュにした花や小物、宝石は美しく、可愛く、そして光り輝いていています。言葉で語られる過去の陰惨な体験や、吐物にまみれる現在の行動とは対極にあるものです。そして、ピンクや白の穢れ無き服を着たきれいな女性たち、くったくのない笑顔。これらは秋代の手に入れることのできない（と思っている）あこがれです。シャブリーンが言う「失われた対象 lost object」（Schaverien, J. 1995）を求めて、せっせとコラージュを作りました。そしてこれら願望の世界のコラージュは秋代の「光と温もり」になり、傷ついた自己愛を少しずつ癒していってくれました。気に入ったアイテムを選びコラージュを作った後、言葉で説明しました。それによって定着した秋代の意識的世界（内容）は、このように多くが誇大自己的なものでした。それに反して、気がつかないうちに切り方や貼り方で見せる無意識的世界（形式）には、どのような秋代が出ているのでしょうか。直線の切り方や、アイテム（白いスカートとピンクの袋）をすぱっと真ん中で切り裂いた様態は、女性性の大きな傷つきを示しているかのようです。また重ね貼りには、抱えきれない多くの思いが次から次へとあること、しかもそのいくつかは、隠蔽や抑圧によって表に出てこなくなったことを、示しているのかもしれません。

中井（一九九三）はコラージュの治療的意味について、「まとめる」方向（統一作用）と「ちらばる」方向（展開作用）が同時に働く過程にあることを示唆しています。

つまり、「この二つの方向性の揺らぎを伴った動的平衡」がないと、精神的健康は成り立たないのです。数々の心的外傷体験を凍りつかせることによって、自己の統一をかろうじて保っていた秋代にとって、コラージュは「ちらばる」場を与えてくれました。そこではいろいろな願いが外在化され、「光と温もり」で秋代を暖めつつも、ピンクと白が常に通奏低音としてありました。「少女性、純潔、死」が秋代の根底には流れていたのです。コラージュで「ちらばり」「まとめる」作業をし、言葉で過去の体験の意味を見つけていくことによって、秋代はこの白の世界を越えました。最後のコラージュ10（図4–11）では、濃い青の花を選び、「**ひとつひとつが形を持っている**」と説明して、かけがえのない個としての自律を宣言しました。ユングの「シンボルの超越機能」（Henderson, J. 1964）や、シャブリーンの「アートへの転移欲望の具現化」（Schaverien, J. 1995）などの機能が働き、傷ついた自己愛からの回復に大きな力となったコラージュでした。

注

（1）移行対象▼ウィニコットの名づけた概念で、幼い子どもが大切に持ち歩く毛布や人形やぬいぐるみ。

CASE 5 ひきこもり青年の苦しみ——離人症との戦い

【事例】

純　二〇歳代　男性

【問題点】

- 現実感がない。
- 景色が写真のように見える。
- 自分の身体や考えが自分のものじゃないように感じる。
- 自分のあることが気持ち悪い。
- これらの離人症状のために仕事にも就けない状態。

【現病歴】

高校生のころより身体がだるく、膜を張ったような感覚がときどきあり、自分が自分でないように感じ始める。

大学生のとき、アルバイト先で対人トラブルを見たのをきっかけに、現実感や身体の自己所属感の希薄さがより顕著に。勉学への集中力低下があるものの、何とか卒業だけはできた。

しかし、就職活動まで至らず、臨時の仕事に何度か就くが、いつも長くは続かない。

ここ数年は家にひきこもっていることが多く、この説明できない気持ち悪さをなんとかしたいと精神科を受診。なお、精神科医からは統合失調症は否定され、解離性障害の下位分類の離人症（ＤＳＭ-Ⅳ）との診断結果。

【生活歴】

五、六歳までは、能力もあり努力家でもある会社員の父親と、「何でもできる」元気な母親、弟妹らと幸せな生活を過ごす。

ところが、企業戦士である父親が精神疾患のため、働くことができなくなり、学校から帰ると床に伏している父親の姿を毎日見ることに。

中学生のころは、そういう父親のようにならないかと、不安になったが、それを払拭するかのように一層勉学やスポーツに励み、交友関係も広く元気だった。高校時代に便秘や脱力感の身体症状と気分の悪さなどの精神症状が出始める。ただ大学の四年間は遠方で下宿生活をし、離人症状があるにもかかわらず、そのときが人生で一番楽しかったと言う。

面接経過

X年より三年前に、査定を主とした面接を数回持ちましたが、純のひきこもり傾向が強くなったことや、セラピスト側の事情もあり、服薬だけの治療を受けていました。

第1期 「説明できない気持ち悪さ」〔X年9月～X＋1年1月〕（#1～#17）

多くの離人症患者がそうであるように、純も自分自身の症状を言葉では説明しきれないそうです。そこで、絵や箱庭などの非言語的方法を取り入れての治療になりました。

図5−2　第1期の風景構成法

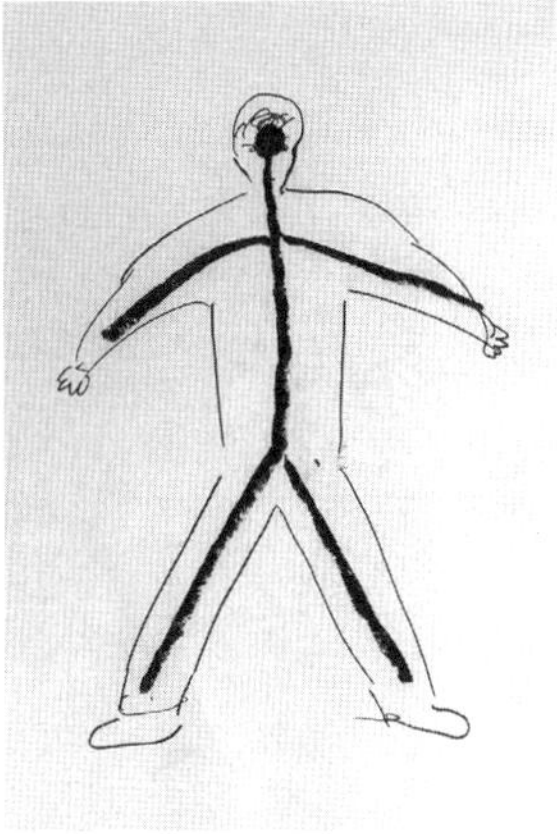

図5−1　「棒に服を着せたよう」

「**自分の体や思考が自分のものじゃない**」「**熱にうかされたよう**」「**首から上と下がはずれているよう**」という変な感覚は、「**自分のあることが気持ち悪い**」という実存的な問題になっています。とりわけ家にいるときは、「**棒に服を着せたよう**」と言って、黒のクレヨンでその感覚を描いてくれました（図5−1）。たいていが「ぼおっとして」「自分の体調もわからない」くらいなので、「あほではないか」「気が狂ったのではないか」と不安です。しかし、緊急事態の判断はすばやく、対応も適切にできることは自覚しています。家族や親戚を乗せて、車を運転するときはしゃきっとして、違和感はないそうです。この現実妥当的な適応力は、風景構成法（図5−2）でも表れています。つまり、「川」の問題以外は構成度も高く、彩色もていねいでした。むしろ強迫的なまでのていねいさです。田植えのあとの苗をびっしりと敷き詰め、混色使いで、情緒の細やかさも感じられるものです。「木」「人」「雲」「動物」は二個ずつ、「花」「田」「山」は三個ずつ描かれています。二者関係（母子）から三者関係（エディップス関係）への移行の問題を予測させるものでした。本法の「誘目性」（皆藤 一九九四）とも言える「川」は、構成段階で天からの急流で描かれましたが、彩色段階で土色の道に変わってしまいます。意識の変わりやすさと、心理力動的には、激しい衝動があるにもかかわらず、排除あるいは否定のメカニ

図5−3　自由画「倒れそうな木」

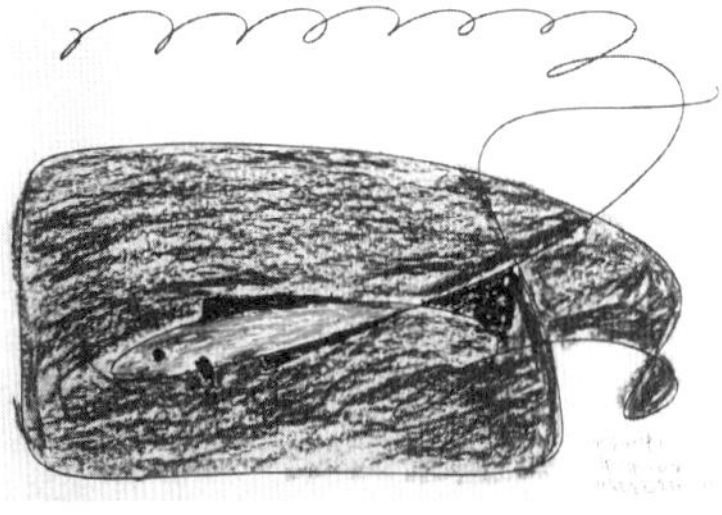

図5−4　スクィグル「水槽で魚が泳いでいる」

ズムを感じさせます。

セッションのたびに離人症状の苦しさを訴えるとともに、「**僕が具合が悪くなって、父が良くなった**」と、発症時の状況を思い出します。一〇年以上社会に出ていなかった父が働きに出て、ちょうど交代するかのように、純がひきこもったのです。そのようなことを意識の前面に持ち出すことは、とても揺さぶられることです。自由画（図5−3）での、嵐が吹いているように右に倒れ掛かった木と、左上から強烈に照らす太陽が印象的です。箱庭でも「ブルドーザーで掘り起こす」と、無意識の底に何があるのか、掘り起こそうとしかけています。セラピスト−クライエント間のイメージでのやりとりを意図して、ウィニコットの交互スクィグル[1]をしました。この三カ月に四回試みましたが、純の投映した内容はすべて水に関するイメージでした。「空と湖」「水槽で魚が泳いでいる」（図5−4）「渦潮」（図5−5）「水たまりと波」でした。深く呑み込むイメージと、狭く窮屈な感じです。そして、純がセラピストに与えた描線はすべて渦巻きでした。それらに対してセラピストは、「渦潮を見ている人たち」「女性の顔」「口を開けた女性の顔」（図5−6）「朝顔」を投映しました。渦巻きは何かを巻き込むような、あるいは、巻き込まれるようなイメージです。水のイメージと合わせると、母なるものに巻き込まれる感じがあるのでしょうか。現実の母親は「全部自分でする」しっかりものであり、「**母といると、わーっと発狂しそう。母への甘えがあるのかな**」と感じています。どんなときにもぶれない母親は、あまりに強すぎて純にはかなわず、自分を守りきれない脅威を感

図5－6　セラピストのスクィグル「口を開けた女性の顔」

図5－5　スクィグル「渦潮」

じるのかもしれません。

純の離人症状の辛さを聞いてくれたただ一人の家族、祖母が亡くなります。純は動揺しますが、それ以上に、遺産相続争いをする親戚を見て、**「人間が嫌」**と言います。**「こう**（**離人症に**）**なったのも、**（**アルバイトで陰口の言い合いという**）**人間のいやらしい面を見てからだ**」と話し、発症のきっかけのひとつに青年期の潔癖さがあったことがうかがえます。

第2期　抑えていた父への気持ちから解放されたい

〔X＋1年1月～5月〕（＃18～＃32）

精神科のデイケアに通うことはあるものの、ほとんどの時間を家にひきこもって過ごす純を、父親が非難します。「若いのに働きにも行かずぜいたくだ」と言われても、**「僕ぜいたくしたことないのに」**と、純は思います。経済的、現実的なぜいたくさだけでなく、心的にもゆとりのない汲々とした毎日だったのではないでしょうか。ところが父親はたたみこむように、「働けなかったら死ねば良い」とまで言うのです。情けない表情で、父親の言葉を私に告げる純ですが、スクィグルでは大胆な表現をします。「魚が水槽から飛び出そうとしている」（図5－7）様子を描くのです。三カ月前、「水

図5−7　スクィグル「魚が水槽から飛び出そうとしている」

図5−8　セラピストのスクィグル「パン皿のパン」

槽の中を泳いで」いた魚が今まさに飛び出したいのでしょう。こちらから「パン皿のパン」（図5−8）という受け皿を、思わず交互スクィグルで返していました。まだ危ないとセラピストの無意識が「ヘルプ」を出したのでしょうか。こうして、純の今までにない心の動きが始まると、不安感も高まります。自由画で、真っ黒の「宇宙、地球の夜」（図5−9）を表します。暗い内なる闇を見るときがきたようです。黄色く光る月が、純の行く手を照らすようにもみえます。

純の変化が父親に影響したかのようなことが起こります。元気に働いていた父親が重篤な身体疾患に罹り、手術を受けることになったのです。「自分がしっかりしなければ」と、知的には十分わかっていますが、身体的、情緒的には、依然として違和感が取れません。「**目だけがあって宙を見ている。幽体離脱で、魂がぬけたよう、（体が）かすかすしている**」と、意識と身体の乖離が顕著です。父親の手術費用や生活費など、経済的に逼迫している現実事態を母親が言えば言うほど、純は内的な問題に入って行きます。外的なひきこもり生活により現実から隔たり、離人症状によって自己疎隔すらしていた純が、自分の内的な問題に直面しかかっています。

そして、ついに、幼児期の外傷体験が想起されました。五、六歳のある日、家には父親と純だけでした。床に伏していた父親が突然電気コードを首に巻いて自殺を図ったのです。「**怖い。自分もこうなるのかと、怖くて怖くて、でも自分の気持ちを抑えて生きてきた。赤ちゃんみたいだ、誰も助けてくれなかった。助けて欲しい**」と泣きながら訴えます。恐怖感、無力感が強く、率直な依存感情（母親転移）を吐

図5-9　自由画「宇宙、地球の夜」

図5-10　スクィグル「渦潮と波」

露します。この日のスクィグルに、純は「渦潮と波」（図5-10）を投映します。巻き込む渦潮は以前描いたものより格段に小さくなり、手のような形で襲ってくる波のほうが強調されています。外傷体験は繰り返し寄せてくる波のように、純を襲い続けていたのです。

第3期　「糸の切れた風船のよう」

〔X＋1年5月〜X＋1年11月〕（＃33〜＃56）

外傷体験が想起されると、その副作用のように少し精神状態が不安定になりました。「**とんでもないことをしでかしそう。自分が危ない。首が切れそう**」と泣く純に、自己コントロールを失う不安を明確化して、交互スクィグルをしました。純の投映「砂場の石」というごろごろ感の強い石塊には、「蔓に咲く花」のゆったりした生命力で、意図せず応えていました。つまりセラピストはことばでなく絵で、「大丈夫、あなたは生き続けられる」というメッセージを危機的情況にいるクライエントに送ったのです。

辛い症状の訴え方が少し変わってきました。「**ロボットみたい**」と笑います。自嘲的ですが、少しゆとりが出てきたのです。父親についても、「**情の深い人、やりだしたらとことんやる。結局、似ているのかな**」と、肯定的な面も受け継いでいると自覚する純です。この日の

図５－11　スクィグル「糸の切れた風船」

交互スクィグルに、人間を初めて投映しました。「従兄妹の中学生の女の子」です。この子と話をしているときや、絵を描いているときは離人症状はなく、自然な感じで過ごせます。自分を無条件に受け容れてくれる対象には、ひきこもる必要はないのでしょう。少し力のついてきた純に、セラピストは「パンとナイフ」を意図せず投映しました。切断の機能を純に期待したのかもしれません。セラピストの無意識的思惑に乗るかのように、「おとなしく、怒られたこともなく、お利口さんだった」純が、初めてデイケアをさぼりました。大人のずるさを少しだけやってみたかったのでしょう。

父親が亡くなりました。「**死の直前、小さいころ好きだった気持ちで（父に）話した。（父は）僕のことばかりが気になると言って（逝った）**」と、父親と和解できました。その直後は、脱力感と無力感に襲われますが、徐々に落ち着いてきました。「**いつも急かされて生きてきた**」と、振り返るときの自由画は、ゆったりとした海に浮かぶ「ヨットと汽船」でした。それまでは、画面を塗りこんだ描画ばかりでしたが、この海の絵には余白もあり、ゆとりを感じさせるものでした。「赤いヨットと茶色の汽船」は、これまでの「渦」に巻き込まれることなく、ゆっくり進み、何かが純のなかで分化していく気配を感じました。

外では家ほどの気持ち悪さがなくなり、スポーツ大会でがんばった後、「**あれが疲れというのかな**」と、身体感覚を取り戻します。ところが家では依然として気持ち悪く、これまでの家での自分を振り返ります。毎日伏している父親を見て、泣きそうな気持ちだったこと、高校時代の発症に伴い、「**積み重ねがなく、今だけを生きているよう**」に、連続した自己感覚を持てなかったことを話します。そして、「**家は安心感はあるが、虚しくなる。何をしても虚しい**」と、言葉で表現します。このときの交互スクィグルに、純は「糸の切れた風船」を、セラピストは「女性の顔」を投影しました。「糸の切れた風船」（図5‒11）が飛んでいく大空は、果てしなく不安ですが、自由はあります。虚の自分を生きてきた純が、真実の自己を生きるためには、いったん安全感を捨てる必要があるのかもしれません。「糸を持つ人」、つまり純をコントロールする対象を切断し、個として分離するのです。セラピストの「女性の顔」は、見送る母親なのか、見守るセラピストなのか、後で振り返るとそんな感じがしました。

そして、「**どこにいても落ち着かない、どうしたらいいのやろ**」と、新しい自分に移行する前の戸惑いをみせます。現実行動はおろおろしていますが、箱庭では、「ガソリンスタンド、救急車、人々、タンクローリー、ロバ、木々などのある町」を作り、活気にあふれています。エネルギーを十分蓄えようとしている姿、緊急時の助け、エネルギーを現実化する主体や手段が置かれます。箱庭全体も、緑の周囲に守られながら、流れる車と日常生活をする人びとの、動きのある世界を印象づけるものでした。

第４期　外的、内的ひきこもりからの脱出（X＋1年11月～X＋2年7月）（＃57～＃87）

イメージ表現を追うかのように、現実行動にも動きがみられます。スポーツ大会で入賞した純は、うれしいと感じました。そう感じられたことを喜ぶ純です。そして、とうとう働きに出ることを決心します。一日数時間のアルバイトですが、純にとっては七、八年ぶりの外の世界です。働いている時は離人症状はなく、実感を持ってやっています。その分疲れて、夜はぐっすり眠ります。家ではまだ「力が抜ける」そうです。

期間限定のアルバイトが終わり、準社員の仕事に就きます。朝気持ちが悪くても、職場に行くと良くなって、て

図5―12　最後の風景構成法

きぱき動きます。ただあまりに忙しい職場で、目が回るほどです。箱庭で「町」を作り、**「車が多く速いので、渡るのに戸惑っている」**と説明しました。まさに、現実社会のテンポの速さに戸惑っている純です。それでも「一日終わるといい疲れ」を感じながら、がんばります。

雇用条件など、現実に目を向け始めた純は、より条件が良く、しかも働き甲斐のある職場を求めて、生まれて初めて職業紹介所に行きました。そして、就職のための面接試験を受けて合格し、正社員として働き始めています。数年ぶりに風邪をひいた純は、自分の体調の変化も感じますし、**「自分の気持ちを大分しゃべることができる」**までになりました。**「普通の生活が当たり前になった。父が普通だったら離人症になっていなかったかもしれない。でも今は自然に力を入れたり休んだりしている。自分の変な感じはない」**と話します。父親の問題が大きく影響していたことを認めながら、自分は自分と区別ができます。やっと真の自己を取り戻すことができました。それまで怖いものなしの母親も年老いて、体調を崩しました。家族のなかの布置も変わってきたのです。

最後の風景構成法（図5―12）は、天からの川が大きく世界を二分しています。治療当初の本法で、川が無視され道に変わったのとは大違いです。内なる衝動は認められましたが、まだ上手なコントロールはできません。しかし、とりあえず右の世界（現実世界）に登場した「犬の散歩をする男性」は、正面を向いています。横顔しか見せられなかったのが、きりっと前を向くのです。大きな石（外傷体験か？）

は、左（内界）の道の端に片付け置かれました。三本の木が少し右傾しているのは、ひきこもりから脱出するときの勇み足でしょうか。純の心の世界で多くの部分を占めていた「田」も、左の世界に押しやられました。純を圧倒していた母なるものが、きちんとあるべき所に収まったのです。右下に描かれた二つの家、純を守る家と、純の離人症状を生み出した家の話は、純自身が紡ぎ出してきたものです。まだひとつに統合はされていませんが、社会に出て他者とかかわるなかで、いろいろな相対化がそれを助けてくれるに違いありません。

考　察

内的、外的、ひきこもりについて

純はここ数年、精神科のデイケアという場を持っているものの、それ以外は家族とかかわるだけでした。本来的には、高い知的能力と感受性豊かなコミュニケーション力があるにもかかわらず、離人症状のために仕事ができませんでした。この状況は、いわゆる社会からのひきこもり状態ですが、狩野（狩野 二〇〇〇）は、内的「ひきこもり」と外的「ひきこもり」を理解することの大切さを主張しています。菊地も、「ひきこもりは外的な適応様式にではなく、対象との情緒的かかわりからの退避という内的対象関係にこそ問題の本質がある」（菊地 二〇〇〇）と述べています。純は、大学生のころ、「人間のいやらしい面を見て気分が悪くなり、人間のやっていることがわからなくなった」事件以来、他者との情緒的交流が持てなくなりました。友人といても、現実感がないため心からの反応を返せず、デイケアではメンバーとしての役割だけをこなし、家では「目だけが家族を見ている」のです。

この内的ひきこもりは、それが始まる発達段階の問題、つまり、青年期の課題、「同一性獲得」をめぐる問題がからんでいます。自分とは何か、自分はどうありたいのか、などを考えるとき、モデルとなるべき父親は、とても取り入れられる存在ではありませんでした。床に伏している父親の姿を毎日見ることは、慢性的な外傷体験になるとも言えます。ハーマンが心的外傷後の中核症状として「無力化と他者からの離断」(Herman, J. 1992)を指摘しているように、純の離人症状はこの慢性的外傷体験が関係しているのかもしれません。さらに決定的な外傷が想起されました。自殺企図という父親の修羅場を目撃することによる外傷体験は、母親や弟妹と共有されなかったために、さらなる陰性外傷をも生みました。すさまじい体験が侵入してこないように、狭窄症状としての離人症状が住み着いてしまったのです。幼少時から小さな物音にもびくっとしていたという過敏さと、人なかにいくとふわーとしていたという現実から離れる傾向は、外傷後の過覚醒と、狭窄症状だったのかもしれません。「ひきこもりを呈する場合、外傷性精神障害の視点からの検討が必要」(河野 二〇〇〇)ということを改めて考えさせられる純の経緯でした。

交互スクィグルの意味

内的対象関係からのひきこもりにより、対象との感情的なかかわりを回避しようとするものの、母親といると発狂しそうな不安に襲われる純です。純の在ることを根底から揺さぶるような刺激的存在の母親でした。しかし、言葉では母親への否定的感情は語られず、むしろその強さに驚嘆するような肯定的評価でした。母親への否定的感情は、交互スクィグルのイメージに表現されます。シャブリーンの言う「スケープゴート転移」(Schaverien, J. 1987)が有効に働き、直接的な陰性転移はセラピストには向けられませんでした。かわりに、イメージ表現として呑み込む渦潮や波を描きました。そしてセラピストのほうは、能力があるにもかかわらず自己主張できない純、離人症という自己の気持悪さのなかに逃げ込んでいるのではないか、そういう思いといらだちが、セラピストの無意識に多分生まれたのでしょうが、その逆転移は、大きく口を開け怒っているような女性の顔で表されました。純自身の受容できない怒りは、投影同一視され、こうしてアートで表現されたのです。

このセラピストの描いた「怒っている女性」は、元はといえば純の描いた渦巻き曲線です。したがって、私の絵であると同時に、純の絵でもあるのです。このように、交互スクィグルでは、クライエントの描いたスクィグルにセラピストが投映すると同時に逆のパターンも生じます。完成された絵は自己のものであり、同時に対象のものであるという、コフートの「自己対象」（Mollon, P. 2001）のような存在です。母親という自己対象に、苦しみを共感してもらえなかった純にとって、交互スクィグルでできあがった絵をセラピストとともに眺める作業は、新しい自己対象体験となりました。またウィニコットでいえば、交互スクィグルが「潜在空間」（Winnicott, D.W. 1971）となり、そこでセラピストと遊べました。ひきこもるまでは必死で生きるばかりで、遊びのなかった（潜在空間を持てなかった）純にとって、交互スクィグルで遊ぶという体験は、変容を促す大きなエネルギーとなりました。そして、アートへの転移に支えられながら、セラピストへの直接的な転移、「**赤ちゃんみたい、助けて**」という言葉と態度での表現に発展していきました。

メタファーとしてのアート

純は、自由画、交互スクィグル、箱庭、風景構成法などのイメージを通して自己を表現しましたが、同時に言葉でも自己をメタフォリカルに定位しています。「棒人間」「ロボットみたい」「首が切れそう」と。ヘンゼルは、言葉とアートによるメタファーの違いについて、「言葉によるメタファーにおいて、象徴と象徴されるものは全く別物であり、オノマトペや詩で実際の特徴が現われることもあるが、一般的に言葉は表示するそのものではない」（Henzell, J. 1984）と言っています。つまり、棒という言葉（字面）は、棒そのものではなく、ロボットという言葉（字面）もロボットそのものではありません。もっとも、その言葉から私たちは内的イメージを作り出すことはできます。また「首を切純の自己感覚のないことが、「棒」や「ロボット」と例えることで、よりリアルにはなってきます。また「首を切る」には、「知性と本能的側面の分離」の象徴的意味があることを、フランツ（Von・Franz.M.-L. 1980）は述べています。そしてその結果として、精神的距離や知性の犠牲が生じるとも指摘しています。純は、切れるか切れないかの状態で何とか耐えていましたが、切れて本能的衝動が暴走するのではないかという恐れを抱いていたのです。

このように言葉による内在化されたメタファーに対して、アートは外在化されたメタファーです。「絵（アート）は文字通り、絵としての生き生きとした特徴を持っており、豊かさ、哀しみ、機知、平静などの抽象的事象を表すことができるのも、この実際の特徴を通して」（Henzell, J. 1984）なのです。純の描いた第2期の「水槽から飛び出す魚」（図5-7）と、第3期の「糸の切れた風船」（図5-11）に、セラピストは純の自己回復への希求と不安を感じました。しかし、それらはあくまで魚と風船です。それにもかかわらず、セラピストはこれらの絵に純のテーマを感じずにおれません。しかも、その魚は美しく、繊細でひ弱な姿をとっていたのに対して、風船は真っ赤で、大胆で、強烈な形と色、そして画面をはみ出さんばかりの大きさという自己肥大すら伴っているものでした。この違いは純の内的変容を表しているとも考えられます。純の「糸の切れた風船」という言葉に、「糸の切れた風船が大空に飛んでいくのかな」と、しばらくしてセラピストはつぶやきました。このように感じながらクライエントに返したセラピストの機能は、ビオンの「夢想」[(2)]（Symington, J. & Symington, N. 1996）であり、この夢想に支えられて、純も本来の自己を取り戻せたのです。

注

（1）交互スクィグル▼一枚の紙にセラピストがまずスクィグルを描き、それにクライエントが自分のスクィグルを付け足していき、これを何回も繰り返すことにより、ときにはひとつの絵になることもあるというもの。リーブマン（Liebmann,M.

1986）は、ウィニコットに基づきながら、ペアのワークのひとつに変形している。それぞれがスクィグルを描いて交換し、そのスクィグルからイメージを作った後、シェアする。

（2）ビオンの「夢想」▼乳児に対する母親、クライエントに対する分析家の態度。乳児（クライエント）が自分の心の中に置いておけない苦痛な心的体験や感情を受け入れ、コンテイニングしていく母親（分析家）の心的態度。

CASE 6 教室を離れて——AD／HDを疑われる男児のアートセラピー

【事例】

さとる　7歳　男児

【問題点】

● 勉強に集中することができず、学習の遅れが著しい。
● 教室内でふらふらと歩き回る、突然奇声をあげる、クラスメートをたたく、けるなどの問題行動がある。

【生育歴】

アートセラピー開始二年前の五歳のときに両親が離婚。母親が家を出て、さとるは父親と弟との三人暮らし。母親とは週一回会っているが、事情を納得していないのか、情緒不安定。

【セラピー環境の設定】

小学校入学以来、さとるの学習の遅れは著しく、教室での問題行動のため、アートセラピーに照会された。担任教師はAD／HDを疑っている。セラピーは週一回五十分、個別セラピーを実施。期間は六カ月とし、開始時に父親からセラピー参加の同意を得る。

セラピールームは小学校の空き教室をアレンジして使用し、担任教師との話合いから適切なセラピー時間が設定された。セラピストは毎セッションごとにさとるを教室まで迎えに行き、セッション終了後は、教室に送り届けた。

図6−1　「メキシカンハットをかぶる雪だるま」

治療経過

第1期「セラピストとの出会いと境界」（#1〜#4）

初回、さとるは自分から話すことはほとんどなく、セラピストの質問にうなずいて答えるだけでした。セラピストはセラピーについて、さとるのわかる言葉で説明し、「セラピーの時間を守ること」と「セラピーの終了時間には片付けをして終わること」の二つの規則をさとると話し合いました。セラピーのやり方は、好きな材料を使って、好きなものを作るという「非指示法」です。さとるは、初回のセッションで「メキシカンハットをかぶる雪だるま」の絵を描いています（図6−1）。はさみのような手をした雪だるまです。雪だるまを囲んでいる線は、世界を閉ざし、セラピストに対して「**近づくな**」の自己表示のようです。そこには、溶けてしまうはかない雪だるま（頼りない自己）がおり、武器を持ち、身の丈に合わない大きな帽子をかぶることで、なんとか自分を保っています。

二〜四回目のセッションで、さとるはアヒルとカップをテーマにして、作品作りに没頭しました。黙々とアヒルの絵を何枚も描いていきます。画面の隅に描かれた小さなアヒルや、目に力がないアヒルを見て、乱暴な顔の奥にある頼りなげなさとるを予想するとともに、セラピストも無力感や空虚感を味わいます。また、幼い感じのアヒルの絵から一転し、木炭で「暗い海に沈みかける船」（図6−2）も描きまし

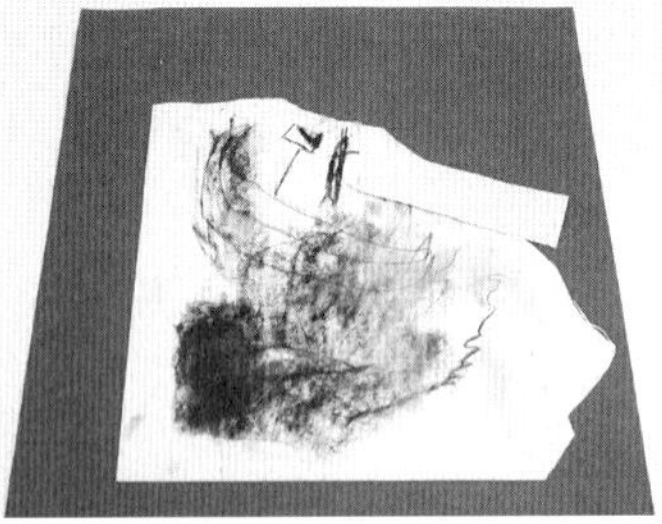

図6−2 「暗い海に沈みかける船」

図6−3 守り神となった「ガー子」

た。船の横に弟の名前が書き込まれ、セラピストを不安にさせます。「弟を海に沈めてしまいたいほど怒っているのだろうか」それとも、「さとる自身が破滅していきそうなのだろうか」そんな不安がよぎります。どういう気持ちなのか尋ねますが、さとるはこの私の問いかけに全く答えず、一人で制作に向き合っていました。セラピーが始まったものの、さとるの私への働きかけはなく、ただ黙々と自分の作りたいものを作っていきます。そして、それを見守っているセラピストの私でした。

第2期 「守り神となったアヒル」(#5〜#6)

セラピー開始から一カ月は、何も言わないさとるでしたが、セラピーが進むにつれ、少しずつ自分の気持ちを話し始めました。両親が離婚してしまったこと、母親が戻ってきてくれないかと思っていることなどを、さとるは断片的に伝えます。

また、ずっとこだわっていたアヒルを粘土で制作し(図6−3)、完成しました。さとるはこのアヒルの出来に大変満足し、「ガー子」というあだなをつけ、その後のセッションでもこのアヒルを見せてほしいということが何度もありました。棚の上に大切に保管されている「ガー子」は、さとるにとっての「守り神」のような存在になっていきます。

第3期 「怒りの表出」(#7〜#13)

さとるは、アートセラピーの空間に慣れ、セラピストとの信頼関係が深まってく

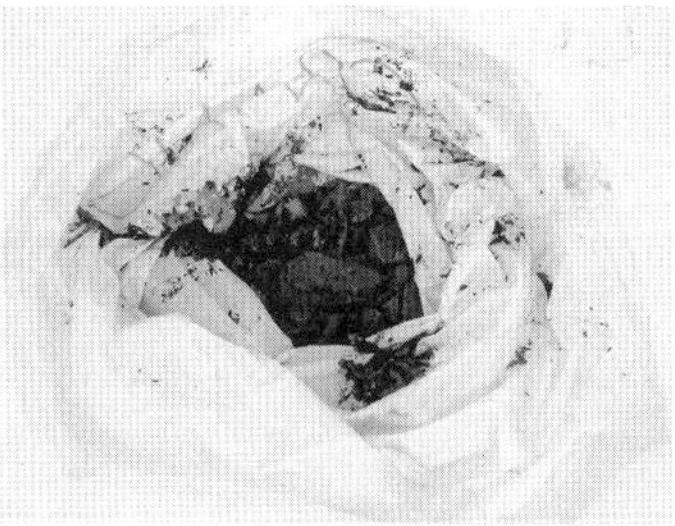
図6−5　叩き潰された粘土のカップ

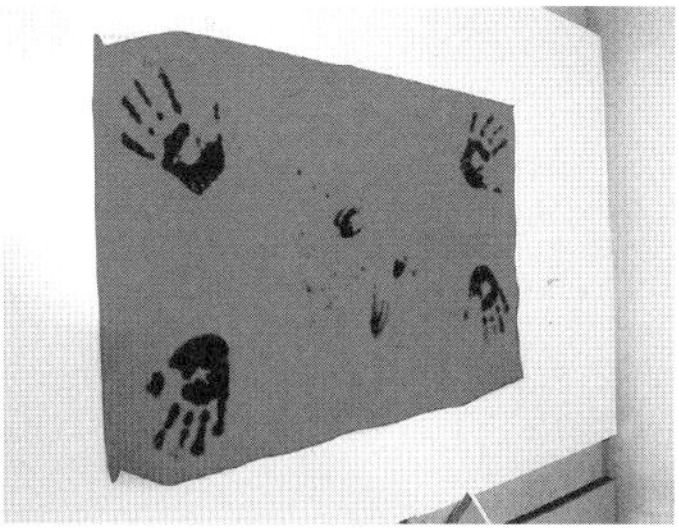
図6−4　真っ黒な手形

ると、アート作品のなかに怒りや攻撃性を表現するようになってきました。さとるは自分の手を真っ黒に塗って、真っ赤な紙の上に手形を押し付けます（図6−4）。また、絵の具を大量にパレットに出し、それをぐちゃぐちゃに混ぜて、パレットに向かって「**死ね！**」と言った後に、流し台にパレットを放り込んだりしました。そして、絵の具が手足にたくさんついたまま、セラピー室の中をふらふらと歩きまわり、セラピー室を怒りと不安でいっぱいにしました。

このころ、担任教師からもさとるの問題行動についての相談が、再度セラピストのもとへ寄せられました。さとるは相変わらず、教室内で他の子どもたちへ暴力行為をしたり、落ち着きなく歩き回ることが多いとのことでした。セラピストは、さとるがセラピーで怒りを思い切りぶつけていることと、この時期の大切さを教師に伝えました。セラピーのなかで怒りを表現すれば、少しは落ち着くかもしれないという変化の可能性を話しました。しかし、さとるの場合は、両親の離婚の問題と、AD／HDの疑いという両方の問題を抱えているため、今後のセラピーがどのように展開していくかは予測の難しいところです。この予測を立てないことの大切さについては、ロード（Rhode, M. 2003）も強調しています。つまり、コミュニケーション障害の子どもについては、「子どもの独特なパーソナリティと家族の状況は最も重要な指標であり」、アセスメントにおいては「明確になるまで予測を立てないことが重要である」と言っています。

セラピーが中盤にさしかかったころ、さとるは作品を制作するというよりも、それまで制作したものを「壊す」という行為に没頭するようになりました。さとるは十一回目のセッションで父親のために粘土でカップを作りました。次のセッションで、そのカップにひびが入っていることに気づき、直そうとしたのですが直らなかったため、そのカップを粘土用のローラーで叩き壊してしまいました。カップは粉々になって破片が床に散らばり、さとるはその破片を集めてさらに叩きました。さとるは次のセッションで他の粘土作品も袋に入れて、その上から叩き壊すということを繰り返しました。怒った顔で破片を叩き続け、その上に大量の絵の具を流し込みました。そしてその袋をゴミ箱に投げ捨てたのです（図6–5）。「今どういう気分?」というセラピストの問いに対してさとるは、「**壊すのは面白かった。すっきりしたよ**」と晴れ晴れしく答えました。

第4期「前に進もうとするコルクの車」（#14～#24）

その後もしばらく、さとるは攻撃的になったり、落ち着きがなくセラピールームのテーブルの上に座って、イヌのまねをしてみたりということがありました。自嘲的な雰囲気の漂うイヌでした。やがて、セラピールームの外では、さとるの行動は落ち着いてきているということが報告されました。粘土作品を粉々に破壊し、それを捨ててしまったように、さとるの怒りや不安も破壊されて捨てられたかのようでした。

セラピーが終盤に入ってくると、さとるは明らかに落ち着いてきました。さとるはたびたび、初期に作った「ガー子」を見せてほしいといって、それを受け取って撫でたり、「**セラピーが終わったら自分の作品を全部持って帰りたい**」と言うようになりました。自分の気持ちをはっきりととらえることができるようになった、つまり焦点化できるようになったさとるは、作品制作にも集中するようになり、ストローとコルク板で自動車を作りました（図6–6）。この自動車は高度な技術を要するつくりで、集中しないととても作れるものではありません。この作品づくりに取り組めたことは、さとる自身にとっても驚きであり喜びでもありました。

図６−６　「前に進もうとする」コルクの車

教室や家庭でのさとるは、まだまだ不安定な状態も頻繁にあるとのことでしたが、セラピストの事情で六カ月で終了し、次のセラピストに引き継がれました。

考　察

アートセラピーは自分と向き合い整理するプロセス

注意欠陥／多動性障害（ＡＤ／ＨＤ）や高機能自閉症、アスペルガー障害などの軽度発達障害は、ここ十年の間に、急速に一般に知られるようになり、教育面、療育面での配慮を必要とすることが認識されるようになってきました。これまで、自分勝手な子、落ち着かない子、手に負えない子どもととらえられ、誤解されることが多かった子どもたちも何らかの脳の器質的問題に由来する機能障害であることが示されてきています。

さとるの場合は、確定診断はなされていないものの、不注意、多動性、衝動性というＡＤ／ＨＤの三つの特徴を備えていました。しかし、両親の離婚という心理的問題も抱えていたために、学校での問題行動が障害からくるものなのか、心理力動的ものなのか、はっきりせず、診断名がつかないまま学校生活を送っていました。さとるの担任教師は、教室での学習よりも、教室を離れてさとるが落ち着ける時間や空間を持つことが必要ということを考え、アートセラピーを導入したのです。

初めてセラピー室で出会ったさとるは、ひょろひょろとやせていて、到底教室で他の子どもたちに暴力を振るっているような乱暴な子どもには見えませんでした。むしろ内気な印象を与え、セラピストと全く目を合わさないことから、コミュニケーションを求めない自閉的な傾向すら感じさせました。そして、最初にさとるが描いた雪だるまのイメージは、そのときのさとるを体現しています。はさみの手を持ち攻撃的ですが、色彩（情感）を伴っていなくて、虚勢だけの弱い自分です。しかもはっきりとした境界線でその雪だるまを守っています。まだまだこの時期のセラピー空間は、さとるが自分を表現しきるのに、安全な場所になりきれていないことを示していました。

しかしその後、さとるはセラピストが自分に対し、批評も批判もしない存在だと知り始めると、少しずつ自分の気持ちをセラピー空間の中で表現し始めます。こだわって描き続けたアヒルを、粘土作品にし、「ガー子」と名づけたさとるは、何か自分が頼れるもの、自分を支えるものを自ら生み出したかったのかもしれません。さとるにとっての「ガー子」は、シャブリーン（Schaverien, J. 1992）のいう、「Talisman」（お守り）のように、さとるを力づけ（empower）、守ってくれる存在として、セラピーの終結までセラピー室に存在し続けました。

そして、「ガー子」と信頼できるようになったセラピストのいる空間で、さとるはどんどん自分の怒りや不安を爆発させていきます。真っ黒に塗られた手や、ぐちゃぐちゃに混ぜられた大量の絵の具が盛られたパレットは、混沌としたさとるの内面そのものであり、セラピストを不安にさせます。ただ、さとるの怒りは、セラピストに直接向けられることは一度もなく、常にアートが媒体となり、安全なかたちで表現されていきました。サフラン（Safran. S. 2002）は、「一般にAD／HDを抱える人にとっての毎日は、たくさんの事柄が同時に起こっているかのようである。アートは、その強烈な体験の一つ一つを捕らえるのに、良い媒体となる」と述べています。アートセラピーは、つぎつぎと湧き上がってくる混沌とした感情や思いを視覚的なものに移し変える作業であり、自分自身の状態と何度も向き合い、整理するプロセスそのものなのです。

さとるは七歳にしては、言語発達が非常に未熟です。その原因のひとつとして彼のコミュニケーション能力の弱さが考えられるかもしれません。ＡＤ／ＨＤの子どもを詳しく見ていくと、自閉症スペクトラムが見出されることが多々あると磯部（二〇〇五）は指摘していますが、さとるにもあてはまるようです。いずれにしても、さとるは言葉で自分の感情を伝えることが苦手でした。しかも両親の離婚という心的外傷を負っているために、さらなる混沌とした内的世界を抱えることになります。さとるはアートの媒体が与えられることによって、言葉にならない混沌とした世界を表現しました。ワロンら（Walon, P. Camber, A., & Engelhart, D. 1990）は、両親の離婚を経験した多くの子どもたちが、家の描画を自発的に行うと述べていますが、さとるは家の代わりに、カップ（＝自分が守られるべき器）を作りました。そして、それにひびが入っていたことに気付いた時の怒りは強烈なものでした。さとるは、自ら「自分が守られるべき器」を粉々にし、絵の具を流し込み、最後にごみ箱に投げ入れたのです。自分の怒りや不安をごみ箱に投げ入れたとき、さとるはそれまでのもやもやとした気持ちを抱えていた自分と決別したのかもしれません。また、何度も繰り返される破壊行為については、「いつも何かが自分の努力をめちゃめちゃにしてしまうと感じているかもしれない」（Rhode, M. 2003）コミュニケーション障害の子どもである自分に別れを告げたかったのかもしれません。

リリトス（Lillitos 1990）は、創造的行為のプロセスの始まりには、混沌と形がないかのようにみえる段階が必要であり、セラピストは、クライエントの未統合な部分を支える役割を担っていると述べています。さとるにとっては、前に進むコルクの車を作る前に、自分の中にある怒りや不安などの負の感情を十分に出しきる必要がありました。そして、それを支えたのが、一貫した確固たる外的治療構造（時間、空間、二つの規則など）であり、セラピストや、守り神の「ガー子」という内的治療構造でした。さとるにとっては週に一回教室から離れることが、新しい体験となったのです。その「抱えられる環境」（Winnicott, D. W. 1986）が提供されたからこそ、負の感情をアートを通して排出できました。そして、自分の気持ちと少し向き合えるようになったさとるは、教室でも少しずつ落ち着きを取り戻していきました。しかし、学校生活への安定した適応のためには、まだまだサポートが必要なさとるであり、セラピーの継続が配慮されたのです。

CASE 7 人生最後の創造行為——特別養護老人ホームの女性

【事例】

Eさん　九〇歳代　女性　老人性認知症(1)

【おもな問題】

●食事の時間以外は、居室のベッドに横になって過ごし、「(ふるさとに)帰りたい」「早く死にたい」と繰り返している。

●無気力な状態が続き、対人交流も少なかったため、アートセラピーを照会された。

【生活歴と現病歴】

結婚後子どもたちに恵まれたが、夫を若くして亡くした。その後、内職などの仕事をしながら子どもたちを育てた。八〇代後半に認知症の症状がみられるようになり、家族に一時世話をしてもらったが、後に地域の特別養護老人ホームへの入所となった。

【セラピーの空間と治療構造】

セラピーが行われた面談室は、外から日差しが差し込み、明るい雰囲気がある部屋。参加者の作品はそれぞれのファイルのなかに入れられ、部屋の棚のなかに安全に保管されている。

材料は、水彩絵の具、クレヨンをはじめ、色鉛筆、紙粘土、和紙など基本的なもの。

セッションは、まずセラピストが三名の対象者を各ユニット(2)に迎えに行き、メンバーが揃ったところで始まる。あいさつ、体調の確認の後、見当識トレーニング(3)も兼ねて、季節のことがらを話し合う。高齢者の場合、集中力の持続が困難であったり、体力面への配慮も兼ねて、アート制作は三〇～四〇分と時間を短縮する。

Eさんのグループでは、メンバーが使いたい材料、取り組みたい題材を尊重し、非指示的なアプローチをとった。ただ、多くの高齢者が小さいころに絵画・造形活動を十分にやってこなかったため何をやったらいいのかわからない、何も思いつかないということがある。その際にはセラピストが題材を提案。また、アート制作に取り組みたくないときは、おしゃべりをしたり、歌を歌ったりと、そのときどきでメンバーの状態に合わせて進めた。終了時には、季節の歌を二曲ほど歌い、終わりのあいさつをして、セッション終了。

【セラピーの経過】

第1期　アート材料との出会いと断片的なとき〔X年2月～4月〕（#1～#10）

第一回のセッションにEさんは、セラピー室まで移動ができるかどうかわからない状態でしたが、うとうとしながらも車椅子で参加しました。ただ、アート材料にはあまりなじみがないようで、Eさんは、不思議そうな表情でアート材料を眺めているだけです。

二回目のセッションでEさんは、近くにあった紙粘土を触り、「これは石膏だね」とセラピストに確認をとりました。しかし、そのときは何も作ることなくセッションを終えたのですが、三回目のセッションでは、粘土の感触を楽しみながら、小さな皿をたくさん作りました（図7–1）。その後のセッションで小さな皿にひとつひとつ色を着けますが、色着けの段階では、全く違う色を重ね塗りしたり、何度も同じところを塗るなど、混乱します。また、粘土作品に対しての満足感もあまりない様子で、戸惑いのほうが大きかったように感じられました。

図７−１　紙粘土で制作した小さな皿

図７−２　「春の小川」

九、一〇回目のセッションでは、「春の小川」（図７−２）という題のイメージを作りました。グループのなかに、歌うことが大好きなメンバーがいたことから、「春の小川」を歌うことになり、そこから、イメージ作りが行われたのです。はじめは、筆を持つのも恐る恐るのＥさんでしたが、「まず川を描いてみましょうか？」というセラピストの声かけに、上から下に大きく流れる川を描きました。そして、二本の支流まで描き込まれました。セラピストは、大きく流れる川にＥさんの内なるエネルギーを感じるとともに、左側にぽっかりと空いた空白が気になりました。この時期までのＥさんは、セラピストの顔やセラピーのことは、毎週忘れているという状態で、イメージのなかの断片的な線や空白が、Ｅさんの状態を表現しているかにも感じられました。

第２期　つながっていくセラピーと「感情と色」〔Ｘ年５月〜８月〕（＃11〜＃20）

セラピー一一週目にＥさんは、居室まで迎えにきたセラピストに、「**あんたのこと憶えとります**」と突然言いました。また、同じ時期に取り組んだ「感情と色」という題材で、Ｅさんは自分の内的世界を開示します。最初に取り組んだ「怒りのイメージ」（図７−３）では、クレヨンで真っ赤に塗った顔のなかに、目と鼻が描かれました。口がなかったため、セラピストが理由を尋ねると、Ｅさんはとてもはっきりした口調で、「**私は怒ったときには口からは何も言わないで、自分の心のなかで解決するようにしてるんです**」と答えました。また、「幸せのイメージ」（図７−４）は、

図7−3 「怒りのイメージ」

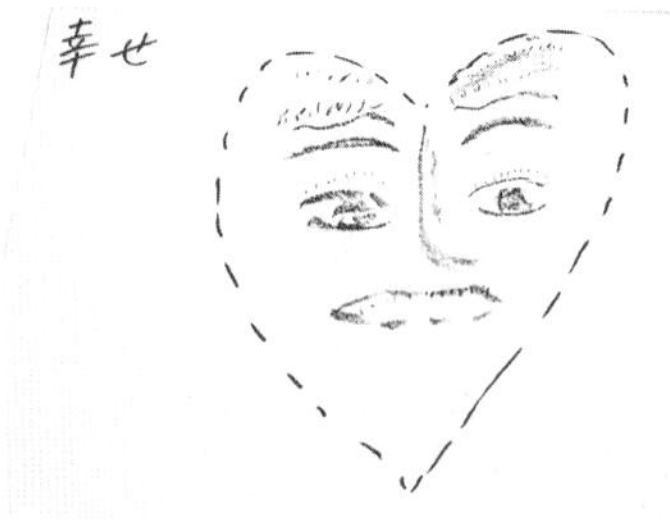

図7−4 「幸せのイメージ」

「喜んでいる女学生」を描き、「悲しみのイメージ」(図7−5)は複雑に色を使用し、表現しました。グループメンバーとも「死」や「別れ」の悲しみについての話が広がり、お互いに共感する場面も多々出てきました。

　このセッションの後に、ユニットのスタッフとのケースカンファレンスが行われ、「怒りのイメージ」を見たケアワーカーが、「**Eさんとセラピストとの信頼関係ができているから、ここまで表現できるようになってきたのですね**」とコメントしてくれました。セラピストは、Eさんのなかで、セラピーが何か細い糸で繋がっていく感覚を覚え始めました。また、現場スタッフの気づきと、ポジティブなコメントに、アートセラピーが施設のなかにおいても、守られた環境で実施されていることを実感し、安心した気持ちでEさんのセラピーを継続することができるようになりました。

第3期　ハスの花とセラピーの定着〔X年8月〜10月〕(#21〜#37)

　セラピー二一週目には、Eさんは貼り絵に興味があると答え、「**ハスの花が作りたい**」と言い、四週間かけて、ハスの花の貼り絵を完成させました(図7−6)。宗教的な意味合いを含んだハスの花を、九二歳のEさんが希望したことがとても印象的でした。Eさんは長い時間をかけて作った貼り絵が完成したとき、とても満足そうな笑顔をセラピストに見せ、「**できた、できた**」とつぶやきました。

　第三七回では、季節も秋に変わっており、木の葉の版画に取り組みました。葉っ

図７−６　貼り絵「ハスの花」

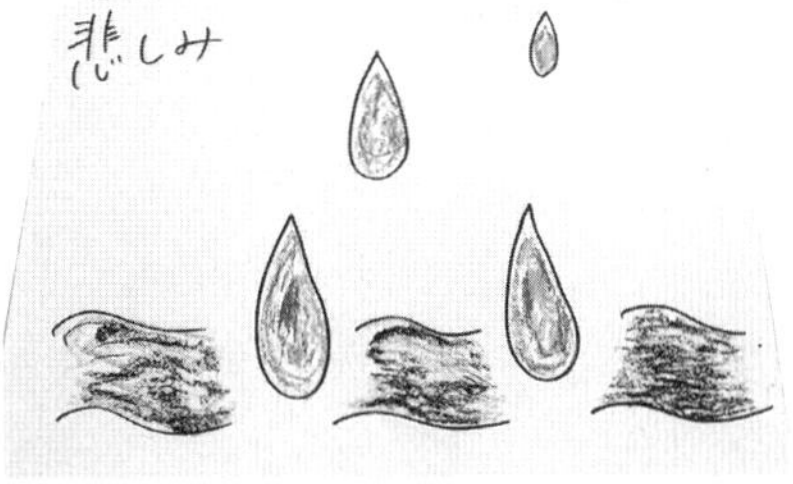

図７−５　「悲しみのイメージ」

ぱの裏側の葉脈が出ている面に絵の具を塗り、版画をしていくというものですが、好きな葉っぱを好きな場所に刷り、イメージを完成させると、Eさんは、嬉しそうに「**自分でもようできたと思うとる**」と話しました。このころ、Eさんの家族から、「去年より元気になった気がする。表情が明るくなった」という感想を聞きました。

第４期　Eさんの回想とセラピーの終結〔X年11月〜X＋１年６月〕（＃38〜＃66）

その後もEさんは、毎週のセラピーでさまざまな作品を作り続けました。第四九回では、手形のイメージ（図７−７）を作成しました。左右それぞれに、赤と黄色の暖かい色が着けられ、真ん中に自分の名前を書き込みます。Eさんは、自分が女手ひとつで子どもたちを育てたことや、そんな厳しいなかでも近所の子どもたちやイヌが遊んでいるのを見るのが好きだったことなどを笑顔で話してくれました。Eさんは、セッションの前にセラピストが居室へ迎えにくると、「久しぶりだね」と笑顔で迎え入れ、セラピーに誘うと、「**友達に会えるから嬉しい**」とグループメンバーと会えることの喜びを伝えてくれました。

六六回のセラピーに参加した二日後、Eさんは老衰のために、居室で静かに亡くなりました。前日も他の入居者の誕生日ケーキにデコレーションを付けたりと、明るい表情を見せていたということでした。Eさんが亡くなった後、あいさつに来た家族は、「セラピーはいつも楽しみにしていたのです。最後は幸せな時間を過ごすことができました」と話されました。セラピストはただ感謝の言葉を告げるだけでした。

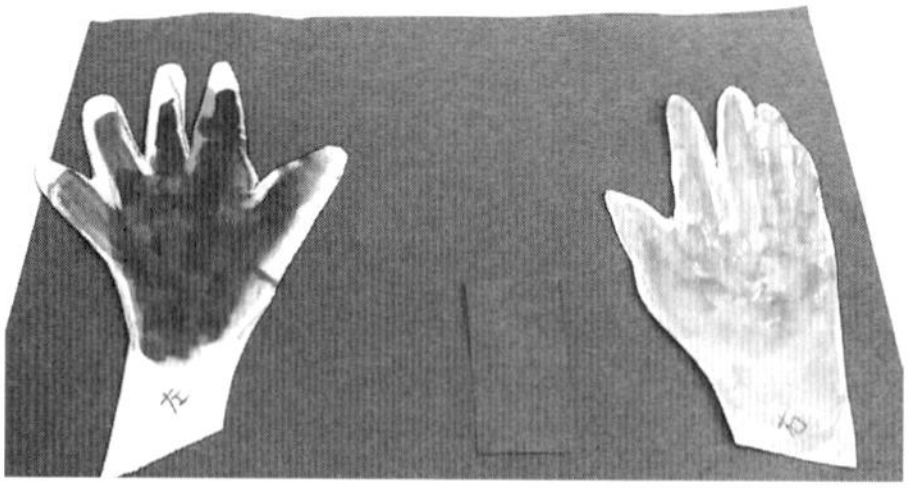

図7－7　手形

Eさんとのセラピーの終結は、Eさんの死去というかたちでやってきました。いつかくるとは思っていながらも、実感が湧かなかった「死」という突然の終結に、「高齢のクライエントの時間が無限ではないことを、現実的なレベルで認識することが要請される」（黒川ら 二〇〇五）ということを実感しました。またいつエンディングがきてもいいように、毎回のセッションの枠組みをきちんと設定することの大切さを認識させられたのです。

考　察

高齢のクライエントと若いセラピスト

セラピー開始後一〇週間のEさんは、どちらかというと受動的で、セラピストの顔やセラピーのことは毎回忘れているという状態が続きました。セラピストは、Eさんにとってのセラピーが断片的であることや、混沌とした作品を見て、不安や戸惑いを感じていました。セラピストのこの気持ちは、Eさんのセラピーが何なのかわからない、どうしていいのかわからないという不安や戸惑いを反映しているものでもあったのです。マーチンデルは、「高齢のクライエントと若いセラピストの間には、自分の家族関係を反映させた転移や逆転移の反応がセラピーのなかで起こり、依存の関係がクライエントやセラピストをしばしば苦しめることがある」（Martindale 1989）と書いていますが、Eさんとセラピストの間には、依存の関係というよりも、むしろEさんがセラピストをどのように捉えてよいのかわからないという戸惑いが、二人の間の距離感を作っていたようでした。Eさんの子どもが、全員男性であったことも、影響していたのかもしれません。一一週目に、「**あんたのこと憶えとる**」と突然言ったとき、Eさんとセラピストは依存関係というよりも、「ある決められた時間」をともに過ごす「同志」のような関係になっていたように感じられました。

一一週目のセラピーで、Eさんがセラピストを特定できたこと、「怒りのイメージ」で自分の内的世界を開示したことは、セラピーの流れの突破口となりました。それまで毎回、初めて会うようにしてセッションが始まっていましたが、セラピストは、Eさんのなかでセラピーが何か細い糸で繋がっていく感覚を覚えました。そして、より安心してEさんと向き合うことができるようになったのです。セラピストの安心感は、グループメンバーにも反映され、グループ内のコミュニケーションが活性化されたり、セラピーのなかでは、自分がやりたいことをやりたいときにやればいいという雰囲気のなかで、アート制作へのモチベーションも高まりました。Eさんは、自分から選んだハスの花の貼り絵を完成させたことで、精神的な充足感を得るとともに、自己評価が高まり、セラピーの外の生活にも影響がありました。昼間は共同のスペースで過ごすことが増え、積極的に他の入居者に話しかけるなど、変化が見られたのです。

Eさんは、「感情と色」や「自分の手」などのアート制作を通して、自分の人生を振り返り、意味づけを行いました。セラピストにとっても、Eさんとのセラピーは、パズルの断片をひとつひとつ組み合わせていく作業のようでした。カルテに示されている情報、セラピー中の様子、セラピーで作られていくイメージから、Eさんの歩んできた人生と今現在の姿を総合しました。高齢で、認知症を抱え、言葉を失いつつあるEさんとのセラピーでは、「アート制作を通した表現が、言葉を補いながら、Eさんの気持ちや感情を表現し、他のメンバーやセラピストとの交流を促進させました」(Cossio 2002)。そしてEさんは、九二歳という年齢にもかかわらず、死の直前まで意欲的に人生最後の創造行為に取り組んだのです。

また、面談室という守られた空間で、毎週同じ時間に、同じメンバーで行われるセラピーの枠組みは、認知症を抱えるEさんにとって、生活のリズムをつくり、情緒の安定をもたらすものになりました。さらに、セラピー空間の外に、施設職員やEさんの家族の支えがあったことで、Eさんやセラピストは、より安心した環境でセラピーに取り組むことができました。このセラピーの「二重構造」がEさんの変化に結びついたということが考えられます。

高齢者へのサポート――認知症治療病棟とデイセンターから

ここで、高齢者社会における喫緊の課題として、高齢者への心のケアに関する動向などをまとめ、具体的な実践について考察するとともに、今後の指針を展開してみます。

欧米で、高齢者に対するアートセラピーの研究が本格的に始まったのは、一九九〇年代に入ってからです。他のクライエントグループと比べ、アートセラピーをはじめ、心理療法的なサポートの実践が、高齢者のクライエントグループに対して遅れた理由について、多くのセラピストたちが、フロイト（Freud, S. 1905）の高齢者に対して心理療法を実施することへの悲観的なコメントの影響を挙げています（Hilderbrand 1982, Skeikh, Mason & Taylor 1993, Martindale 1998, Canete, Stormont & Ezquerro 2000）。また、「高齢者が自ら心理療法的なサポートを求めることが稀にしかないこと」（Shore 1997）、セラピストたちが高齢者に心理療法を実施しても大きな変化が期待できないと感じていたり（Poggi & Berland 1985, Drucker 1990, Orbach 1996）、「高齢者に向き合うなかで、自分自身の老いや死というテーマに向き合わされることになることへのためらい」（Blank 1974）が、この領域の心理療法の発展の足かせとなっていたという指摘があります。

しかし、近年の高齢化社会の到来とともに、高齢者の心のケアの必要性が認識され始め、アートセラピーの分野においても、高齢者に対するアートセラピーの有効性が認められるようになってきました。カーン-デニス（Kahn-Denis, K. B. 1997）は、認知機能の評価を手助けするもの、非言語的なコミュニケーションの手段、回想活動を活発化させるものなどとして、認知症高齢者に対するアートセラピーの有効性を述べています。また、カウチ（Couch, B. 1997）は、認知症高齢者に対する曼荼羅を用いたアートセラピーで、曼荼羅を描くことが、非言語的なコミュニケーションのツールとなり、患者の自己表現を自由にさせたと述べています。ジェンセン（Jensen, S. 1997）は、音楽やムーブメント（身体の動き）、アートを統合させた「複合感覚アートセラピー」（multi-sensory art therapy）グループのなかで、認知症高齢者がさまざまな思い出を取り戻し、社会交流を楽しみ、非言語的な自己表現の場を獲得したことが、「自分」という感覚を高めることに繋がったと述べています。ワラー（Waller, D. 2002）は、認知症高齢者に対するアートセラピーの有効性を数値化する試みを行い、MMSE［4］などのスケールを用いた研究で、アートセラピー参加者に情緒面の安定や社会交流の増加が見られたとしています。

高齢者とのアートセラピーの実践においては、加齢による身体機能の低下、認知機能の低下、またセラピストとクライエントのコホート［5］の違いによる心理療法適応の難しさ（ナイト 二〇〇二）や、身近に迫っている「死」の問題など、セラピーにおいて配慮が必要な要素が多くあります。しかし、黒川ら（二〇〇五）が指摘するように、高齢期の心理療法においては、高齢者が過去の人生の意味を探索し、自身の人生をかけがえのないものとして受容するための、心理的過程として重要な働きをもっており、セラピストは、クライエントの身体機能、認知機能、精神機能へ十分に配慮しながら、安全で安心できるセラピー環境を作り出していく必要があります。本項では、その具体例として、認知症治療病棟とデイセンターにおける実践を取り上げます。

認知症治療病棟におけるアートセラピー

アートセラピーを導入しているA病院

認知症治療病棟は、主として顕著な周辺症状を有する急性期の患者が入院しています。入院直後は、病棟内で四つに分けられたユニットにおいて、個別対応・個別ケアが実施されています。その間、医師、看護師によるアセスメント、病棟専属作業療法士（以下ＯＴ）によるＡＤＬ（日常動作行動）のアセスメントも行われ、医師、看護師、介護士、ＯＴらによって治療、ケアの方向性が決められます。また、病棟内ではさまざまな形態のセラピーも実施されており、個別対応の期間に行った評価に基づき、適切な時期や集団の形態等を考慮しながら、臨床心理士による回想法グループ、音楽療法士による大グループ音楽療法、ＯＴによる集団作業療法などの集団活動への導入を行い、情緒の安定、日常生活技能、対人交流技能、コミュニケーション技能等の社会性の向上・獲得を目的としています。アートセラピーは、二〇〇五年十月より認知症治療病棟でスタートし、現在は、毎週金曜日の午前中に六〇分間、在宅療養訓練指導室にて、アートセラピスト、病棟専属ＯＴが共同で少人数グループセラピーを実施しています。

認知症治療病棟におけるアートセラピーの位置付け

認知症治療病棟におけるアートセラピーは、少人数グループセラピー（たいてい参加者が三〜五名）であることから、うつ状態が続いている患者、病棟で孤立しがちな患者を中心に、病棟の看護師、介護士からアートセラピストのもとへ照会があります。セラピストは、ＯＴによる個別アセスメント、カルテからの情報をもとに検討し、問題がなければアセスメントのために、グループに入ってもらいます。二、三セッションのグループ参加中に患者が実際にセラピーを継続していくことができるかを評価し、評価内容を病棟に伝えます。

セラピーは、アートセラピストとＯＴが共同で行い、導入時のあいさつ、カレンダーを使った見当識訓練の後、アート制作が行われます。認知症治療病棟の患者のほとんどが重度の認知症であることから、材料を選択し、自由にアート制作を行う「非指示法」は難しいと考え、セラピストが毎回題材やテーマを設定する「指示法」を取ります。制作の後にお茶の時間を設け、クールダウンするとともに、作品を鑑賞したり、メンバー同士がおしゃべりをする時間となっています。その日の個別作品は、一人ひとりのファイルへ、グループ作品は、病棟の掲示板に飾ったりします。参加者の退院時には、作品を持ち帰ってもらいます。

非日常的なセラピー空間と時間

最初のころ、毎回のセッションやグループメンバー、セラピストたちを忘れてしまっていた参加者もセッションが進むにつれて変わってきます。ふと、「あ、ここやな」「前、ここに来たことある」と言いながらセラピー室に入室するようになるのです。参加者はいつも一日の大半を過ごす病棟のリビングや病室から離れ、セラピー室という非日常的な空間で過ごすことで、ほどよい刺激を受けることができます。「非日常的な時間・空間があるからこそ、患者のなかに社会的なリズムが刻まれ、単調になりがちな認知症の患者に生活リズムを与えられる」（松岡二〇〇四）のです。

セラピー室の大きな窓からは、山のふもとまで続いている住宅地や、病院の隣に走っている高速道路に行き交う車、山の木々の様子が遠くに見えています。参加者は窓の外の景色を見ながら、その日の天候について話をしたり、四季の移り変わりを感じ取っています。

参加者は週に一度、同じ時間に同じ部屋で出会います。多くの患者に囲まれている病棟のリビングでは、自分のスペースを見つけることが難しかったり、不穏な患者の大声や泣き声を聞くことも多いのです。セラピー室へやってくる参加者の多くは、静かな空間にほっとし、社会性や自己同一性を取り戻します。つまり、作品ファイルや自分のカレンダーに自分の名前が書き込まれてあったり、顔見知り（ある参加者にとってみたら、「どこかで見たことあるような」という雰囲気かもしれないが）のメンバーやセラピストたちに会うことで、「自分はここのメンバーであり、この場にいてもいいのだ」という感覚を得るのです。セッション前は不安そうな表情をしていた参加者が、いきいきと自分らしくふるまうようになります。

ある参加者は、アートセラピーと自分が主催していた詩吟の教室の雰囲気が似ていたからか、「皆さんがんばりましょうね」「少しずつでいいからしましょうね」「こうやってみなさんとここでお会いすることができて嬉しいです」とにこやかに話されました。アート制作を自主的に行うことは認知機能の低下から難しいこともたびたびありましたが、セラピーの時間・空間を十分楽しむことができていました。また、寂しさからか、病棟のリビングでは大声を出してよく泣いている別の参加者は、セラピー室にやってくるとほっと安心するようで、アート制作が開始するころには、うとうとと眠ってしまうことがずっと続きました。毎セッション、アート制作を全くしない状態だったので、セラピーを終了にしようかとOT、病棟スタッフと話し合っていたのですが、あるとき、他のメンバーがこの参加者がぐっすり眠っているのをみて、「あー、ここにくると安心するんだね。寝させてあげようね」とやさしく話しかけていました。アート制作に取り組むこともなく、セッションのほとんどを寝て過ごしているこの参加者ですが、他のメンバーのやさしさを引き出した瞬間でした。

さまざまなグループダイナミックス

認知症治療病棟のアートセラピーグループは、少人数グループですが、参加者の入退院、体調の変化などによっ

図７−８　グループの切り絵「コスモス」

てメンバーの入れ替わりがある「セミクローズド・グループ」になっています。新しいメンバーが加わると、セッション導入時に必ず一人ひとり自己紹介をしていきます。グループ参加者には、視覚障害や認知機能の低下のために人物認知の難しい人もいますので、自己紹介にはゆっくりと時間をかけ、メンバー同士を意識づけできるようにしています。

認知症患者は、第六感のような「感じる力」が鋭いということが言われていますが、このことがセラピーのなかのグループダイナミックスに反映されていると実感することがたびたびあります。ある参加者は、片目が全盲に近く、両目でもほとんど見えないという状態でしたが、新しくメンバーとして加わった厳格な感じの参加者の存在に対して、「今日、私、なんか緊張しています」とぼそぼそと話しました。いつもは、視覚障害がありながらも他のメンバーの話を熱心に聞いたり、自分ができることはやってみようと意欲的なこの参加者ですが、新しいメンバーの存在が影響したのか、その日のセッションはずっと緊張気味でした。自分らしくふるまうことができなかったことが、さらに他のメンバーにも伝わり、ぎこちない感じのセッションとなりました。

また、アート制作そのものにおいても、さまざまなグループダイナミックスが展開されます。じっと自分の制作に集中している参加者もいれば、他のメンバーがどういうふうに取り組んでいるのか気になって仕方がない参加者もいます。グループ作品に自分自身をどう反映させるかで、その参加者が自分自身をどう捉えているのかをセラピスト側が気づかされることもあります。目立つことが苦手で、自己主張をあまりしないある参加者の初期の作品は、何か物悲しい、寂しい感じのものが続いていましたが、グループに慣れてきたころに、切り絵でコスモスのグループ作品（図7-8）を作りました。その際、その参加者は、最初に作ったコスモスの周りにたくさんのコスモスを貼り付け、「ちょっとにぎやかすぎたかなぁ」とグループに投げかけました。その後セラピーが進むにつれて、この参加者は、それまでほとんど話すことのなかった自分のことや、家族の話を少しずつグループに話してくれるようになりました。グループのなかで、自分が受け容れられていると感じるようになると、参加者たちは少しずつ自己開示していくのです。

OT、病棟スタッフとの連携

認知症治療病棟におけるセラピーを実施するにあたって、参加者の人選や、日常生活に関する諸情報を与えてくれる病棟スタッフの存在は欠かせません。とりわけ、コ・セラピストとしての病棟専属のOTの役割は重要です。個別にサポートが必要な参加者には、OTがマンツーマンに対応し、アートセラピストが全体をみるという分担で、現在もセラピーが進められています。

どのような職種のスタッフがどのようなかたちでサポートに入るかで、セラピーの流れが変わることがあります。そのため、セラピーを始める前に、現場責任者としっかり話し合い、自分が納得できるかたちで、セラピーの枠付けをしていくことは、セラピストの重要な仕事の一つだと考えられます。見当識の低下や、「忘れていくことの不安や恐怖」を抱えている認知症高齢者にとって、「同じ時間に、同じ場所で、顔なじみのメンバー（セラピストも含まれる）と出会うという恒常性は、安心感を与えるものであり、安全な境界のなかだからこそクライエントは情緒を発散させる」（山上 二〇〇五）のです。また、「近い言語」で話しあい、体験を共有できるコ・セラピストの存在は、セラピスト自身の安心感にもつながるといえます。また、さまざまな職種のスタッフが集まって、チームで高齢者を支えていくことは、高齢者の生活を多角的に捉えることができるとともに、それぞれの職種間でも大きな学びが生まれることにつながると考えられます。

デイセンターにおけるアートセラピー

デイセンター(6)でのセラピーは、午前中の体温・血圧測定、入浴、そして昼食、というプログラムが終わった午後一時半から始まります。三〇～四〇名定員のデイセンターでは、利用者が広いフロアーで一日の大半を過ごすことが多く、設備面で個室を確保することが難しいため、オープンな空間でセラピー環境を整えていくことが必要です。グループも自由参加の形式をとっているため、参加者が流動的に変わっていく「オープングループ」になっています。現在、セラピーが行われているデイセンターでは、平均二〇名前後という大グループで、セラピストが一名に、現場スタッフが三、四名サポートにつくという状態で、週一回九〇分のセッションが行われています。

セラピーは、テーブルに汚れ止めの新聞紙を貼り付けることからスタートします。これは、参加者に「何か始まる」という意識付けをするとともに、セラピー空間の境界設定の意味もあります。メンバーは協力して準備を行うことで、まさにセラピー空間のなかへと心の準備をしているのです。あいさつの前に、参加者には自分の「アートセラピーカレンダー」が配られ、その日の日付に、いろいろな表情をした顔のシールを貼り付けるという作業を行います。参加者のなかにはセラピーを忘れている人もいますが、自分のカレンダーを受け取ることで、「自分も前に参加していたんだ。ここにいてもいいんだ」という感覚を得て、安心してセラピーに取り組むことができます。また、「今日は○月○日」という見当識訓練の一部になるとともに、「今日の顔つきは？（気分は？）」と自分の感情を探求する内的作業にもなります。

図7−10 「みんなの手形で太陽を」

図7−9 粘土での植木鉢作り

あいさつの後、実際のアート制作がスタートします。たいていの参加者の年齢が七〇歳代後半〜九〇歳代で、「子どものころ、絵の具なんて使ったことないわ」「戦争で学校に行けなかったから、図画なんてやったことないの」という声もたくさんあがります。そのため、最初は誰もが取り組みやすく、成功体験を味わえる題材を提供していくことが必要になってきます。たとえば、特別な技術を必要としないマーブリングのはがき作りや、自由に絵の具を画用紙に塗って色づけをし、できた色紙を切ったり貼ったりしてコラージュのように新しい絵を作っていく方法、粘土での植木鉢作り（図7−9）などは、グループの初期段階に取り組みやすい題材です。また、オープンスペースでの大グループなため、ある程度グループの方向づけをしていく必要があり、セラピストが毎回グループにテーマや題材を提供する「みんなの手形で太陽を」（図7−10）などのような、「テーマ－ベースド・アプローチ」(theme-based approach) をとっています。「自分の作品ができた」という成功体験を味わったり、グループ内でのコミュニケーションが活性化され、仲間意識が高まってくると、参加者のモチベーションはぐんぐんと高まってきます。

はじめは、自分の席から遠巻きに他の参加者の様子を見ていた利用者も、あるときふっと席を離れてグループに加わり、アート制作に熱中し始めることもたびたび起こります。また、一人暮らしが長く、うつ傾向の強かった参加者が、パレット代わりにしていた食品トレーを見て、「先生、これ良かったら使ってください」と自宅から食品トレーをきれいに洗って、毎回持参してくれました。このように、セラピーをきっかけに、社会的な役割を再び獲得し、うつ傾向が減少していくということもありました。なかには、大グループのなかでマンツーマンのかかわりを必要とする参加者もいますが、現場のスタッフと連携を取りながら、一人ひとりのニーズに答えていきます。

現在、デイセンターのセラピーで取り組んでいるテーマは、「自分史づくりをしよう」というものです。参加者一人ひとりに、Ｂ５サイズのスケッチブック、その参加者が生まれた年月日の新聞の一面をコピーした誕生日新聞、スケジュール表、セラピストからの手紙が入ったパッケージが配られ、生まれてからこれまでの自分自身の歴史を本にまとめていくのです。

最初のページには、生まれたときと同じように、現在の手形が型どられます。しわや指紋、一人ひとりの個性や歴史を語り出すかのような手形です。その後、毎回のセッションで、「私が生まれた日」「私が子どもだったころ」「戦争の時代」などのテーマがセラピストから与えられ、参加者は自分の歴史をスケッチブックに書き込んでいきます。文字の横に、思いつくイメージを描く参加者もいれば、自宅の押入れから幼いころの写真を取り出してきて、貼り付ける参加者もいます。なかには、「小さいころは辛い思い出しかないから、思い出したくないの」といい、スケッチブックを閉じてしまう参加者もいて、大きなグループで取り組むことの難しさを痛感します。しかし、セラピストやスタッフと信頼関係ができていれば、その辛い過去も少しずつ語り始めることができるようになるのです。

一人ひとりが自分の残したいものを残していくという、「自分史づくり」の取り組みは、参加者が自分の人生を肯定的に見直すことができるようになるきっかけとなり、エリクソン（Erikson, E. H. 1950）のいう人生の終末期における「統合」を目指す意味を持ちます。同時に、セラピストや現場のスタッフが、一人ひとりの個性や歴史を受け止め、セラピーをはじめ、ケア全体に生かすというケアの質的向上にもなるのです。

注

（1）老人性認知症▼認知症には、アルツハイマー型、脳血管性型、レビー小体型などさまざまなタイプのものがあるが、「老人性認知症」は高齢者で、認知症を示している状態をまとめた言い方である。医学的な呼び名ではないが、認知症の原因が何であるかを問わない場合に使われている。

（2）ユニット▼近年の認知症ケアにおいては、老人ホームやグループホーム認知症治療病棟において、入居者もしくは患者を一〇名前後の小さなグループに分けてケアが実施されている。これを「ユニットケア」といい、ユニットはそのひとつひとつのグループを指す。多くの入所施設においては、それぞれのユニットに台所や浴室などが設けられ、より家庭的な雰囲気のなか、ひとりひとりの「その人らしさ」に目を向けながらケアが実施されている。

（3）見当識訓練（リアリティー・オリエンテーション）▼認知症高齢者に対して、日時や場所などの見当識や現実認識障害について、見当識の訓練を行うもの。アートセラピーでは、その日時や季節の事柄を導入時に参加者と話し合ったり、参加者の身体や気分の状態についての確認を行うことが多い。

（4）MMSE（Mini-Mental State Examination）▼米国のジョン・ホプキンス大学のフォースタインらによって開発された質問式の認知機能検査。十一項目から構成されており、見当識、記憶、呼称、復唱、書字、図形模写などについて評価する。

（5）コホート▼クライエントが生まれ育った社会歴史的文脈、背景を反映する認知能力、教育水準、語彙使用の嗜好、標準的なライフコースの軌道など。

（6）デイセンター▼介護保険サービスのひとつで、通所介護と呼ばれるもの。在宅の要介護者を対象に、食事、入浴、機能訓練などのサービスを提供し、高齢者の自立を支援したり、家族の負担を軽減するためのサービスである。

CASE 8 対人援助職のためのグループ・アートセラピー

【セッティング】

対人援助職に限定して募集した、大学公開講座の一プログラム。一日三時間、二日にわたるワークショップで、二週間の間隔をおく。

【参加者】

教師、保育士、学童指導員、絵画教室講師、セラピストなど、おもに子どもをケアの対象としている人と、介護士、ケースワーカーなど高齢者支援やターミナル・ケアに携わっている職種の人たち一二名。

【目　的】

対人援助職の仕事は感情労働であり、「職業にふさわしい感情（感情ルール）を意識的に操作・管理することが要求される労働」（小堀・下山 二〇〇六）。そのため、理屈では割り切れない思いや疲れを感じることも多く、そのストレスは大変なものである。一所懸命エネルギーを注げば注ぐだけの成果が得られるかというと、そんなに単純なものではない。むしろのめりこみすぎると、バーンアウトしてしまう危険性が非常に高い職種でもある。仕事上のしんどさを同僚や友人に話すこともある。分かってもらえるとすっとするし、言葉での解消は有効で、手軽で、ごく普通にされている。しかし、あくまで守秘義務を考慮したうえで、話すことによる副作用も生まれる。「打ち明けたことを他人に話されないかという不安」「あの人に言ってしまったという後悔」「あんなふうに言ったけど、ちょっと自分の気持ちとずれている」というような自分のなかでの違和感など、いろいろ生じる。そこで、利害関係の全くない人たちが集まり、対人援助の仕事をしてい

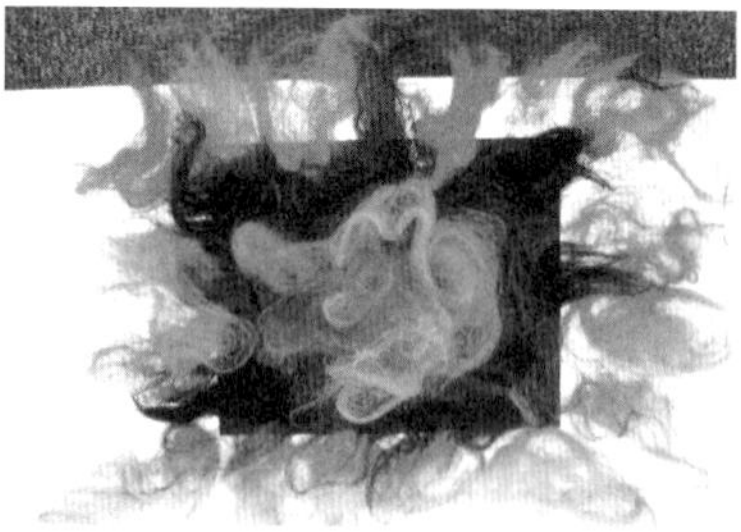
図8−1　「ビビッドな色を使いたい」自分

くなかで起きてくる悩みや問題を、イメージを用いて共有しようと企画した。

内容

オリエンテーション

まずアートセラピーの枠組みやルールを説明します。自由な自己表現のためには安全な場が必要で、閉じられた空間と限られた時間の提供をセラピストがしますが、同時にメンバー一人ひとりも、セッション中にグループ内で生じたことは外に持ち出さないということを約束します。

自己紹介

ふたりずつペアになり、今日、ここに至るまでの自分を相手にイメージで提示し、言葉で補います。与えられた四五分を目いっぱいイメージ・メイキング（アート制作）に使い、言葉はわずかに交わしただけのペアもあれば、さっとイメージ（作品）を仕上げ、おしゃべりに花が咲いている組もあります。その後、それぞれのイメージ（作品）を持って集まり、輪になってシェアリングです。Mさんは、「**自分は普段黒い服ばかり着ているが、ここではビビッドな色を使いたかった**」と話しながら、作品（図8−1）を皆に見せました。それは、黒の色画用紙を底に敷き、その真んなかに、真っ赤なウールの塊をこんもりと置いたうえで、周りにその赤いウー

図8−3　「厳しい仕事から逃げ出したい」

図8−2　翼のある立体像

ルが散らばっているというものでした。そして、**「子どものケアに長年携わっているが、子どもに逃げているのじゃないかとこのごろ思う。大人の同僚や上司との関係が難しいから」**とも話されました。入室したばかりの最初、緊張したMさんの表情が気がかりでしたが、**「このセッションでは逃げではなく、挑戦したい」**という決心や意気込みのせいだったのだと納得しました。また、Nさんは、**「日ごろケアをしている知的障害の人は、言葉で自分の思いを説明しにくいが、コラージュならできると、自分がやって感じた」**とコミュニケーション・ツールの発見をしています。そして、Oさんは、**「仕事に子育て、親の介護といろんなことが絡み合って今まで来た。子どもも独立し、この地で自分は仕事を続けているが、いずれ単身赴任している夫の住む町に行きたい」**と話し、その思いを翼のある立体像（図8−2）で表現しました。また、ホスピスで介護職に就いているPさんは、**「そこから逃避したくなることがある」**と、黄色の色画用紙を施設と見立て、そこから抜き取った人の形をウールの草原の上に置き、厳しい仕事からの逃避を表しました（図8−3）。このように、いろいろな体験や思いを持ちながら今に至っている、ということを互いにシェアしました。

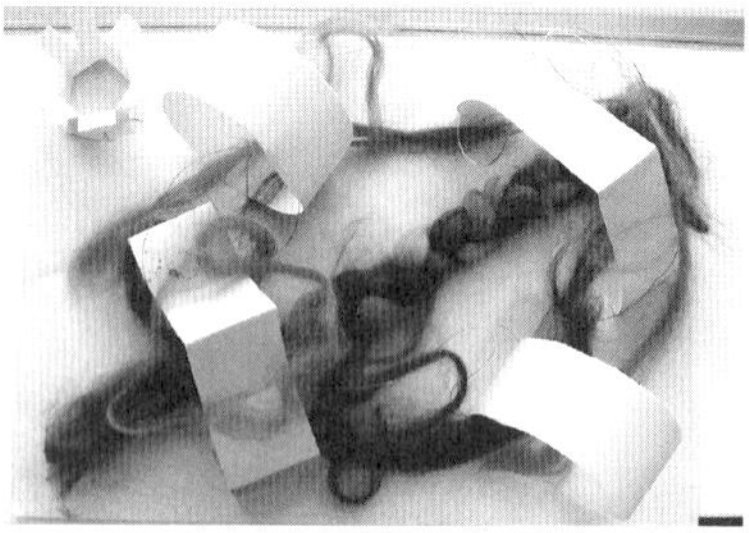

図８−４　「同情」のイメージ

図８−５　ウールをからませた「後悔」

ケアの仕事をするなかで生じる感情

小ブレイクのあと、対人援助の仕事をするなかで生じてくる感情は何かを、みんなで考えます。疲労感、無力感、怒りなど否定的な感情もあれば、喜び、満足などの肯定的な感情も出てきます。それらをひとつずつ短冊紙に書いて裏返し、無作為に各自が選びます。その選んだ感情について、それぞれがイメージ・メイキングします。「喜び」を担当したSさんは、赤や黄色のウールで華やかな花を作り、紅白の和紙を用いた扇や折鶴で飾りました。高齢者介護をしているSさんは、利用者がうれしい表情を見せてくれたとき、「喜び」を感じるそうです。同時に、「最近、家族の祝いごとがあって、余計うれしいのかもしれない」と、ニコニコ顔で話しました。公私分けがたい仕事であることを、他のメンバーも同感しました。

「同情」のイメージ（図8-4）は、橙、青、紺のウールの束を三つ編みにしているのが特徴的です。ケアされる人に寄り添うというより、密着しすぎて絡み付いている様子が手に取るようにわかります。「後悔」（図8-5）では、白い筒にいろいろなウールを這わせ、上にのぼらせていきます。成長発展のイメージですが、それが途中でぽきっと折れます。「一所懸命積み上げてきたのに折れてしまった。これをどう立たせるかが問題」と言い、後悔からの回復に目を向けています。「同一化」のイメージ（図8-6）を作ったのは男性の参加者でした。青の男性像に赤の女性像をだぶらせ、両者が腕を抱き合っているような感じです。ケアする者とされる者は、

図８−７　内向的な曼荼羅

図８−６　「同一化」のイメージ

性を超えて互いに同一化しあうことを示しています。また、「満足」を作った人は、「歌を思い出した、はやぶさが飛び立つ歌」と話し、描いている虹の輪に、音楽が聞こえたそうです。共感覚的な（Harrison. J. 2001）体験ともいえますし、イメージを外在化しようとすると、視覚、聴覚、触覚など、さまざまな感覚が総動員されることを実感したともいえるでしょう。

このテーマ・ワークでグループの多くの人が経験したのは、課題が自分の心を左右するという発見でした。つまり、テーマに適ったイメージ・メイキングをしているうちに、その感情に入り込んで、「喜び」の人はうきうきしたり、「疲労感」の人はしんどくなって時間をかけて作ろうという気がなくなったりしたということです。このような体験は、外枠（テーマを決めること）が、内的世界を規定することを実感させるものでした。一方、異なった取り組み方をする人もいます。たとえば、怒りの表現にはどんな材料が適当か、論理的に考える人、言い換えればユングの思考タイプの人、あるいは、アートを専門とする人はテクニックを考えるため、そこでの感情移入が少なかったそうです。いずれにしても、ケアにあたる人は、自分自身の特徴に気づくことにより、異なったタイプの他者を受け容れることができるでしょう。

グループ曼荼羅

直径二メートルほどの円が描かれている白い用紙が用意されています。六人ずつの二つのグループ（A、B）に分かれます。Aグループは、Tさんを中心に集まり、「**曼荼羅って何？　どんなイメージ？　仏教に出てくるよね**」と話し合っています。そしてTさんが、円周から中心に向かって区切りの線を数本引きました。それぞれが暗黙のうちに自分のテリトリーを決めて、そのなかを丁寧に埋めていきます。ウール、色薄紙、こけ様の乾いた植物、絵の具、パステルと使う材料は、かなり明確に仕分けされています。模様も抽象的で、渦巻き、直線、円、ハート型などが使われています。Yさんはひとり、円からはずれた隅っこで、ウールをただ黙々と敷き詰めています。シェアリングでYさんは、「**中心を作るのは苦手、周りがいい**」と、その理由をいいました。どんな参加の仕方も許容されるアートセラピーです。こけ様の植物を敷き詰めたUさんは、「**公私ともにすごくしんどい毎日で、今日も体調が悪くて、来るのを迷ったぐらい。派手な色は触りたくなかった。十色のこけがいちばん扱いやすかった。ただ、何も考えず、繰り返し、こけをほぐしては糊付けして貼っていった。そうしているとなぜか少し体が楽になった**」と発言しました。こけという自然の物をほぐす行為は、体や心をほぐすことに繋がったのかもしれません。全体の印象は、求心的、抽象的、内向的なAグループの曼荼羅（図8–7）でした。

Bグループは、Aグループとは全く異なる進行過程をたどりました。初めから何の話し合いもなく、各自が自由に好きなところで、好きなように作っています。特別の境界線もなく、あっちに行ったり、こっちに行ったりしています。言葉かけや笑いもありながら楽しんでいます。「**人も置きたいね**」という言葉にうなずいて、人間の写真がコラージュされました。赤ん坊を立体的に貼ったり、ダンサーがダンスをしているところを、男性と子どもが見ている情景も作られました。松葉で山を、ドライ・リーフで草原をと、具体的な場面をそこに作り出しています。

図8－8　外向的な曼荼羅

図8－9「団子を供えて」

余白も残しながら、全体の印象としては、遠心的、外向的、現実的な曼荼羅（図8－8）でした。なお、リーブマン（Liebmann, M. 1986）のグループ曼荼羅のやり方は、始めから円を分割していきます。つまり、各自のテリトリーが決められ、まず自分の領域を充実することがなされます。その後、境界の侵入や交渉による妥協が求められます。このように、コミュニケーション力を問われる状況を意図的に設定しているのです。

あとのシェアリングでは、境界線のことが問題になりました。とりわけ、Aグループでは、初めに線引きがあり、自分のテリトリーが、誰がいうことなく決まってしまっています。そうなると、隣にはみ出すのがとても気になったそうです。「攻撃する・される」が無意識的に感じ取られたのでしょう。切断、攻撃などの男性原理が問題になっている人たちがたまたま集まったのかもしれません。もう少しマイルドな表現をすれば、積極的な自己主張への葛藤を持つ人たちが多かったAグループのようでした。それに比べて、Bグループは、何でも包含する女性原理が優性だったようです。赤ん坊や子どもの写真も用いられて、母性性が強調されています。

アート制作上の境界線の話から、仕事上での境界の話に展開していきました。Tさんは、日ごろの子どものケアで、時間設定で悩んでいるそうです。「**決めた時間を延長してほしいという要求にどう応えるか迷っている、期待に添うことで信頼関係を築きたい**」というのが、Tさんの意見でした。では信頼関係とは何なのかという基本的な問題まで話は白熱しました。境界をクライエントの要求に応じて広げていくことは、セラピストだけでなくクライエントをも不安に陥れる危険性があること、枠や境界があるから、ケアする者が潰れずに専門家として職務を続けていけることなどが話し合われました。

自由なアート制作

最後に、自由にそれぞれが好きなアートを作ります。これまでのテーマに基づくワークを、アートで総括する意味もあります。作品を作った後、シェアリングのために集まります。ホスピスで働くPさんは、ケアをしている患者のことが気になって仕方ありません。とりわけ、最近亡くなった若い患者のことが今もひっかかっているようです。自分のケアはあれで良かったのかなど逡巡します。本人の辛さや遺族の悲しみを思うと胸も塞がります。Pさんは、粘土で団子を作り供えました。そして祈るように空を見やっている自分の横顔（図8-9）も描きました。「**少し心が軽くなった**」と、作った後で感じます。辛い思いへの共感やケアについての後悔など、複雑な思いをアートに外在化すること、そしてその気持を他者にわかってもらえたことで、喪の作業をしたのです。

高度な折り紙のテクニックを持つSさんに刺激を受けたのか、Jさんは切り紙でオブジェを作りました。グループ・ワークの妙味のひとつは、他のメンバーから影響を受けるということです。ここでもJさんは今まで作ったことのない三次元のアートに取り組みました。Kさんはクレヨンで、松林のある海辺に立つ一軒の家を描きました。そして、「**こういうところで静かに暮らしたい**」と将来の希望を話します。そのKさんのオーソドックスな絵との違いに、Fさんは気づきます。「**私はただこの赤色がいいと思って**（赤色のウールを）**選んだ。何かを作ろうと思って置いたのではない。Kさんのようにイメージしながら作ったほうがいいのか、何も考えずに好きなようにすればいいのか？**」という疑問を出しました。具体的なイメージが出てくる場合と、ただ色や素材に魅かれる場合がありますが、意識か無意識かどちらが優性かの違いにもよるのでしょうが、今ここでこう表現したいという自分自身の気持を尊重したいことを確認しました。

全体の感想としては、「**自分がいちばんしんどいと思っていたけれど、もっといろいろ難しいことに向き合っている人がいることがわかって、やる気を取り戻した**」という意見が大半でした。他者の体験や思いをアートと言葉で知ることにより、自分自身を相対化し、これまでのとらわれをひとつ超えたのです。

考　察

対人援助職の心理的問題

バーンアウト

バーンアウトは、対人援助従事者のメンタルヘルスの危機的状況を示す専門用語です。田尾と久保によると、フロイデンベルガーが「エネルギーを使い果たした結果、疲れ果てた状態」（Freudenberger, H. J. 1974）として用い始めています。つまり、「長期間に渡り人に援助する過程で心的エネルギーが絶えず過度に要求された結果、極度の心身の疲労と感情が枯渇し」「自己卑下、仕事嫌悪、関心や思いやりの喪失」（田尾・久保 一九九六）が生じる状態です。

今回のワークショップに集った対人援助職の人たちのなかにも、バーンアウト一歩手前のような人もいました。「ケアの仕事で生じてくる感情」のセッションで、疲労感、無力感、いらいらなどを自分や他のメンバーが外在化し、言葉でシェアすることにより、相対化、客観化ができました。また、「曼荼羅作り」の曼荼羅は、円と正方形の組み合わせで描かれ、仏教での諸尊の悟りの世界を表現したものです。心理療法においては、プロセスの転回点に現れることが多く、自己や完成を示したり、不安定な心のバランスをとるために表現されることもあるといわれています。ここでの曼荼羅作りはひとりの作業ではなく、メンバーで協力してなされます。一部分への細かい作業をして立ち上がり、全体を眺めて再び部分に戻っていく。この繰り返しをして、完成へと導かれます。他者からの触発を受けたり、領域をめぐる折り合いをつけたりというなかで、自己を表現し、自分と自分のアートが果たす役割や、全体のなかでの位置づけを感じ取っていきます。このプロセスで、疲れている自己は癒されていきます。

転移-逆転移の生じやすい対人援助職

転移-逆転移は心理療法においてセラピスト-クライエント間に生じる特殊な感情です。それぞれの私的生活におけるある対象（たとえば父親、母親）に向けられた感情がクライエントから持ち込まれ（転移）、セラピストからも持ち込まれる（逆転移）現象です。この関係性的感情は、心理療法だけでなく他の対人援助の現場でも、類似の現象が起きる可能性があります。ケアを受ける人が心身の不調がある場合、援助を受けていること自体が退行的状況です。そのようなとき、過去の対人関係様式が再現しやすいともいえるでしょう。とりわけ被援助者が高齢者の場合は、孫、子ども、若いころの恋人などの転移が、また祖父母や両親などの逆転移が生じやすいことをナイト（Knight, B. 1996）は述べています。またポギーとバーランド（Poggi, R. & Berland, D. 1985）は治療者自身の両親や両親像との関係への葛藤が浮上してくることを挙げてもいます。

また、対人援助の仕事をしている人のなかには、悩める自分を投影同一視的に救う（自分の悩みを患者に投影し、その悩んでいる人を援助することで自分が救われる）ということをしている場合があります。このように入り組んだ感

コラム

「なぜグループ・ワークを用いるか?」

他者の存在がある中でのワークはそれ自体社会的学習ともいえます。とりわけ同じ問題を持っている人が集まった場合は相互支援になりますし、他のメンバーから有益なフィードバックも得ることがあります。また、他のメンバーを役割モデルとして捉え、それを取り入れることにより新しい役割をとることも可能です。自分ひとりでは発揮できなかった潜在能力もグループが触媒となって発展します。とりわけ個別ワークの親密さに緊張してしまう人にはグループの方が適していますし，責任性や力を分担するので民主的です。何より専門的技術を一時に複数の人に供給するので経済的です。

情を自覚することなくケアを続けていくことはとても危険です。スーパービジョンを受けたり、ケースカンファレンスで他職員の意見を聞くなど、ときには距離を持つことが必要です。

グループでアートをする意味

個別アートセラピーの場合は、セラピストとクライエントの秘密が守られたなかで、自己探求や自己表現がなされますが、グループ・アートセラピーの場合は、他のメンバーの存在があります。ここに、対人関係という公的な場と、内的探求という私的な場のふたつの側面をグループ・アートセラピーは持つことになります。「このふたつの異なった場に存在するイメージを通じて、内的、外的に対話がなされますが、どちらに傾くか、微妙なバランスが要求されます」（Skaif, S. 2002）。独りよがりになっても共感してもらえませんし、他者にわかってもらうことだけを追及すると、表層的なイメージになってしまいます。フランクとウィティカーは、この内的対話の作業を心理化という言葉で説明しています。つまり、心理化は、「個人が自分や他者の行動を、欲望、要求、感情、信念、理由などの意図的な心の状態に基づいた意味あるものとして、解釈する心の過程」（Franks, M. & Whitaker, R. 2007）ですが、アートセラピーにおいては、この心理化の過程が目に見えるのです。しかし、それは簡単なものではなくスカイフとヒュート（Skaif, S. & Huet,V. 1998）もいうように、ジレンマと緊張がつきまといます。つまり、グループ・アート制作では所要時間は個人によってずいぶん異なり、他者の進行具合が気になることもあります。また、自分の作ったアートも、内的なイメージとぴったりこなかったり、言葉でのシェアリングのときも、自分の作ったイメージと言葉での説明にずれを感じてしまうことも多いのです。このような緊張とジレンマのなかで折り合いをつけ、心の調和を見つけていくのが、グループ・アートセラピーの良さなのかもしれません。

CASE 9 母と乳幼児のイメージ遊び——異文化での子育て支援

【セッティング】

米国カリフォルニア州のM市、C家の裏庭にて。時間は乳児グループ二〇分、幼児グループ四五分。シェアリング時間は四五分設定していたが、子どもの動きに応じて、話に加わったり、子どもの後を追ったりと緩やかな境界。材料は、絵の具、クレヨン、パステル、ドライフラワー、コラージュ用の雑誌、ウール、はさみ、のりなど。

【参加者】

乳児グループ（一～二歳、男児三名、女児一名）、幼児グループ（三～五歳、男子四名、女子三名）と、七名の母親。母親の年齢は二〇～四〇歳代。日本人同士の結婚四組、国際結婚三組で、母親の滞米期間は、一年から一〇年以上の人までさまざま。

【目　的】

乳幼児期の子どもを持つ母親にとって、養育についての悩みや心配ごとはつきもの。日本を遠く離れた米国の地で子育てするには、さらに異文化問題がからんでくる。M市では、同じような悩みや関心を持った母親たちが自然発生的に集まり情報交換しており、その人たちに、アートセラピーの材料を提供し、イメージ遊びの場を設定した。普段の会話が結果的に相互扶助の意味合いを持つこともあるが、子どももいっしょのイメージ遊びをすることで、さらに交流が深まり、子どもについての新しい発見があることを目指してのセッション。

内 容

乳児グループ

乳児グループの制限時間は二〇分、用紙は四つ切り模造紙一枚を母子四組で用います。枠を小さくすることで、安全感を確保します。おしゃぶりを口にくわえた男児もいる平均年齢一歳半の乳児です。四組の母子は、初めに選んだそれぞれの場所を、最後まで変えませんでした。セッション途中、A君は、庭に転がっている玩具が気になって取りにいきます。でもすぐ母親のもとに戻ってきます。基地である母親も、A君が戻ってくることを信頼しているのか、静かに自分のイメージ作りを続けています。そして、A君が戻ってくると、すぐ話しかけて、「ママお顔作っているの、A君はワンワン作る？ できるかな」と誘っています。B君の母親はアート関係のパートの仕事を続けています。そのせいか、色使いはとても芸術的です。大きな絵筆で多彩な色を白い画面に置いていきます。それを見てB君もブラッシングします。D君の母親は紙粘土に注目しました。捏ねて丸めて平たくして用紙に置いています。D君も小さな手で真似ようとしますが、同じようにはいきません。指使いはまだまだ稚拙ですが、こぶし全体を使ったりして、真似ようとします。D君は、B君のブラッシングが気になるようで指差しをします（図9−1）が、結局それは真似ませんでした。母親たちの感想は、「Bは家ではもっと集中して描くのですが」「Dは普段はよく絵を描くのに、ここでは粘土が気になって」ということでした。家での母子だけの世界とは異なる刺激に囲まれ、乳児たちは少し普段とは違った行動をとったようです。しかし、物理的には母親と密着し、心理的にも母親を取り入れる行為に終始しており、基本的には母親への愛着が濃厚に現れている乳児グループでした。

図9－1　他児のブラッシングを指差す乳児

幼児グループ

幼児グループは、三～五歳までの男児四名、女児三名、母親五名の大グループです。白いロール紙を三メートル用意しました。多くの参加者がまず材料の豊富さに驚いたようでした。しばらく材料を手にとったり眺めたりと、吟味の時間が必要です。なかには、何を使うか選べないEちゃんもいます。しばらくして、それぞれの母子組が心地良い場所を見つけ、そこを中心に制作し始めました。F君は腹ばいになって中心部分を描きます。他の男児も比較的自由に動いて描いています。Gちゃんは自分の塗った色が気に入ったのか、「見て、この色！」と、他の子の母親に注目を促しています。母親たちも材料の貸し借りをしたり、制作した内容を話題にして、会話も飛び交っています。「夏休みにハワイに行って、博物館で火山見たの、こんな山だったのよ」「ドラえもんが好きなのよ」「ひらがなのつもりらしいわ、習い始めたばかり」と自由に話は変わります。多くの材料に圧倒されていたEも、座る場所を見つけました。そして、Hちゃんが作った紙粘土のヘビに刺激されたのか、絵筆で、茶色のヘビをいくつも描いています。Hのピンク色のヘビには、皆「かわいいね」と感想をいっています。このように、母子内だけでなく他のメンバーも巻きこんだ、非常に相互交流的なグループ・プロセスが進んでいきます。

さらに母子ユニット内でも興味深い応答行動が見られました。Fはスポンジに水を含ませ「べちゃべちゃになっちゃった」と搾ろうとすると、母親は「ほんとだね」

図9−2　水を受けとめる母親

図9−3　幼児と母親のイメージ遊び

といいながらさっと手を出しそれを受けとめようとします（図9−2）。一方、紙をぐちゃぐちゃにしようとするFに、「ぐちゃぐちゃにしないのよ」とたしなめています。アート材料はFひとりのものではありません。グループ全体を抱える環境の役割を持つとバイヤーズ（Byers, A. 1995）も注意を促しています。また、はさみで円を切ろうとしてうまくいかないI君には、母親が見本を見せています。それを真似て今度は上手に切れました。このように、母親は「幼児との同一化を通じて幼児の欲求について知っている」（Winnicott, D. 1965）のです。そして、ときには子どもの欲求を受け容れたり、察知してヒントを与え満足させる母親と、欲求を阻止し失望させる母親を、さりげなく使い分けています。これこそ、「ほどよい母親 good-enough mother」（Winnicott, D. 1971）と感じました。

シェアリング

シェアリングでは、子どものアイデンティティの問題と、それに関係する具体的なことばの問題が中心になりました。両親が日本人の場合でも、米国に住んでいる以上、英語はネイティブ級に習得して欲しい。実際、現地校に通学すると、英語の家庭教師をつけている人もいるので心配だという母親。一方、帰国する可能性を考えると、日本語も困らないようにしておきたい。そのためには遠くの補習校に週末通わせるべきかと、親子ともども、経済的にも、身体的にもかなりの負担を強いられています。本グループの子どもたちはまだ乳幼児ですが、すでに将来への期待と不安は始まっています。また、父親がアメリカ人の場合は、子どものアイデンティティの問題が具体的な問題として、正面に出てきます。赤ん坊に何語で話しかけるか、から始まり、伝統や習慣、そして子どもへのしつけ方の違いなど、家庭内の異文化摩擦は少なからずあるそうです。アート材料を用いてのイメージ遊び（図9-3）をすることで、これらの問題がより広がり深まったという感想を参加者は持ちました。そして、同じ問題を抱えているという共有意識の確認は、リーブマンのいう「グループ・セラピーの相互支援性」（Liebmann, M. 1986）を高めたものと考えられます。

考察

母子関係の再構造を促すアートセラピー

親-乳幼児アートセラピーについての研究はまだ非常に少ないのですが、ホーシーが自らの体験について報告しています。彼女は、地域における母子サービスとしてのグループ・アートセラピーの経験から、「子どもと養育者の同調と愛着の重要性」と、「アート制作の過程によって子どもの間主観的な世界が高められる」（Hosea, H. 2006）ことを強調しています。そして、その基本理論として、「生気情動」と「ちょうど今」（Stern, D. 1995）の概念を援用しています。スターン（Stern, D. 1985）によれば、母子相互の応答的な行動を通して生気は分かち合えるのであり、生気情動は、母子間に生じる同調の土台です。母子がいっしょに自由に絵を描く体験は、「ちょうど今」が起こりやすい場であり、アート材料のやりとりや、使用スペースの自己主張や譲歩などの具体的な事柄を通して、相手（母親やセラピストや他のメンバー）がどう感じているかを察知するという間主観性が成長していきます。

本グループの母親たちは、この微妙なやりとりを実に自然にしていました。そしてこの適切な応答もそれぞれ個性を反映していて、母親自身は描かず、もっぱら子どもの欲求を見計らって材料を用意する人、自分も創作するのを楽しみながら、子どもにも応答したり誘ったりする人と、さまざまでした。他のメンバーのやり方を見ることで、改めて自分の子どもへの応答スタイルを認識したのです。このように、アート材料を使って創造的な遊びをすること、イメージをいっしょに作り出すことは母子関係を強め、再構造化を促すものになりました。そして同時に、子どもたち同士の、あるいは母親たち同士の横の関係や、他家族の子どもという斜めの関係など、家族外の人たちとのかかわりを学ぶ良い機会にもなりました。

CASE 10 自己啓発グループ

【セッティング】

ある大学の公開講座の体験アートセラピー。二日間にわたる合計六時間のワークショップで、場所は大学内の演習室。


【参加者】

新聞広告などの情報を見ての参加者が多い。絵画教室の指導者、アートフラワーや商業デザインなど職業アーティスト、エステティシャンや運動療法、言語療法など他のモジュールを用いての治療者、介護・福祉関係の人など何らかのアートあるいは治療への関心を持っている専門家が半数を占める。

一方、職業的興味からでなく、年少の子どもを持つ若い母親や、人生後半期の課題を抱える中高年の男女など、自分自身の癒しを求めての人々が後の半数。今回は全部で一五名。


【目　的】

そのワークショップでは、「ことばではなく、色や形、匂いや手触りで自己表現を」というサブタイトルのもとに、描画やコラージュ、粘土などの造形を通じて自己表現する。

ひとりで、ペアで、グループでという三つの構造の下に、主としてテーマをこちらから出しての取り組み。初めて出会ったメンバーで、しかも一回限りのワークショップでは、非指示的な自由さは不安を与えてしまうことにもなりかねない。むしろ課題が与えられ、それについてのアート制作がなされた後、言葉によるシェアリングを皆でするほうが安心して取り組める。この安全な場でアートを通しての自己表現し、他のメンバーと交流する。

内　容

X年冬のあるワークショップをスケッチしてみましょう。

紹介

ペアになり、このときに至るまでをムーヴメントで相手に伝えます。朝から大忙しで子どもの世話をして出てきたという短い時間を示す人、若いときから中年に至るまでの職業の変遷を示す人など、想起する時間は長短さまざまです。その後、絵で自分を紹介し、言葉で説明します。ペアになったふたりの間で、ムーヴメント、描画、言葉の三通りで紹介しあった後、大グループに戻り、ペアの相手を皆に紹介します。相手が自分をどう理解してくれて、他のメンバーに紹介してくれるか興味のわくところです。「**アートセラピーを学んで仕事に生かしたい**」という職業的スキルアップのためであったり、「**進むべき道をこのセッションで探したい**」という大きな課題を持って参加したり、「**自分の求めているものが何かわからないので**」という実存的な問題を提示したり、「**ボランティア活動の行き詰まりを感じて**」「**楽しそうだから**」「**絵画教室で、描こうとしない子どもをどう指導すればよいのかヒントを得たい**」「**毎日の子育てに疲れ、癒しを求めて**」など、参加動機はいろいろです。自分の思いと、紹介してくれる人の受取り方のずれもあり、伝え方の難しさを実感します。

図10−1 エステティシャンによる「汚いからきれいに」

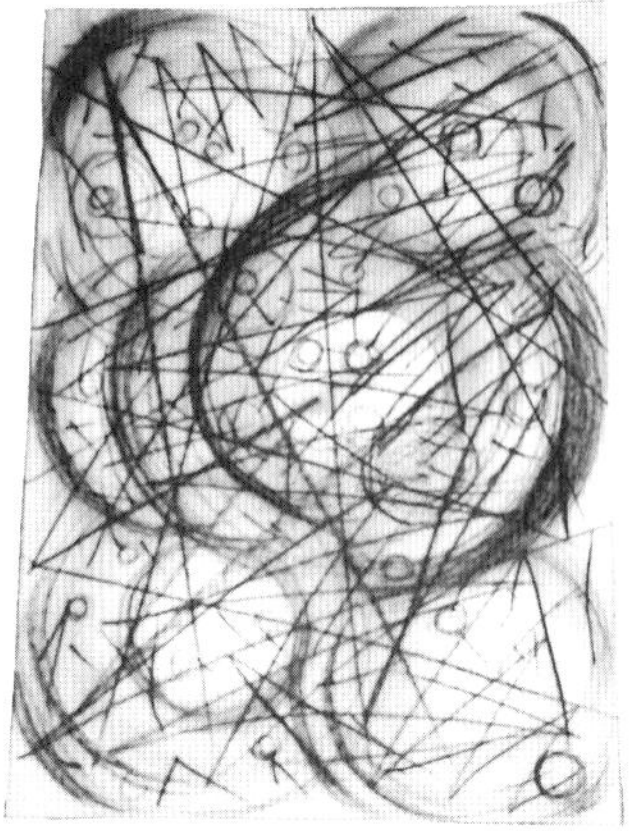

図10−2 「汚いときれいを円で包む」

汚いイメージからきれいなイメージに

ひとりでアート制作をして、その後皆でシェアリングをするやり方です。シンプル画材のひとつである黒いコンテを用いての課題は、「汚いイメージからきれいなイメージに」(1)です。この日、あるエステティシャンは、黒いコンテで何となく手を動かしていると、にきびやしみに見えてきたそうです。そして「**それをきれいにするには、ファンデーションを塗ってあげるのがいちばん**」と、職業的連想で描きました（図10−1）。また、ある人は、「**黒は好きな色なので汚くするのは難しい。いやな気持ちをこめて尖った線できりきり塗っているうちに、汚い気持ちを吐き出してしまったようだった。自分のなかにはきれいな気持ちもあり、それを円で描いた。両方を包むように、ティッシュで紙面をなでるように大きな円を描いた**」（図10−2）と説明します。黒色は、一般的にはすべての色を塗りこめた汚いイメージですが、この人は好きな色だといいます。色についての感情も個人差があることが、わかります。また、このアート制作プロセスで、汚いもきれいも一体になる体験をしています。

アートセラピーという言葉から、芸術的、美的なものを作り出さなければいけないという先入観があるかもしれません。それをまず崩し、汚い物も扱うのだということを体験する課題です。

島作り

小休止の後のグループ・ワークは「島作り」でした。参加者一五名がふたつのグループに分かれます。模造紙を張り合わせて作った二×三メートル位の長方形二枚のまわりに両グループに分かれて集まります。用意されている材料、絵の具やクレヨン、粘土、カラーティッシュ、アートフラワー、コラージュ用の雑誌など、好きな素材を使って好きなように島をつくります。不思議なことに、島の印象はグループによってずいぶん異なります。基本的には、未開の島かリゾート地のように開発された島という両極に分かれることが多いようです。このときの第一グループは描き始めたとき、島よりその周りの海に注目した人が多かったのです。青い色を重ね重ねて海の深さを表し、寄せてくる波をいくつも描いていました。あとのシェアリングでその人は、波を描いているうちに、これまでのことをいろいろ思い出してしまったと語りました。キャラクターを作り、変容していく過程でも(2)、魚から蝶や鳥へなど、より無意識に近いものを選んでいます。そして島そのものも、森や野原などまだ開けていない原野が多く、この高い壁の向こうに宝物があるのだと、「夢見つけ隊」を組織する「永遠の少年」(3)的な人もいました。現実生活よりも、内的な世界へ関心を向ける内向タイプの島（図10－3）と言えるでしょう。

一方、もうひとつのグループは、ひとりがトンネルを作ると、すぐそれに道をつけたり、付近にレストランを開いたりと、現実とつながった島を築きあげていきます。大きな時計台は今の時刻を人々に告げ、日常生活がスムースに流れます。湖や山のある風景もリゾート地としての自然であり、海のスペースが少ないことなどと合わせて考えると、こちらのグループは意識化された事象を主として表しています。また、イヌをキャラクターに選んだ人は、別の場所にコラージュされたイヌを見つけて親戚とみなし、会いにいきます。さらに、飛行機になって空を旋回し、

図 10−4 外向タイプの島

図 10−3 内向タイプの島

島を上から眺めていた人も、「**なんだか楽しそうだから、地上で誰かとおしゃべりしたい**」と言いました。このように、他者とのかかわりを大事にしたり、そこから自分自身が変容していく体験をしています。こちらは、現実に目が向いた外向タイプの島（図10−4）といえるでしょう。

基本的な感情

ワークショップの二日目は、基本的な感情をイメージで探索します。まずどんな感情があるかメンバーの数だけ言葉であげてもらいます。「うれしい」「楽しい」「悲しい」「寂しい」「怒り」「虚しい」等、出てくる言葉をカードに書き、無作為に選んで、各自ひとつずつ担当してイメージ・メイキングをします。「うれしい」と「笑い」は笑顔の写真をいっぱいコラージュして類似のものになりました。それに比べて、「悲しい」と「寂しい」は異なった感情であることが明らかです。つまり、「悲しい」は目からの大粒の涙とティッシュでふく鼻水という爆発的、感情排出的な表現（図10−5）ですが、「寂しい」は藍色の雨が落ちてくる抑制的なもの（図10−6）です。そこでは断片化された自己をメタルの破片で表したり、投げ出されたような小さい影の人がいます。「寂しい」という感情の底には、見捨てられ感があるのではないかと思わせるイメージです。また破られた黒の地に、炎のような燃え上がる赤の組み合わせは、まさに「怒り」と皆が納得するものでした（図10−7）。しかし、「いらだち」はその赤を含みながらも青、紫、茶と複雑に色が混じり、針金をくしゃくしゃとし

図10−6　基本的感情「寂しい」

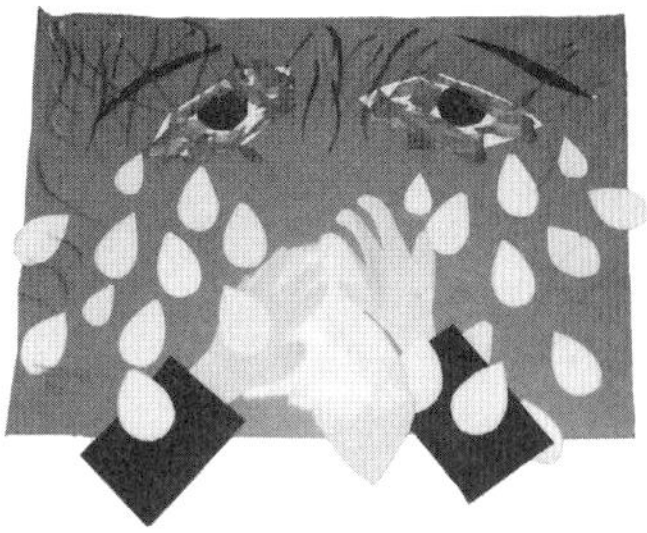

図10−5　基本的感情「悲しい」

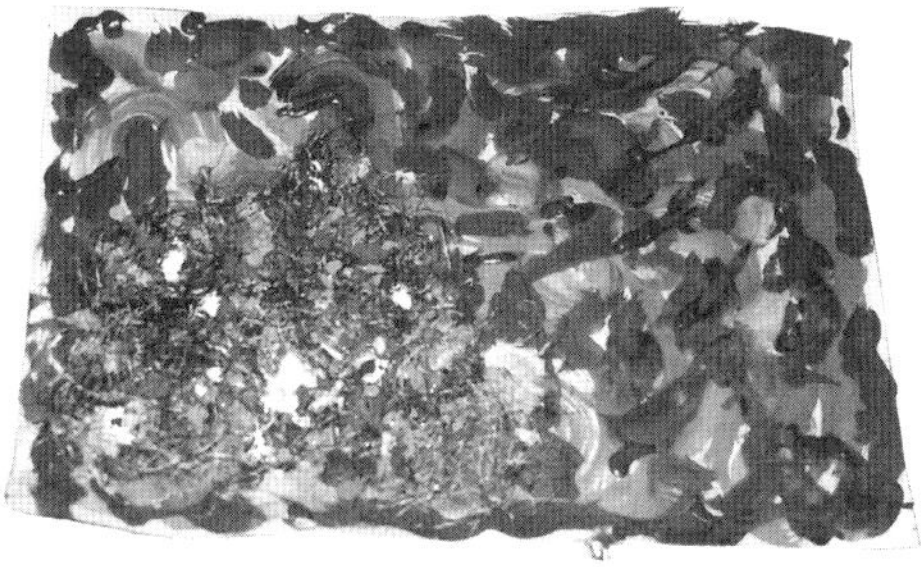

図10−8　基本的感情「いらだち」

図10−7　基本的感情「怒り」

て丸めておき、ささくれた心を表していいます（図10−8）。短い言葉で表される感情も、どういう素材を使おうか、どう表現しようかと考え、外在化するプロセスのなかで、より細やかにその特徴を探索していきます。

曼荼羅作り

最後は、曼荼羅作りです。各自一メートル四方の模造紙を持って居心地の良い場所を探します。その紙の上に座り、目を瞑ってしばらくリラクゼーションした後、円をひとつ描きます。その後はそれぞれが好きなように素材を使って仕上げます。完成後みんなで持ち寄り、タイトルや感想など言葉でのシェアリングをします。「**円をいろんな色でたくさん描いていると、なんだか楽しくなってきた**」といっ

図10−9　曼荼羅「春のいぶき」

図10−10　集合した曼荼羅「愛」

て「春のいぶき」（図10−9）という題をつけた人、「青と緑を塗っていると空と大地のようで、星をいっぱいつけたくなった。初め考えていた昼がいつのまにか夜に変わってしまった」と、ユングのいう「イメージの超越機能」（Henderson, J. 1964）をまさに体験し、大宇宙をそこに展開する人もいました。全員の曼荼羅を用いて、さらにグループとしての大曼荼羅を作ります。何を真ん中に据えるかについては、「母の愛」に、全員一致ですぐ決まりました。ピンクのハートの形で赤ん坊の顔の写真を包むように作ったコラージュです。そして、「混沌のしあわせ」「自分と世界」「仲間」などの曼荼羅を、色調や雰囲気の重いものを下側に置き、全体の収まりの良いように仕上げました（図10−10）。混乱したり、落ち込んだりする自分がいるが、それでも外に開かれていく自分もいるし、そういうことを全部ひっくるめて良いのかなと思う。というような感想がシェアされ、全体の題としては「愛」ということで終わりました。

グループ全体を見渡す配慮

自己啓発グループのアートセラピーは、どのような人が集まるか予測できないだけに、臨床群のときとは異なる配慮が必要とされるでしょう。つまり、発達的、病理的問題の有無、アートテクニックや参加動機の違いなど、さまざまな特徴を持つ人びとが集まっているということを心に留めておくべきです。強烈なパワーを持った人にひきずられないようにさりげなく流れを修正したり、無意識を出しっぱなしにするのでなく、言語化してもらい収まるところに収め、不安を残さないことが大切です。ときには、グループセッションが刺激になって情緒不安定になる人もいます。このときセラピストは、その人の病理と今の状態への対処を適切にできるだけの、専門的知識を持っていなくてはなりません。そっと別室で休んでもらい見守るためにも、もうひとりセラピスト（コ・セラピスト）が必要となります。このようにグループ全体を見渡し、メンバーの一人ひとりが守られているかどうかに気を配りながら進めていきます。

アートセラピーの主たる理論のひとつに、クリス（Kris, E. 1964）、ナウムブルグ（Naumburg, M. 1966）、ケイスら（Case, C. & Dally, T. 1992）の精神分析的、心理力動的立場があります。ここでもその観点から読み取れる現象はいくつかありました。たとえば、基本的感情の「寂しさ」のアートに、セラピストは「見捨てられる怖れ」を感じました。しかし、そこでは解釈しませんでした。一回限りのグループ・セッションでは、個人の内的ワークをどの程度オープンにするかには配慮が大切です。解釈を受けとめるだけの準備がまだできていないかもしれませんし、他のメンバーに知られたくないかもしれません。しかし、アート活動（プロセスと作品）としては、グループに自己開示しているのです。したがって、あくまでアート活動に添うことです。そしてその人の言葉での説明をやりとりしながら、意識に定着していくのを支えます。セラピストは、作品を、言葉を、そしてグループのなかで生じるあらゆることを、受容し、共感的理解をし、純粋な態度を貫くという人間性心理学の立場（Mclead, J. 1966）が、ここでは生かされてきます。ワラー（Waller, D. 1993）のいうグループアートセラピーは、このように他者を尊重しながらの相互交流であり、イメージを通じてなされるだけに、より広くどのメンバーの心をも抱える可能性を秘めているのです。

注

（1）教示など詳しいやり方は第三章を参照のこと。

（2）やり方の詳細は同じく第三章を参照のこと。

（3）分析心理学の概念「元型」のひとつ。理想を求めて飛翔と墜落を繰り返す男性のタイプのひとつ。

【第2章】

イギリス・アートセラピーの概要

1　アートセラピーとは何か

アーツセラピーのなかのアートセラピー

アートセラピーは、「セラピストとの信頼関係のもとで、クライエントが自分自身の心配ごとや問題点をさまざまなアートを用いて表現し解決していこうとするもの」(Case,C. & Dalley,T. 1992) です。この場合のアートは絵画や陶芸、彫刻を初めとする造形など視覚芸術領域に限定しています。他のメディアを用いた音楽療法、ダンス・ムーヴメントセラピー、ドラマセラピーなどと合わせてイギリスではアーツセラピーと総称しており、これが日本での芸術療法や表現療法にあたるものでしょう。

さまざまな感受性に開かれたセラピー

アートセラピーについては、日本では絵画療法あるいは描画療法、コラージュ療法、陶芸療法、貼り絵療法など、個々の技法に名前がつけられていますが、イギリスでは細分化されていません。もちろん、セラピールームには、コラージュ用の雑誌は山と積まれていますし、粘土も大きな桶にどっさり入っています。棚には多種の紙やペイントも並んでいます。要はこれらのアート材料を自由に用いて創造するのです。この素材への自由さは箱庭へのアクセスさえも許容します。しかもその箱は日本で標準使用されているものとは異なっているものもありました。ある精神科病院では底が海溝のように一部深くなっているのを見かけました（図1–1右下）。

またアートセラピーの授業にドラマセラピーの学生が加わったり、ワークショップでは、ムーヴメント、ナラティブ、ドラマ各療法のチューターによるセッションを体験したりと、さまざまなアプローチを体験します。さらに、

図1−1　砂箱のあるアートセラピー室。右下に深さが一様でない箱がみえる

実習イメージを人間彫刻した後、描画するというようなナタリー・ロジャーズの「統合的表現療法」(Rogers, N. 1993)に似たものが、ごく自然に取り入れられていました。ここに、視覚芸術領域に限定するとはいうものの、広く芸術一般に目を開いて感受性を磨き、心を行き来させる幅広い芸術的センスを請われるイギリス・アートセラピーの特徴があるように思われます。

なぜアートを用いるか

ここでなぜアートをセラピーに用いるのかを確認しておきます。カウンセリングや分析的心理療法を初めとする多くの心理療法では、クライエントは自分の苦悩や考え、感じていることを基本的には言葉で治療者に伝えます。したがって他者とかかわるための言葉の発達が前提となります。それに比べてアートセラピーでは、言葉そのものが伝達手段とならないために、言葉の習得が不完全な子ども(人)でも、

コラム

「人間彫刻」

実習先を想定し、そこにはどんな職種のスタッフが働き、どんなクライエントが訪れるかを考えます。例えば医療臨床では、精神科医、作業療法士、看護師、事務員などがアートセラピーとともに働き、精神科患者が訪れます。学生は役割をそれぞれ振り当てられ、その現場でどんなことが生じているかを身体で表現します。

あるいは言葉を介してのコミュニケーションが苦手な人でも、違った方向からの自己表現が可能となるのです。また言葉という思考中心の回路からでは出てこないような、心の底に眠っている思いが現れることもあります。とりわけ否定的感情を含む無意識的あるいは前意識的な側面が作品（イメージ）として表現されたとき、クライエントは驚きながらもセラピストとともに、自分自身がそれらをいずれ受け容れることができるようになるのです。なおイギリス・アートセラピーを支える理論については一五三頁を参照してください。

確たる治療構造

このようにイギリス・アートセラピーでは、アートへの自由なアクセス、制限のない意識的、無意識的イメージ表現が保証されているのに対して、治療構造はかなり厳格なものと言えます。つまり、決まった時間に、決まった場所で、決まったセラピストと会うという外的枠組みはもちろんのこと、内的枠組みとも言える治療者・患者関係で起きていることへの認識や、セラピストとしての倫理綱領厳守などです。治療関係で生じている転移や逆転移を認識するためには、スーパービジョンはもちろん、精神分析における教育分析と等価のパーソナル・セラピーを受けることが義務づけられています。個人情報守秘に関しては、学生の実習先すら固有名詞で明らかにしてはならないとされています。特定されないように臨床領域のみを明示して、討議に出すことが要請されている

コラム

「プレイセラピーとの違い」

こどもとのセッションでは、プレイセラピーとアートセラピーの違いが判然としないことが多いようです。私の教育臨床でのスーパーバイザーは、「（アートをしている）テーブルへ戻ろう」と常に声かけをして、極力アート制作への集中を促すセラピストでした。しかし、ケイス（Case,C. 1990）はサンドプレイを始めとする種々の遊びとアート制作を往ったり来たりするセラピーのありさまを報告しています。心理力動論をよりどころとするアートセラピストは、アート行為だけでなく遊びも含めてセッションのなかで生じたことすべてを、セラピーに生かしています。セラピストによると思われます。

のです。もっとも公にはそうですが、仲間内ではかなり踏み込んだ話をしてお互い励ましあっていましたので、イギリスにもオモテとウラがあるのだと妙に納得したものでした。いずれにしろしっかりした外的、内的枠（境界）がクライエントに安全感を与え、その守られた空間だからこそ自由な自己表出ができると考えられています。なお治療構造論については、小此木も「外面的治療構造と内面的治療構造」（小此木　一九九〇）の二面から考察しています。

2　イギリス・アートセラピーの歴史と現在

美術教育からの流れ

一九世紀末ヨーロッパの中心地であったウイーンでは、音楽、美術、工芸などさまざまな芸術領域で新しい潮流、アールヌーボーが結実開花していましたが、アートセラピーについても、そこにその萌芽がありました。ワラー（Waller, D. 1991）によると、シゼック（Cizek, F.）が子どもたちの自由表現としての描画活動に注目し支持したのです。そのシゼックに学んだビオラ（Viola, W.）が、一九三〇～一九四〇年ころイギリスにおいても実践し、非指示的アートセラピーの原型となりました。さらに一九五〇年代後半、クラマーやナウムバーグらアメリカのアートセラピストとの親交を深めたハリデーは、帰国後一九六〇～一九七〇年、教育臨床において、情緒的に問題のある子どもたちへの治療に専心します。この教育臨床でのアートセラピーは、美術教育における自己表現促進的立場と重なる側面があるため、セラピストとして特化する必要がありました。そこでセント・オーボンスのアートスクールを前身とするハートフォードシャー大学（図2-1）で、一九七〇年、治療的アート（Remedial Art）に対する資格としてアートセラピーが位置づけられました。ここに、美術教師とは分離したアートセラピストが、イギリスの大学教育のなかで訓練され養成されることになったのです。

図２−１　ハートフォードシャー大学芸術学部

結核患者の描画活動にはじまった医療領域アートセラピー

もうひとつのイギリス・アートセラピーの流れは医療領域にあります。ホーガン（Hogan, S. 2001）によれば、アートセラピーという術語自体を使い始めたアーティストでもあるヒル（Adrian Hill）が、一九四二年、サセックスのサナトリウムで、結核患者に描画活動を促したのに端を発しています。自分自身結核患者であったヒルによるこの活動は、長い療養生活にいろどりを添えただけでなく、患者の不安やトラウマを表現する良い手立てにもなると評判になりました。その後ヒルは、総合病院や精神科病院にアートセラピーを普及するというキャンペーンを進めます。このようにアートセラピーは第二次世界大戦後の復興気運に乗り発展していくことになりました。

精神科病院でのアートセラピーの始まり

一九四六年、アダムソン（Edward Adamson）はネザーン精神科病院内にオープンスタジオを設け、患者たちの自由描画の指導を始めました。彼の Art as healing（Adamson, E. 1946）には多くの精神病者の絵画や彫刻、粘土作品が掲載されています。そのころの精神科病院はまだ一九世紀のビクトリア朝時代の名残をとどめ、「巨大で、非人間的で、砦のように孤立した場所に立っていた」建物から想像されるように、「治療的とはほど遠い」実態だったのです。アサイラム（収容所）と呼ばれた病院内でのスタジオは、患者にとっては「平和な天国であり、聖域」であり、そこ

図2−2　精神科病院開放病棟

で「患者自身の私的な世界を検証し、それまで打ち捨ててきた感受性や情感を用いての表現」（Stevens, A. 1984）ができたのです。ネザーンに始まるこの精神科患者によるアート活動は、他のアサイラムにも波及していきました。

私の体験した精神科アートセラピー

私が実習したイギリス中部の精神科病院は一八五八年に設立されました。アートセラピーは一九四〇年代より始まり、非常に長い歴史を持っています。かつて患者たちが三々五々来ては絵を描き工芸をしたというスタジオが、大きなアトリエ様の姿を広い庭内に留めています。そして敷地の正面には、ビクトリア朝スタイルの本館がどっしりと建っています。これらはすべて精神科病院としては現在使用されていません。精神科領域におけるアートセラピーは精神科医療の変遷とともに、その事情が変わってきているのです。つまり、薬物療法の飛躍的な発展により閉鎖病棟から放たれた患者たちは、民家風のこじんまりした開放病棟（図2−2）に移動しました。アートセラピストもその敷地内に点在する病棟に出向いたり、あるいはアーツセラピー棟でセッションを施行したりしています。さらに地域での共生という国策の変更に伴い、アートセラピーも地域でのサービスが多くなってきている現在です。本病院が地域精神科医療の中心施設という立場から、セラピストたちはサイト内のアーツセラピー部門を基地とし、外にある高齢者のためのデイ・ホスピタルや思春期・青年期のグループ・ホームを訪ねてのセラピーが多くなっています。私の実習も、デイ・ホスピタルでの認知症高齢者の個人セラピーと、某大学病院精神科の急性期成人病棟と急性期高齢者病棟でのグループ・セラピーというものでした。

患者会やクラブでのアートセラピー

病院を精神科領域の主流とすれば、患者会などの傍流でのアートセラピストの活躍も忘れてはならないでしょう。古くは一九四二年、アーティストであり、イラストレーターでもあったサイモン（Simon, M.）がロンドン北部のバイエラーの患者会で働き始めるということがありました。アドラー心理学に関心を持った彼女は、後にその理論をアートセラピーに取り入れました。また一九七〇年代の反精神医学の潮流を生み出したレイン（Laing, R.）の思想に基づくクラブでは、アートセラピストがオープンスタジオを運営しており、毎年ハートフォードシャー大学から実習生も迎えています。ここの参加者は患者ではなくメンバーであり、互いの疾患名を知る必要もなく、それぞれの個性と能力を生かして平等な立場で創造活動をし、定期的に展覧会も催しています。

異文化アートセラピー

一九九〇年代のユーゴ紛争や、今なお続くアフリカ諸国の内乱など、母国での惨劇から逃れてきた難民と、貧困からの解放を求めてきた移民が、イギリスには実に多く住んでいます。その人たちの多くはインド、パキスタンなどイギリス旧植民地アジア諸国や中東、アフリカからであり、ロンドンの家庭の三分の一が英語以外の言語を家族内で話している

コラム

「共感の難しさ」

イギリス人のアートセラピストにとっても、民族的、宗教的惨事を体験した人への共感は大変難しいことです。観念的理解より、セラピスト自身がアートを作るというイメージ制作を通して追体験することを試みているホースキ（Heusch, N. 1998）のようなセラピストもいます。

と言われています。そこでは当然アイデンティティの問題や、不自由な英語に四苦八苦する親と、イギリス文化に染まった子どもというジェネレーション・ギャップも生じます。また学校での異文化摩擦は教師の悩むところでもあり、不適応を起こす児童も少なくありません。さらに、母国での大量虐殺の目撃や、親族を失うなど過酷な外傷体験をして現在に至っている人も少なからずいます。これらの人たちのトラウマは想像を絶するものであり、アートセラピーも急務となっています。BAAT（イギリス・アートセラピスト協会）のなかにも、異文化セラピーの部会があり、実践と研究を進めています。

緩和ケアでのアートの力

さまざまな疾患による終末期の患者に対して、アートセラピストたちが積極的に取り組み始めたのは一九九〇年代以降でした。セラピストはホスピスに出かけ、病者の悲しみや怒り、無念さや、人生についてのイメージ制作を援助します。そしてそのイメージをともに眺め、感情を共有します。私が教えを受けたウッド（Michele Wood）も緩和ケアの中心人物であり、一回限りのアートセラピーの大切さを提唱しています。このように人生最後の仕事となる描画に寄り添ってくれる専門家がいることは、患者にとって大きな力となり運命を自己受容していく支えとなるようです。ときには、アートセラピストは枕元に座り、病者の語るイメージを彼らに代わって絵画制作することとすらあります。ここにアーティストとして研鑽を積まなければならないひとつの理由があるのです。ウッドら、緩和ケアで働くアートセラピストたちは「クリエイティブ・レスポンス - 緩和ケア、エイズ、悪性腫瘍、喪失へのアートセラピー」という団体を作って、実践のための相互支援をしています。そのなかからプラットとウッドによる『緩和ケアでのアートセラピー』（Pratt, A. & Wood, M. 1998）や、コネルによる『がん患者へのアートセラピー』（Connell, C. 1998）などの著書も生まれています。

フロイト・ユングからビオンまで

イギリス・アートセラピーの理論は、一四四頁で取り上げる諸概念を主として展開してきていますが、基本的にはフロイトやユングの深層心理学に負うところが大きいと思われます。実際一九四〇～一九五〇年ころは、公的な医療システムのなかでアートセラピーは心理療法の形態はとっていなかったものの、私的な施設では理論化がなされていました。たとえば、ユング派分析家であるチャンパーナンが設立したウィズミードセンターでは、ユングの象徴機能理論などに基づいたセラピーがなされました。さらに一九七〇年代以降、ミルナー（Milner, M.）やウィニコットが、それぞれのセラピー実践のなかで描画を用いたのはよく知られています。とりわけミルナーは長年BAAT（イギリス・アートセラピスト協会）の会長として、イギリスアートセラピストの象徴的存在でもありました。最近ではビオン（Bion, W.）やスターン（Stern, D.）の理論も取り入れられて実践・考察されています。

これら心理療法としてのアートセラピーという立場に対して、ヒルらアーティストは、アート活動そのものがもつ、人を癒す力を強調しました。美術教育と医療のなかの心理療法というふたつの源流は、いまだにイギリス・アートセラピーにおける、アートセラピーかアート心理療法かというふたつの立場を論争させています。もっとも両者ともに歩み寄り、アート（＝イメージ）の癒す力と、セラピスト・クライエント・アートという、三者の心理力動的な相互関係に対する認識の重要性、という二点についてはコンセンサスを得ていると考えられます。なおホーガン（Hogan, S. 2001）は、アート心理療法、アートセラピーのふたつに、分析的アートセラピーを加え三つのパラダイムを提唱しています。

3 アートセラピストになるために何を学ぶか

体験的トレーニング

●トレーニング・グループ（体験グループアートセラピー）

アートセラピーを学ぶ学生は、フルタイム大学院生（週に五日のプログラムを二年間で修了）か、パートタイム大学院生（週に三日を三年間で修了）のどちらかです。私が学んだこのときは、前者が八名、後者が一七名いました（図3−1）。フルタイム大学院生は、女性六人、男性二人で、年齢は二〇歳代から五〇歳代です。南アフリカからのジョージーと私が留学生で、あとの六人はイギリス人でした。しかし民族的、宗教的背景は異なり、中東系、アジア系、スコットランド、東欧系ユダヤ人そしてアングロサクソンとさまざまです。パートタイム大学院生はさらに多岐にわたっており、二〇歳代から六〇歳代までの幅広い年齢層で、長年看護師、作業療法士、美術関係の仕事で働いていた人が多くを占めていました。フルタイムとパートタイムのそれぞれがコア・グループとなり、各コア・グループで、修了までの全カリキュラムをともに過ごすことになります。「トレーニング・グループ」のプログラムでは普段は別行動ですが、時にはふたつのグループがいっしょになってトレーニングを受けることもありました。とくにコースの後半期には、この大グループによるトレーニングが何回か行われました。これは、就職後の模擬訓練の意味合い、つまり、教育臨床などで、クラス全体を対象としてアートによる自己表現の場をファシリテートすることがあるからです。また、ワークショップで対人援助職や一般の人など、多くの人を対象とすることを想定してのものです。

図3－1　アートセラピーコースの仲間たち

まず、二年間、毎週一回行われたグループアートセラピーの体験学習について説明します。

【目的】　ひとりのメンバーとして、グループ・アートセラピーを体験すること（アート制作をし、自分の作品を他のメンバーに見せるときはクライエントとして、また他者のアートを眺め、言葉での説明や感想を聞くときはセラピストとして体験する）。

【構成】　チューター（セラピストの役割）一名、コア・グループのメンバー一〇名前後（私の学年は八名）

【場所】　スタジオ

【時間】　二時間

【アプローチ】　非指示的方法。内容や時間配分などすべてはメンバーが話し合って決める。

【内容】　二年間、毎週一回ありましたので、全体を俯瞰するのはとても不可能です。ここではある時期をピックアップし、どういうことが生じたかを示します。当然グループによって展開は異なってきます。

コースが始まって四カ月目のある日、いつものように自由なイメージ・メイキングをしました。好きな場所で、好きな材料を使ってそれぞれが黙々と作っています。一時間経って、自分の作品を持って部屋の中央に集まりました。どんなイメー

アートセラピートレーニングプログラム
（英国・ハートフォードシャー大学大学院　アートセラピーコース）

1 年目

前期	後期
体験的アートセラピートレーニング 1（15 単位）	体験的アートセラピートレーニング 2（15 単位）
アートセラピー概論（30 単位）	
臨床実習とスーパービジョン 1（30 単位）	臨床実習とスーパービジョン 2（30 単位）

学外でパーソナルセラピー

2 年目

前期	後期
体験的アートセラピートレーニング 3（30 単位）	
アートセラピー理論と研究（30 単位）	
臨床実習、スーパービジョンと研究（60 単位）	

学外でパーソナルセラピー

ジを作ったのか、どんな気持ちなのかをシェアリングするのですが、たいていアンナが口火を切っていました。その日も彼女がいちばんに、自分の絵を見せました。大きな女性像を描いていました。頭にヘビがいっぱい乗っていて、長い真っ赤な爪も強調されています。ギリシャ神話のメドゥーサを思い浮かばせる絵でした。「あまり好きじゃない」とアンナが言いますが、みんなは黙って聞いています。マイケルは、粘土で小さなサル三匹を作りました。「見ざる、言わざる、聞かざる」の三態でした。ジョージーはビル群を描き、大きな波がそれらを飲み込みそうに襲っています。ボーイフレンドとの破局があったことを話しました。ターニャは、粘土でとげがいっぱい出ている球状の物を作りました。私は月が海に落ちるイメージを描きました。メンバーの多くが、ネガティブな感情や、脅かされるような雰囲気のあるイメージを作ったにもかかわらず、言葉のシェアリングでは、ほとんど深まりませんでした。みんな話題にするのが怖いのかなと、私は思ってい

週間スケジュール

1 年目

	月曜日	火曜日	水曜日	木曜日	金曜日
9：00	アートセラピー	概論講義や			
10：00	概論講義	ワークショップ	9：00〜17：00	8：30 もしくは	8：30 もしくは
11：00				9：00〜17：00	9：00〜17：00
12：00					
13：00	トレーニング		スタジオ	臨床実習	臨床実習
14：00	グループ		プラクティス		
15：00		スーパービジョン			
16：00		グループ			
17：00			チュートリアル		
18：00	アートセラピー				
19：00	概論講義		パーソナルセラピー		
20：00	（不定期）				
21：00					

2 年目

	月曜日	火曜日	水曜日	木曜日	金曜日
9：00					
10：00	8：30 もしくは	8：30 もしくは	研究活動	スタジオ	チュートリアル
11：00	9：00〜17：00	9：00〜17：00	論文準備	プラクティス	スーパービジョン
12：00			など		グループ
13：00	臨床実習	臨床実習			
14：00					ワークショップ
15：00				アートセラピー	トレーニング
16：00				理論と研究	グループ
17：00				（ゼミ形式で）	
18：00					
19：00					パーソナルセラピー
20：00					
21：00					

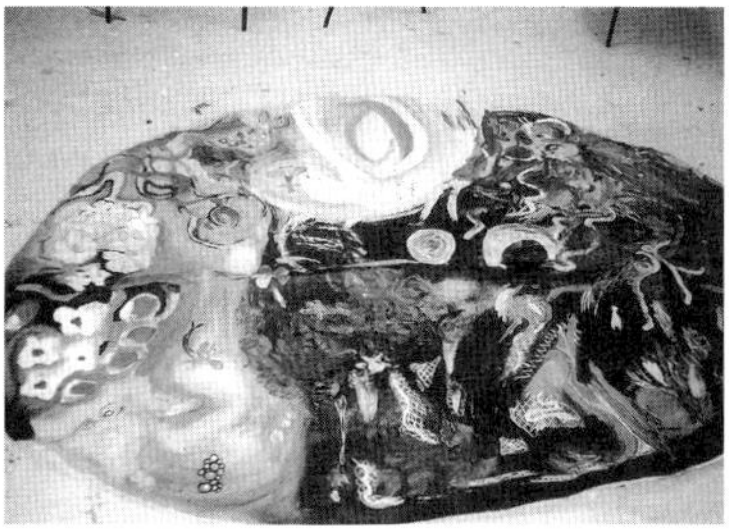
図3−3　グループの曼荼羅

図3−2　アクリルペイントの絵

ました。

次のセッションです。マイケルが「いつものように一時間のイメージ・メイキングをして、そのあとシェアリングしよう」と提案しました。すると、クレアが、「それに反対というわけでもないけど、別のやり方もあるわ。ただ、感情を無理やり吐き出させるようなアプローチだから、このグループには向かないかも」と、提案を取り下げようとしました。セラピストは、「その案が出てきたことに意味があるのだから考えてみましょう」と促します。そこからこのグループの特徴についての意見がたくさん出てきました。デリックは、「安全な表現をしてきたと思う」と言い、アンナは、「自分ばかり開けっぴろげで、このグループのお上品さがたまらないわ」と不満をぶちまけました。ジョージーも、「私的な苦しさを全然受け止めてくれなかった」と嘆きました。一時間以上言葉での応酬があり、結局、結論が出ないまま、「とにかく、何か作ろう」という声に押されて、アート制作が始まりました。

コースが始まって二カ月、メンバーの作品には危うさがとても出ていました。礼儀正しいマイケルが「悪魔」や「ぐじゃぐじゃアート」を、アンナは挑発的なエロスそのものを、クレアは細部にこだわったイライラ感を表現してきていました。しかし、言葉でそれらの感情をモニターするだけの準備が整っていなかったのです。本人も他のメンバーもです。私も何か激しい思いをぶつけたくなりました。アクリルペイントの原色——赤、黄、緑……を使って抽象的な鋭角線をいっぱい描き、周りに黒の太い縁取りをしました（図3−2）。「今までの私なら描かなかった絵、このグループだからできたと思う」と発言しました。デリックが「攻撃性がある」と言うので、「当然あると思う」と答え、さらにクレアには「攻撃性を受容できてきたの?」と尋ねられました。「難しいけど、意識はし始めている」と、私は自分の気持ちを話しました。最後に、アンナはいつもと違って、「今日は自分のワークを誰にも見せない」と、自分だけの秘密にしてしまいました。

こんなに爆発するようなセッションがあったかと思うと、また、しばらくするとこのグループの特徴が出てくることもありました。沈黙です。輪になっていすに座り、チューター(セラピスト)を迎え、セラピストもメンバーも何も言わない長い時間が流れました。セラピストはついに、「この沈黙はどういう意味があるのかしら? 抵抗? 攻撃?」と問いかけます。デリックは私生活でのしんどさを、ターニャは、前回のセッションで自分のアートが侵害されて怒っていることを話しました。サッシャは、泣き顔になって部屋の隅に行き、ひとりで何かを作っていました。けれど、最後には全員で大きな模造紙を張り合わせて、ひとつの世界を作りました。動物やヘビのいるジャングル、花の咲く草原、喧騒の町、太陽や星のある天空、抽象的な模様、いろいろな図象を包含する曼荼羅(図3-3)ができあがりました。なかなかハードなトレーニング・グループでしたが、「イメージ・メイキングの過程と、他者との相互作用を通して、深く抑圧されていたトラウマを象徴的に再演することができ」(Waller, D. 1993)、ひとりではできないことまでしてしまう可能性と危険性を実感したグループ・ワークでした。このワークがあったからこそ、二年間が過ぎたとき、私たち八人には特別の友情と理解が育まれていました。

●スタジオ・プラクティス

毎週決められた曜日に、ひとつのコア・グループに対してスタジオが開放されます。

【目的】アーティストとしての技術と芸術性を高めるために自己研鑽し、創造行為の葛藤と喜びを体験する。

【構成】コア・グループのメンバー。

【場所】二部屋続きの大きなスタジオ。多種類の画材や粘土が常備。スタジオ内の自分の好きな場所を見つけて、アートを制作。

【時間】決まった曜日の終日、スタジオは利用可能。自分の行きたいときに行き、帰りたいときに帰る。

【アプローチ】全く個々人にまかせられていた。技術指導はない。ただ建物は芸術学部内にあったので、絵画、陶芸、セラミック、写真、商業アートなど、さまざまな専攻の学生や教師が、学内のあちこちに作品を展示していた。それらから刺激を得られた。また申し込めば、本格的な陶芸釜で焼いてもらえた。

【内容】音楽をかけながら制作するグループ、大声でおしゃべりが飛び交うグループなどもあったようですが、私のグループはとても静かでした。ときには授業や論文課題の話、私的な困りごと、先生の噂話もしましたが、大体は、それぞれが適度に散らばって、制作しました。疲れると、他の人のを眺めて感想を言い合ったりしました。私のグループのメンバーは、八人中五人がアートを専門としており、イラストレーターや美術教師をしていた人もいました。あとの一人は理系卒でしたが、絵が売れるほど芸術性の高い男性でした。もう一人と私だけが心理学をバックグラウンドとしていました。この事情を知らされずに、コースは始まりました。初めてのスタジオ・プラクティスの日、私は彼らのアートに圧倒されました。よく考えれば当然のことで、彼らは専門家です。私は彼らを先生にし

コ　ラ　ム

「アートセラピーコースの指導者たち」

ハートフォードシャー大学大学院アートセラピーコースには、専任スタッフ数名、非常勤スタッフ数名に、ときどき学内外（ドラマセラピーやムーブメントセラピーの教員、またタビストック研究所や他大学の教員）の講師が加わります。これらの人は講義や演習では教師として理論を教えます。同じ人が小グループのトレーニンググループではセラピストとして、大グループのワークショップではファシリテーターとして、またチュートリアル（個別指導）のときはチューターとしての役割を担当します。

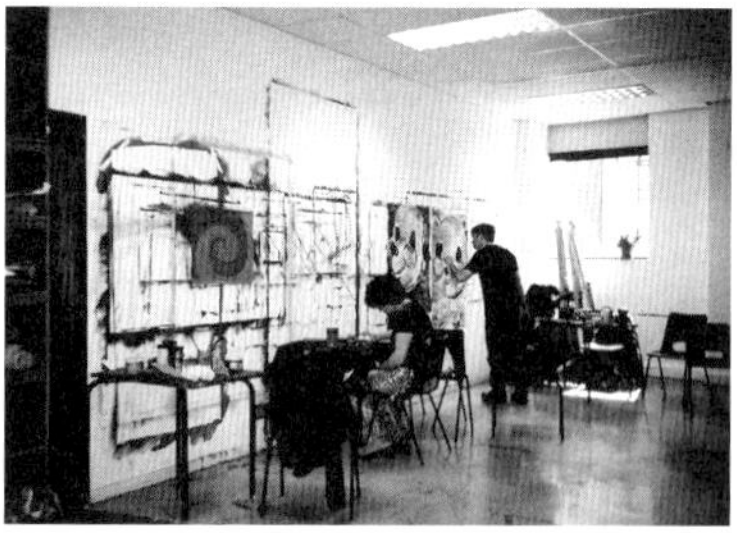

図3－4　各自のスペースがいつのまにか定まった

ようと密かに思いました。同じ部屋で制作を進めていると，いろいろなことが見えてきます。テクニックを少しだけ真似たり（真似ることはとても難しいことも学びました），新しい素材に挑戦もしました。

ときどきチューターが様子を見にきます。まだスタジオに慣れないころ，チューターが，「ここがあなたの潜在空間（Winnicott, D. 1971）ね」と私に言いました。時が過ぎていくと，この静かで包まれた感じ，他のメンバーの気配を感じながら，でも邪魔にもならず，ときには話し掛けたくなったり，自由さと安全感のなかでの創造行為は，本当に潜在空間を実感させるものでした。私の英語力は，他の多くの時間，講義や演習，お昼休みのたわいない会話ですら，耳をしっかり働かせていないと，聞き逃す拙いものです。その緊張を緩めてくれる良い時間でした。

学期末にはチューターも交えて，みんなで作品を振り返りました。自分の領域（いつのまにか自分の心地よい場所が誰が決めるともなく定まってしまうのです（図3－4））の壁に貼ったり，机に並べたりして展示し，自分の気持ちを話し，他の人が感想を言い合います。コース開始当初，パステルや水彩を用いることが多く，淡い色合いを好んでいた私ですが，終わるころにはアクリルペイントの虜になっていました。ぎとぎとした存在感に惹かれている自分に驚きました。このような自分自身の変容過程をレポートにまとめて，スタジオ・プラクティスのプログラムは終りました。

●ワークショップ

ワークショップは、二年間のトレーニングの間、コア・グループ単位で継続して行われます。

【目的】さまざまなワークショップを通して、テーマや題材に沿ったアートセラピーのアプローチ、リーダーシップを培うためのスキル、実践におけるアートセラピーの方法を学ぶ。

【構成】少人数のコアグループで、またフルタイム、パートタイム合わせての大グループのときもある。

【場所】二部屋続きの大きなスタジオ。

【時間】不定期に実施され、半日のときも全日使うこともある。

【アプローチ】指示的方法。

【内容】一年目は、おもにチューターたちがワークショップのファシリテーターになることが多く、テーマに沿ったアプローチについて学んでいきます。最初に体験したワークショップは、二日間にわたる「自分自身の曼荼羅をつくる」というものでした。一メートル五〇センチ四方の茶色のクラフト紙が配られ、円を一つ描くように指示がありました。そして、自分の描いた円の中心に靴を脱いで座り、沈黙を味わいます。瞑想を始めるというほど大げさな感じではないのですが、自分の円の中心に座っていると、自然に目を閉じて、その場の雰囲気を感じたくなります。多くのアートセラピーのワークショップでは、この沈黙の時間が多く割かれていました。気持ちを落ち着かせ、イメージを広げていく貴重な時間です。

長い沈黙の後で、ファシリテーターから、「紙のどこかに右手を置いて。そこに自分の右手を象徴するものを描いてみて」と指示がありました。使用する材料はクレヨン。簡単な右手の象徴を描いた後、次に左手の象徴を同様に描き、そして後方に自分の過去を象徴するもの、前方に自分の未来を象徴するものを描くように指示がありました。私はそのとき、右手に暖かさを連想したので暖色系のクレヨンで円状の形を描き、左手には冷たさを象徴して

図3−5　手の象徴を含む曼荼羅

いるように感じたので寒色系の円状の形を描きました。四つの象徴を描き終えたら、ここからは個人個人の自由制作です。材料はスタジオにあるものなら何を使ってもよく、残りの一時間半を自由に使うことができます。一日目の最後には、三〇分ほどのシェアリングの時間が設けられます。未完成の曼荼羅ですが、自分のイメージについて語ったり、制作途中の自分の気持ちの変化などがグループのなかで共有されました。

二日目は、セッションの最初から制作に取り組みました。ただ、前日に取り組んだ曼荼羅が、一晩明けると、その印象ががらりと変わっていて驚かされました（図3−5）。残りの一時間半を制作に費やし、再びグループに戻ってシェアリングが行われます。それぞれの曼荼羅を眺めていると、さまざまな気づきや驚きがありました。たとえば、ある象徴の数が、参加学生の人数と同じであったり、離れた場所で制作したはずなのに、同じような象徴が使われていたりしました。ユングのいう「共時性」や「元型」について考えさせられました。

また、視覚芸術だけではなく、ドラマやムーブメントなど、他の表現方法を使ったワークショップも実施されました。併設するドラマセラピーのコースの学生たちと合同で、さまざまなイメージが描かれているカードを用いながらドラマを作り上げていったり、その日の気分を身体で表現するなど、身体全体を使っての表現は、普段、視覚芸術を中心に表現を行っている私たちにとって、とても新鮮な気持ちにさせてくれました。

二年目に入ると、学生たちは実際にワークショップのファシリテーターになるという課題が与えられます。一人で行う学生もいれば、ペアになって実施し、セラピストとコ・セラピストの役割分担を体験する学生もいました。その手続きは次のとおりです。まず六〇分間のワークショップのはじめに、ファシリテーター役の学生が設定したグループの特徴（たとえばクライエントは摂食障害の女性たちとする、など）を説明し、他のメンバーたちに伝えます。他のメンバーは、グループを観察する役割の学生を除いて、ファシリテーターが設定したクライエントグループになりきります。チューターと観察者役の学生は、スタジオの隅に座り、他のメンバーの役割分担（たとえばある人は思春期の拒食症者に、またある人は主婦の過食症者にというように）ができると、実際のセッションがスタートします。三〇～四〇分のアートワークとシェアリングの後、チューターの「はい、普段のあなたに戻って」の一言で、全員が自分の役から離れます。そしてセッションについてのディスカッションをし、片づけをして六〇分のワークショップが終了します。

ある日のワークショップの様子です。ある学生は、発達障害（精神遅滞や自閉症スペクトラムなど）をもつ三〇～六〇代のクライエントグループ八名を設定しました。クライエントたちは、ケアハウスで生活し、外界との接触が少なく、フラストレーションを抱えているという状況だということが、ファシリテーターから伝えられます。クライエント役の学生たちは、それをどのように

コラム

「『イメージ』ということばの使われ方」

「イメージ」ということばは辞書的、本来的には「心の中に思いうかべる姿・像。心象。」（『広辞苑』）と定義されます。したがって絵画や粘土作品などはイメージの外在化したものであってイメージそのものではありません。しかしイギリスでの訓練中、多くのアートセラピストが作品そのものをイメージと呼んでいました。「今日のあなたのイメージはどれ?」とたずねるように。本書では「イメージ・メイキング」を「アート制作」、「作品としてのイメージ」を「アート作品」あるいは「作品」と記述している箇所と「イメージ・メイキング」をそのまま使用している箇所があります。

演じるのか頭のなかで想像します。セッションが始まって初めて、それぞれのクライエント役がどんな障害を抱えるクライエントを想定しているのかわかるので、ファシリテーター役は、緊張し、少し固くなってしまいました。まずセッションのはじめに、アートセラピーの目的やグループの約束をきちんと伝えなくてはなりません。そうしているうちにスタジオから出て行ってしまうクライエントがいたり、言葉で上手く自分の気持ちや考えを伝えきれずに、大声をあげるクライエントも出てきます。そんなとき、ファシリテーター役は、クライエントを子ども扱いしてしまったり、メンバーのひとりひとりが安心してアート制作できる環境を提供するというグループを「抱える」（Winnicott. D. 1971）ことが難しくなったりと、さまざまな問題に直面することになります。

後半はそれぞれの役から離れ、観察者たちの感想や問題提起も交えながら、グループ全体で話し合いを行います。クライエント役だった学生からは、セッションのなかで体験したこと、感じたことがグループに投げかけられます。クライエントのおかれている状況を、最大限の想像力を働かせながら体験してみるというのも、ワークショップのなかでの貴重な体験です。

このように、二年間を通して、大小さまざまなグループ、多岐にわたるクライエントグループなど、実践的なテーマや題材を体験することで、学生たちはいかにセラピストとして対応していくかを学んでいくのです。

アートセラピーの理論と研究

コース開始のオリエンテーションで学生たちに伝えられたのは、アートセラピストになるためには、実践と理論の二本の柱が必須だということです。「実践」はキャンパスでの体験的トレーニングと臨床実習を通して学びます。一方、「講義」「演習」「論文」ではさまざまな理論に触れ、自分の拠って立つ理論を探求します。実践と理論の間を「具体的にしっかり固めていくこと」が、より良い次の実践につながるのです。

また、さまざまなアートセラピー理論があるなかで、「なぜ自分は、このセラピーにこのアプローチを使うのか？」などを、深く自分に問うことが求められます。

講義

アートセラピーの講義は、毎週定期的に行われるものと、短期集中で三、四日続けて行われるものがあります。定期的な講義は、学内のスタッフによるもので、一年目は概要でした。アートセラピーの歴史やアートと精神病理、心理療法の基礎について学びます。講義のタイトルは、「アートセラピーのルーツ」「治療過程の構造化」「心理療法の特徴と範囲」「クライエントと共にいること」「発達的アートセラピー」「アートセラピーの鍵概念」「アートセラピーにおけるイメージ」「創造的無意識」「アートセラピー理論研究への導入」「倫理綱領」「個人とグループ」「グループワークの理論と実際」などでした。

また、集中講義では、ロンドンのタビストック研究所から講師が招かれ、精神分析、とくに対象関係論の講義がありました。そこでは、アートセラピーにおけるセラピストークライエント関係という内的な問題だけでなく、心理療法家に対しての訴訟をにらんで、職業倫理に徹することが強調されていました。

二年目になると、実際に精神科や教育の領域、ホスピス、矯正などさまざまな現場でアートセラピーを実践している先輩たちが、自分たちの仕事について講義をします。学生たちはコース修了後、どんな領域で働こうかと、自分の意思と重ね合わせながら聞き入っていました。

演習

毎週一回の演習は、数名からなるゼミ形式で行われます。コース初年度は、チューターの用意した文献を読み、二年目は、学生各自が文献を選んで、担当を決めて読みました。ゼミ発表の二週間前には他の学生のためにプリントを配布し、当日は要約を準備します。自分の担当日はもちろんですが、ほかの人の担当日にもしっかり読んで出ないと困ることになるからです。討議への参加度が評価の対象となりますし、まず第一に読んでないと授業が面白くありません。

このように学生たちは、講義や演習で理論を学びますが、授業で購読できる文献は数が限られています。十分な理論を身につけるためには、課題図書を読んだり、それぞれの講義で挙げられた参考文献を読んだりと、自主的に学んでいくことが求められます。

論文

二年間のトレーニング期間中で、以下の四本の論文が課されます。

①　実習先について（実習先の背景、そこでのアートセラピーの歴史と実際、クライエントの特徴、用いられている理論など）

②　課題「セラピーにおける境界（boundary）とコンテイナー（container）について、アートセラピー、アート制作、セラピストとクライエントの関係性の三つに関連して述べなさい」

③　テーマ自由の理論に関する論文（実習やトレーニングでの体験を通して、自分がいちばん興味を持っている、アートセラピー理論に関連するテーマ）

④　ケース研究（臨床実習のケース研究の項を参照）

これらの論文は、時にチュートリアルで、時にゼミのなかで、テーマ決定、アプローチ法、草稿発表と、段階的に書いていくことになります。

二年間を通して、論文を書くことは、それまでアートに親しんできた学生にとって、苦痛を感じることの一つのようです。論文の提出前になると、ほとんど大学に顔を見せなくなる学生がいたり、成績が出る日は朝から皆がそわそわしています。基本的に学生の自主性に任せられている論文作成ですが、コースの始まりには、「いかに文献を集めるか」「図書館やネットの効率的な利用法」「自分の時間のマネージメント方法」など、こと細やかに学生たちへの指導がありました。整ったサポート体制を示し、後は個人の自主と責任に任せる基本姿勢を感じました。

臨床実習

アートセラピストという専門家になるためには、キャンパスで理論やテクニックを学ぶだけでは不十分です。臨床現場に出て、実際のクライエントとかかわること、先輩のアートセラピストがどのようなセラピー実践をしているかを見ること、他職種との関係を知ること、そしてどのようなサポートシステムが社会の中で機能しているかを知ることなどが求められます。さらに訓練生自身が担当のクライエントを持つことによって実際のセラピー過程を体験するのです。

スーパービジョン

実習先は二年間に二箇所で、学生の希望に基づいて、大学が用意してくれます。医療施設〔NHS（National Health Service）関連の精神科病院や小児科、チャリティー基盤のホスピスなど〕、教育施設（市や地区の教育部門所属の生徒照会ユニット(1)、特別支援学校、特別支援施設など）、福祉施設（高齢者や精神障害者のグループホーム、デイセンター、母子支援の施設など）、矯正施設（刑務所、非行青少年のための更正施設など）、のほか、アウトサイダー・アートのオープンスタジオも、実習先のひとつでした。これらの実習先はすべて、大学の審査基準を合格した所ばかりです。つまり、学生が実習できるだけの設備が整っているか、指導するスタッフがいるか、アートセラピー対象のクライエントが実習に適当かなどが判定されて、適切と認められたところだけが、実習先としてリストアップされます。スーパービジョンは、実習先の指導スタッフのなかのひとりがスーパーバイザーとなって、毎週一回一時間行われます。

スーパーバイザーは、派遣先によっていろいろです。アートセラピスト、医師、心理療法士、教育心理士、看護師、作業療法士など、治療的スタンスを持つ職種だけでなく、施設長などの事務・管理担当の場合もあります。スーパービジョンで、アートセラピーそのものを教えてもらえなくても、治療環境や治療関係などの施設の特徴を見ること、またクライエントに直接出会って話を聞きアート制作することは、貴重な臨床体験になります。私の場合は幸い二箇所とも、アートセラピストがスーパーバイザーでした。スーパーバイザーの立場を認識してスーパービジョンを受ければ、あまり問題も起きないのでしょうが、ときにはスーパーバイザーとトラブルになる学生もいました。また実習先により難易度もさまざまです。ある学生は、イギリス一の凶悪犯が集まる刑務所で実習をしましたが、結局途中でギブアップしてしまいました。

スーパービジョン・グループ

実習先での諸問題をキャンパスに持って帰り、グループごとに話し合います。グループ七〜八名の決まったメンバーとひとりのチューターからなります。スーパービジョングループは学生の実習を後方支援するもので、そのおかげで実習がやり遂げられたといえるぐらい重要です。とりわけ私の第二学年の実習は、このグループの支えが大きかったのです。

私の実習先は、ロンドンのある地区の生徒照会ユニット(1)と決まっていました。ところがその前年に教育関係者を巻き込んだ残酷な犯罪があり、学校への出入りが厳しくなっていました。そのため犯罪記録局〔ＣＲＢ（Criminal Record Bureau）〕の調査済みの決定をもらえないと学校には行けません。とりわけ留学生については、本国に問い合わせをするため、時間がかかるようでした。同じスーパービジョン・グループのなかに、フランスからの留学生、マリーがいて、二人して許可が下りるまでの時間、励ましあいました。ただ彼女の実習先は安定した組織だったのに対して、私の学校支援チームは大変な危機的状況にありました。リストラの発表が突然あり、私のスーパーバイザーを含む全スタッフが数カ月後には解雇されるというのです。

マリーは学校に入れるようになるまで、スーパーバイザーに会って指導を受けていました。私といえば、ＣＲＢに何度も電話で問い合わせては失望を繰り返し、スーパーバイザーも自分の身分交渉に忙しく、学生の世話どころではありません。「抱える」環境としては、みじめなものでした（もっともＣＲＢの許可が出て、実習が始まると、スーパーバイザーはとても面倒見の良い「善い母親」に変わりました。ＣＲＢとのやりとりやスーパーバイザーについての「悪い母親」体験は、スプリッティング、「妄想分裂体勢」を体で教えてくれました）。スーパービジョン・グループには、この一連の出来事を提出しました。メンバーからのなぐさめと、チューターの適切な解釈に、あまり落ち込まずにすみました。つまり、そのとき私の置かれている状況は、「救いのない子どもたち」そのものだったのです。

また、メンバーが持ち寄る問題を聞くのも、実習に出られない私には良いサポートでした。ある日、メンバーのひとり、ジュリアはクライエントの絵を持ってきました。海の上に浮かぶ一艘の小舟の絵でした。そして彼女はその絵について説明しながら「私は（このクライエントを）守りきれないわ」と言って泣き始めました。「スーパーバイザーの指導は？」の問いかけに、「彼女は立派よ、何でもできる人、一所懸命教えてくれるのに、私は何もわかっていないわ」とうなだれます。「経験豊富なスーパーバイザーに圧倒されているのでは？」と私はジュリアに問いました。ジュリアは私の指摘に対しまだピンと来ない様子でしたが、チューターは私の発言についてよく考えるようにと促しました。スーパーバイザーとの関係に敏感になっているからこそ、他の学生の状況もよく想像できました。

このときのジュリアと私の対極的なスーパーバイジー体験は、セラピストとしての訓練生の問題がグループに出てきたものです。一方、セラピー対象のクライエントの問題が、グループだからこそ、より明瞭になる場合もあります。非行少年の更正施設で実習しているハナが、ある少女の絵を持ってきました。自殺願望のある少女でした。少女の絵を見て、高齢者のケア施設で実習をしているカレンは驚きました。高齢者の描くイメージにそっくりだったのです。少女も高齢者も画面の多くは空白のままで、まとまりのないシンボルをちらほら描いているだけです。しかも消え入りそうな色使いで、はかなげなものでした。死がいつも目の前にある人のイメージは、年齢を超えて共通なのではないか、そういう印象を持ちました。

ケース研究

臨床実習で、学生はさまざまなクライエントに出会います。ときにはグループ・アートセラピーで、またときには、個別セラピーでと、実習現場やスーパーバイザーの事情によって異なりますが、必ず担当するクライエントがいます。一学年に一組織の実習で、少なくとも数名のクライエント、あるいは数クライエント・グループと治療的かかわりを持ちます。そして、実習が終るときに、それぞれのケースについてレポートを書き、実習先に提出します。また、キャンパスでは模擬ケース・カンファレンスもしました。臨床現場を設定し、学生がいろいろな役割をするのです。たとえば、精神科臨床では、精神科医、作業療法士、看護師などの役をして、発表者に質問します。発表者は自分のケースについて、生活史、問題点、セラピー過程、諸理論から見た考察などを準備して臨みます。

先述したように、二年間の訓練中に四本の論文が課されています。そのなかの実習先についての論文はもちろんですが、理論に関する論文にも自分の関与したケースを用います。しかし、何といってももっとも重点が置かれるのは修士論文です。それぞれの学生が興味を寄せるケースについて（個人の場合も、クライエント・グループの場合もあります）、さまざまな視点から考察します。そのためにはまず先行研究を読まなければなりません。私の場合は、「喪と異文化問題を孕んだ学校不適応児童」を選びました。「学校臨床」「異文化問題」「喪の作業」「母子関係」「破壊性」などをキーワードにして、先行研究を捜しました。アートセラピー、心理療法、発達心理学などの分野から幅広く論文を集め、とにかく読んでいきました。読み方はskim（ざっと読む）と、scan（細かく読む）のスキルが役に立ちます。そして、一方ではその児童の生活史や対象関係での問題、セラピー過程そのものを振り返りました。そして、最後に理論と実践を総合して、ひとつの論文に仕上げました。

パーソナル・セラピー

修学中に生じてくる問題や気がかりをより深く探求するために、パーソナル・セラピーがあります。これは学生自らがクライエントとなって、実際に開業あるいは勤務しているセラピストによるセラピーを受けるというものです。この実習は、専門家の組織としてのBAATに所属するために必修です（ハートフォードシャー大学大学院アートセラピー専攻シラバス　二〇〇二）。

コラム

「文献を読む技術：skim（ざっと読む）とscan（細かく読む）」

論文を書くためには膨大な量の文献に目を通さなければなりません。しかし時間は限られており、ひとつひとつ詳しく読むゆとりはありません。そんなとき、まずskimします。つまり自分が書こうとしているテーマにこの文献が適当かどうかざっと読むのです。そして必要でないものは横に置きます。役に立ちそうだと判断すれば、ていねいに、辞書をひきながらscan（細かく読む）していきます。

【目的】経験豊富な専門家の実際をクライエントの立場から経験し、自分自身の問題に直面する。

【セラピスト選択】パーソナル・セラピーの設定は、学生自身が責任を持つ。大学からセラピストの団体についての情報は与えられ、そのなかから、あるいはその他の情報を使って、自分でセラピストに連絡をし、面接予約を取り決定する。なお、資格を持ったサイコセラピストとアートセラピストだけが、その対象として認められる。

【場所】私が出会った個人開業のサイコセラピストの多くは、自宅の一室をセラピールームにしていた。

【時間】一週間に一回、五〇分のセッション。学年末には、セラピーを受けた証明を大学に提出する。

【アプローチ】個人セラピーを受ける人がほとんどだが、なかにはグループ・ワークをする人もいた。精神分析、分析心理学、パーソンセンタード、ゲシュタルト・セラピーなどセラピストの理論的立場はさまざまである。

【内容】これまで紹介してきたように、キャンパスでの訓練は基本的にはグループで行われます。もっとも、チュートリアルという指導教官による個別指導はあります。ここで、日常の授業の理解や論文などの課題が進行しているかどうかを話し合います。課題提出後のチュートリアルでは、その評価を教えてもらいます。一学期に二回、定期的なチュートリアルがありました。学生が希望すれば、臨時の面接も可能です。しかし、あくまで修学に関することが中心です。したがって、個人的な問題への直面や、セラピストとしてやっていくための自己認識には、パーソナル・セラピーが必要です。


私の一年目のセラピストはホーリスティックな立場の心理療法家でした。成人男女に対する一般セラピーだけでなく、DV被害の女性への支援もしていました。その母性的な暖かさに、異国で学ぶ辛さがずいぶん軽減されました。そして二年目のセラピストは、対象関係論を主とする精神分析の立場で、子どもや思春期のセラピーをしており、その存在はイギリス・アートセラピーにおける理論家として有名でした。彼女のシャープな解釈や介入に、専門家の厳しさと自負を教えられました。

注

（1）生徒照会ユニット（Pupil Retteral Unit）▼地区行政教育部門に属する機関で、支援チーム（アートセラピスト、プレイセラピスト、特殊教育教師、助手）およびケースワーカー、教育心理士、事務員で構成される。子どもに情緒、行動、発達上問題が生じた場合、保護者→担任教師→生徒指導教師→校長→（相談の結果）→生徒照会ユニットと通知される。生徒照会ユニットではチームスタッフが学校を訪問し、子どもの観察と面接を実施する。その後、チーム会議で担当者が決まり、教師、保護者にセラピーの内容を提案、同意が得られた上でセラピーが開始される。

4　イギリス・アートセラピーを支える理論

ケイスとダリーは『芸術療法ハンドブック』（Case, C. & Dalley, T. 1992）のなかで、「芸術と精神分析」「精神分析的な理解の発展」の章を起こし、アートセラピーに寄与した精神分析の理論を述べています。そこではフロイトに始まり、メラニー・クライン、マリオン・ミルナー、ウィニコット、ユング、そして、クリス、エラ・シャープ、アントン・エーレンツヴァイクらを挙げ、それぞれの分析家が芸術や治療についてどのように考えていたかを概観しています。イギリス・アートセラピーの主になる理論は、確かに精神分析と分析心理学のようですが、私たちが教えを受けたアートセラピストたち（アートセラピーコースのチューターや、実習先のスーパーバイザー）のなかには、パーソンセンタードや、ゲシュタルト療法の立場の人もいました。また実際の訓練を受けるなかで、頻繁に出てくるキーワードや考え方などは、本のなかの概念から学ぶのとは違って、非常に具体的で日常的なものでした。ここではより実際的な観点から、大切と思われる概念をいくつか挙げます。これらはときに授業やスーパービジョンでの生の言葉で、また文献のなかで、たびたび強調されている事象です。実際、アートセラピーの具体的な場面で、どう考えどう対応していくのかにとても役に立ちました。

カタルシス

カタルシスは、「患者が病因となった外傷的な出来事を想起し、再体験し、除反応が起こる一連のプロセス」と定義され、言語による心理療法では、クライエントが「話を聞いてもらってすっきりした」という情動放出の現象にあたります。ではアートセラピーにおけるカタルシスはどんな現象を指すのでしょうか。絵を描いたり、造形したりということ自体、排出行為の要素があり、すっきり感があるかもしれません。しかし一般の心理療法において、情動放出のみでなく言語による意識化があってこそ治療が進むように、アートセラピーにおいても意識化はとても大切なことです。そしてそれを促進する媒体としてアートの象徴性があります。ワラー（Waller, D. 1993）は以下のような具体例を挙げて、カタルシスと象徴行為について述べています。メグはグループ・アートセラピーのセッション中、水入れを倒して他メンバーの絵を汚してしまいました。メグは混乱し泣きましたが、セラピストの介入により皆で手直しをし、結果的には良いものができあがりました。その後、言語でのシェアリングのとき、メグは子どものころの辛かった体験を話しました。母親に頼まれたお使いで牛乳びんを割ってしまい、「うすのろ、役立たず！」と怒鳴られたそうです。このときメグは恥ずかしく情けなく、この件の罪滅ぼしをしなければならないと思いましたが、その感情は抑圧されてきました。今セッションで起きたことで、同じように恥ずかしく情けなくなり、抑圧されていた体験が想起され感情が放出されカタルシスになったのです。「深く抑圧された外傷は、アート制作や他者との相互交流のプロセスを通して象徴的に再演された」（Waller, D. 1993）のであり、カタルシス以後メグは、グループ活動に真に参加できるようになりました。

象徴の超越機能

ユングの言う「象徴の超越機能」について、認知症を伴ううつ病女性についての報告（山上二〇〇四）があります。かつては活発で美しかった七〇歳代の女性メリーは、加齢と認知症により心身機能が衰え、うつ状態に陥りました。自己イメージの揺らぎによりアイデンティティの危機にあったメリーは、アートセラピーのなかで、数々の「手」を作りました。手形を切り抜き、色をつけ、輝くスパンコールをふりかけて「手」を作っていったのです、手そのものに象徴的な意味がありますが、このことが、「創造することによって何らかの意味で古い価値を内的に超越」(Henderson, J. 1964) する役割を果たしました。メリーは新しい世界への超越を手の反復創造によって孤立した個から他者と手をつなぐ仲間として、不確かな自己からそのことを許容できる自己へと、試み続けたのです。

また、私のトレーニング・グループでも、象徴の超越機能は生じました。私はその日、鳥を描きたくなりました。絵筆を持ち用紙に向かったとき、頭の格好や嘴はどうかしらと、記憶力や思考機能を働かせながら描き始めたところ、丸く大きな背中のカーヴに続き、いつのまにか卵を温めたくなりました。ここにすでに、鳥の絵に対する私の転移が始まっているのですが、ユングの四つの心理機能の点から見ると、機能の超越が始まっていたのです。つまり、認知に基づく記憶痕跡を手がかりに、思考を主機能として描き始めた鳥でしたが、母の懐に抱かれたい、また母として、成長しようとしている自分自身を、いとおしく抱きしめたいという、いろいろ

コラム

「象徴の超越機能」

象徴は記号と異なり１つだけの意味を表すものではありません。しかし同時に、集約的な何か、例えば「愛の象徴」「平和の象徴」というように、何かを表すものでもあります。アート制作といういわば象徴作りのような行為をしていると、意識・無意識を超えて、また思考や感情などの心理機能を越えて、心がダイナミックに動き始めます。そしてその時、制作者はある次元から別の次元へと超越し、悩んでいる態度からそれを受けいれ乗り越えた態度へと、心の変容が遂げられていくのです。

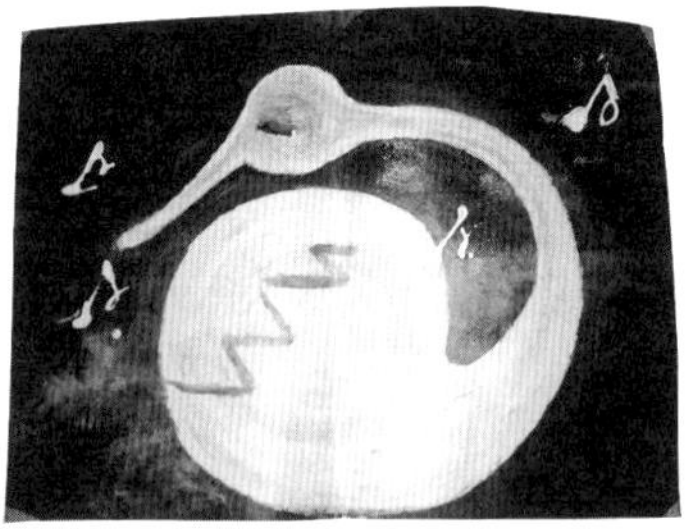

図4－1　超越機能を発揮した「鳥」

な感情が押し寄せてきたのです。そして黄色や橙色の選択は、これらの色が母なる暖かさを表現しうるという、可能性を信じる直観の機能が関与しています。さらに、筆を通して紙の硬さや軟らかさ、すべり具合を感じる触覚、描かれていくものを見て自らに取り入れ、さらに新しく付け加えるという視覚と運動の協応など、感覚機能ももちろんなくてはならないものです。

このように、鳥の絵を描いたときの心のプロセスを、言葉で順序立てて説明しましたが、実際はこれらは同時に、あるいは入れ替わり立ち替わり無意識的になされる行為です。そしてこれを描いたとき、母へのコンプレックスの強い自分の在り方を再認識し、それを少し超えたような気がしました。しかも、この鳥（図4－1）は私一人に留まらず、グループの他のメンバーにも影響を与えました。その人はセッションのあった夜、私の「鳥」の夢を見たそうです。そして、次の回には母鳥と幼鳥を描き、数カ月前に母親を亡くしたこと、喪の作業ができたような気持ちになっていることを涙して話しました。このように私の描いた鳥は、象徴としての超越機能を発揮し、私やメンバーの持つ母親をめぐっての葛藤的問題を乗り超えるきっかけとなったのです。

潜在空間

スタジオ・プラクティス（1．体験的トレーニング参照）の初めての日、絵を描いている私に近づいて来たチューターが話しかけてきました。「ここがあなたの潜在空間ね」と。ほかには何の説明もありませんでしたし、一瞬のことでしたので質問もしませんでしたが、その言葉が心に残りました。その後、置いていかれた言葉を反芻しながらアート制作をするなかで、このふわっと包まれた感じが潜在空間なのだと実感することがありました。元来潜在空間とは、ウィニコット（Winnicott, D. 1971）が提唱した乳児と母親についての概念で、「乳児と母親の間、個人の内界と外界の間、空想と現実の間に広がる、潜在的であるが可能性をはらんだ仮説的な体験領域」と広い概念として定義されています。芸術表現については、ワイアーが制作中のアーティストと作品の間に、同様の現象が生じることを述べています。つまり、「個人の創造的潜在的能力は、融合と分離の二領域の間にあり、融合と分離の二領域を行ったり来たり、時には同時に二要素を包含することを、楽しんでやればやるほど、その人はより創造的になれるだろう」（Weir, F. 1987）ということです。アート作品は、はじめは内的イメージとして自己に融合されていますが、それが膨らみ、時が満つると、自己の部分的要素として分離されます。この外在化した作品（子ども）を眺めるとき、アーティスト（親）はその作品（子ども）からまた新たな感情を喚起され、再びそれに手を加える（子どもにかかわる）というプロセスが進行していきます。

フラー（Fuller, P. 1980）は、自分がアート制作をしないで絵を見るときでも、この潜在空間が生じることを示しています。私たちは美術館に行ったとき、心惹かれる絵に出会います。そのとき、絵が語りかけてくるような体験をし、じっと見ているといろいろな感情が立ち上ってきます。単なる美醜を超えて、ときには崇高さや震撼すら体験します。このように想像的で、創造的な空間が潜在空間です。

スケープゴート転移

アートセラピー独自の転移・逆転移であり、ユング派の分析家で、アートセラピストでもあるシャヴリーン（Schaverien, J. 1987, 1999）が明確化している概念で、一般のセラピーにおいて生じる治療者・クライエント間の転移・

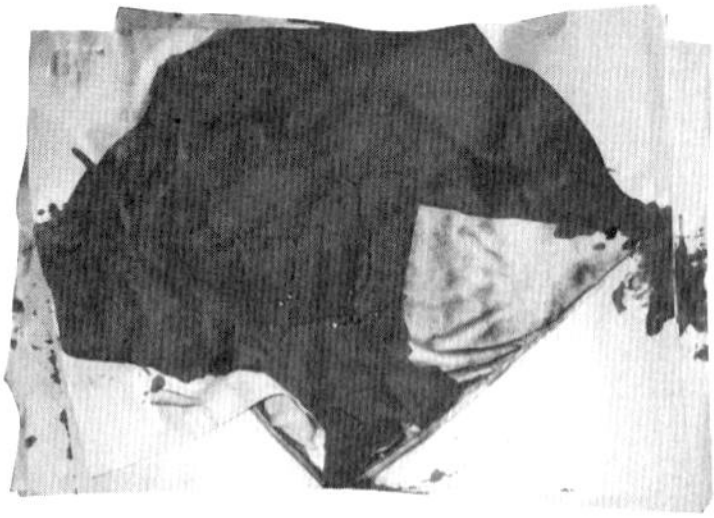

図4－2　スケープゴート転移としてのぐちゃぐちゃアート

逆転移のなかに、さらにアートに対して、クライエント、治療者それぞれから転移と逆転移が投げかけられるというものです。アートはその作り手の受け容れがたい、あるいは拒否したい側面を具現化することで引き受けます。許容できない陰性感情も理想化転移もすべてひっくるめてアートに外在化されるため、作り手本人、あるいはそれを眺める治療者自身は直接には傷つかなくてすみます。

イギリス実習事例のジョンが展開させたぐちゃぐちゃアートの数々には、時に「戦争」や「池」などと命名されたものもありましたが、多くはただ絵の具を搾り出して混ぜただけとか、紙を引き裂いただけの表現でした。彼はそれらに、両親や教師や友人への怒りを転移し、私は目の前に投げ出された無残な有様を見て、理解されない者の哀しみを感じ取り、いとおしさ（彼自身に対してだけでなく、ぐちゃぐちゃアートに対しても）を向ける逆転移を起こしました（図4－2）。ジョンは私を攻撃するのでなく、アートにわけのわからない怒りの感情を乗せスケープゴートとしたのです。その繰り返しをすることで、少しずつ彼は解放されていきました。

最近ますます問題になっているPTSD（心的外傷後ストレス障害）の方たちへのアートセラピーも、このスケープゴート転移の効果を期待して行われていると言えるでしょう。言い換えれば、心に納めることのできないほど強烈な心的外傷体験は、形にならないぐちゃぐちゃ絵で表されることが多いのです。阪神・淡路大震災で被災した子どもたちの多くがぐちゃぐちゃ絵で自らの心の傷を語ったことを森（一九九六）は見ています。また、被災により精神的変調をきたした精神科患者の

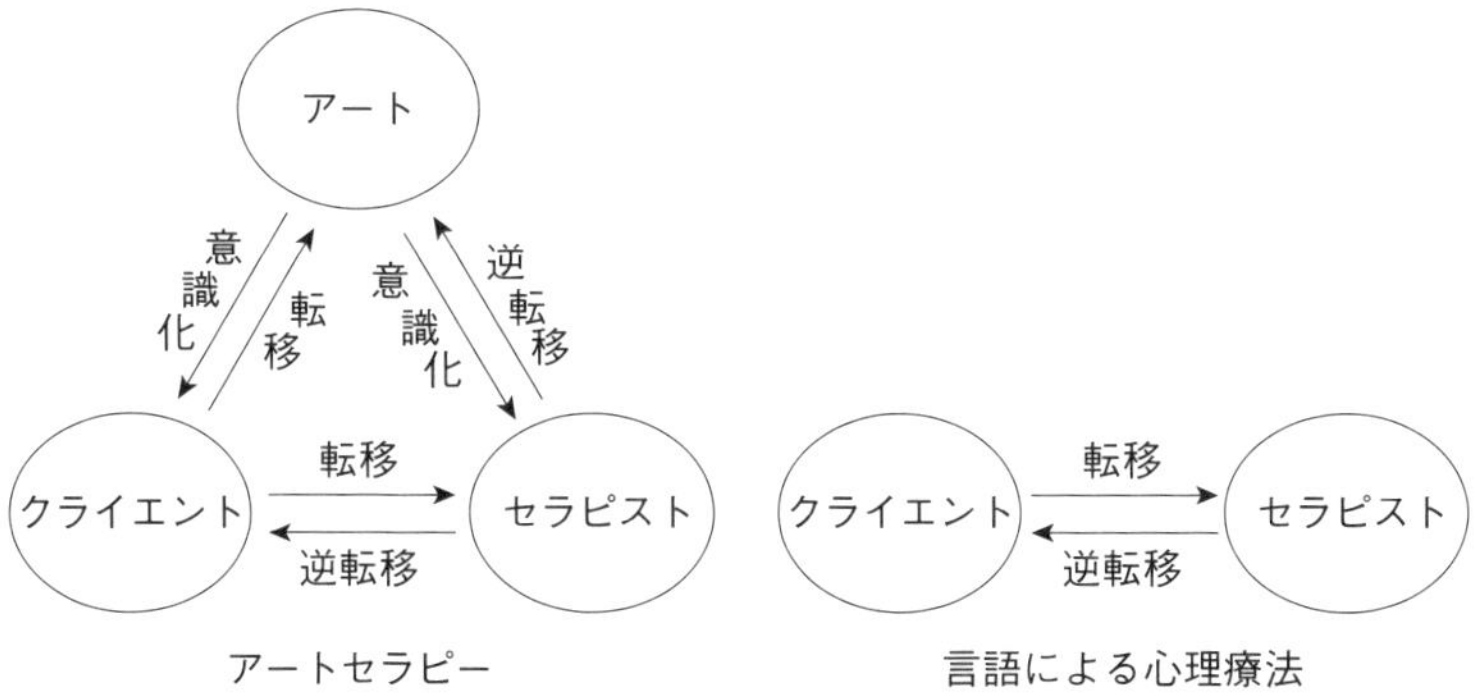

図4−3　トライアングル関係

風景構成法には、シンボルの破壊とも言えるような混乱がありました（山上・西田 一九九八）。言葉にならないほどの複雑な情緒や感情は、形にならない非構成的なアートにスケープゴート転移し、いつしか自分の体験として受け容れることができるようになるのです。

トライアングル関係

アートセラピーの基本構造を表す言葉です。つまり言語を媒体とする一般の心理療法では、クライエントと治療者の二者が治療構造を作りますが、アートセラピーではそれにアートが加わります（図4−3）。アート、つまり外在化したイメージですが、そのイメージの役割を「媒介者」として位置付け、精神分析的立場で考察したのがケイスです。ケイスは、「内的世界と外的世界を架ける橋」としてのイメージが、「クライエントの意識と無意識をつなぎ、その人の過去、現在、未来の全側面を抱え（hold）、象徴化する（symbolize）媒介者の役割」（Case, C. 1990）を担っていることを示唆しています。このように、まずイメージは個人内的な媒体者となり、つぎにセラピストに差し出されたとき、セラピスト・クライエント関係での媒体者となります。

しかし、ここでは、イメージを作る（あるいは眺める）人間が主人公であり、その行為が症状の軽快につながるという、いわゆるアート心理療法という立場でしょう。これに対して、シャブリーンは、イメージそのものの力を強調しています。イメージは時にはセラピストを誘惑することすらあります。「もし（クライエントの描いた）絵がセラピストを誘惑する力もないのならば、その治療は何の効き目もないようなものだ」(Schaverien, J. 1990) とすら言っています。イメージの集約性、多義性、自律性が、セラピストを、またクライエントを直接動かし、クライエントの意識的、無意識的意図を離れて機能する大きな実体となります。ここにトライアングル関係と言われる理由があります。

投影性同一視

投影性同一視はクラインの取り上げた概念で、「妄想分裂ポジションにおける排出的幻想とそれにともなう防衛機制、心的操作」ですが、一致した定義は得られていません。したがって、ここでは私がイギリス・アートセラピーで体験した投影性同一視に限って述べます。

イギリスのある成人精神科急性期病棟でのことです。スーパーバイザーと私は、毎週一回開かれるグループ・アートセラピーにいました。入退院が頻繁でメンバーの入れ替わりがあるため半クローズド・グループです。その日は数人の患者が参加しており、そのなかの若い男性がおしゃべりしていました。統合失調症を十代に発症し、仕事に就いても長続きせず、このときは職場で被害念慮に基づくトラブルを起こしての入院でした。両親は匙を投げた状態で、病状が落ち着いても引き受ける意志はないとのことでした。ケースワーカーと何度も面談していますが、退院後の身の振り方が決定されない不安定な状態です。それにもかかわらず、セッションでは、彼はあっけらかんとしてアート制作したり、好きな音楽の話をしていました。そうしているうちに、セラピストであるスーパーバイザーに、以前担当していたアートセラピストの噂話を始めました。何かのスキャンダルで辞めたということを面白おかしく話します。スーパーバイザーは真偽のわからない噂話を制止しました。その後は特別なことはなくセッションは終わりました。けれど、スーパーバイザーは帰り道に、何かむかむか、いらいらすると、怒っている自分に気がつきました。これこそ投影性同一視なのです。つまり、この男性が排除した内なる不安や怒りの感情が、スーパーバイザーに投げ出され、当時個人的な悩みを抱えていたスーパーバイザーの無意識を刺激し、彼の排除した感情通りの態度をしてしまったのでした。

私自身も、高齢者精神科急性期病棟でのグループ・アートセラピーのファシリテーターをしているとき、ひとりの女性の発言や態度に逆転移を起こし、投影性同一視的行動化をしてしまいました。その女性は、入院しても一向にうつ気分がよくならず、「もう家に帰れないかもしれない」とつぶやいたのです。当時、異国でひとりいた私は、無意識を彼女の言葉に揺さぶられ、日のとっぷり暮れた夕方、イギリスの田舎道で迷ってしまいました。グループ・スーパービジョンでこのエピソードを話すと、チューターはひとつの助言をしてくれました。それは、「何か自分でも腑に落ちない感情を持ったり、わけのわからない行動や失敗をしたときには、最近のセラピーを再考察しなさい。きっと何らかの投影性同一視が起きているでしょう」というものでした。

コンテイナーと境界

適切に施行されたアートセラピーは、ビオン（Bion）のいうコンテイナー（容器：container）の役割を果たします。ここでビオンのいう「コンテイナー」と、ウィニコット（Winnicott）の「抱えること」（holding）の違いを明確にしておきましょう（Symington, J. & Symington, N. 1996）。「コンテイナー（容器）」は内的ですが、抱えることや抱え環境は外的か、あるいは内的と外的のあいだの移行段階」です。「コンテイナー（容器）もコンテインド（内容：contained）も活動であり、この活動は統合的でも破壊的でもあり得ます。しかし、抱える環境（holding environment）は肯定的であり成長促進的」です。このようにコンテイナーはダイナミックな意味で使われています。

またビオンは、コンテイナーとコンテインドに既成のイメージを付加しないために♀と♂の記号を用いて説明しています。つまりこの記号が暗示するように、ひとつのコンテインドが次のステップのコンテインドに移るためには、コンテイナーとコンテインドの交配（mating）が必要だと言っています。そしてアートセラピーのセッションのなかでクライエントが示す象徴的行為や作品のイメージをしっかりとらえ、意味を見出して返していく過程こそ交配であり、その過程を経ることによってクライエントが包容できなかった内容が包容可能なまでに変容し、それがさらにセラピーによって包容され、つぎのコンテインドに進化していくのです。ときには破壊的方向にも行くコンテイナーの活動が、統合的、発展的な方向に向かうためには、クライエントのエネルギーと表現力はもちろんですが、セラピストの「夢想（reverie）」する力が必要です。

このような内的なコンテイナーだけでなく、物理的、外的環境は一般的な意味の「コンテイナー」でもあります。それもしっかり配慮されていなければなりません。アートセラピー専用の部屋があり、そこに毎回クライエントを招き入れるのなら、包容する機能はかなり高いでしょう。しかし、教育臨床では学校を訪れ、与えられた部屋をセラピー・ルームに自分でセット・アップしなければなりません。私の場合、ロンドンのある学校では、小体育館のような広くて何もないスペースを与えられました。担当した七歳の男の子は、「フットボールしよう」「でんぐり返りしよう」と体を動かすことに夢中になり、アート活動になかなか向かえませんでした。また、別の学校では逆の条件でした。つまり、遊具や玩具、ドラマセラピー用の衣装、音楽療法用の楽器などがあるプレイルームで、それらに圧倒されて、セラピスト・クライエントのための安全な場の確保が難しいことを痛感しました。そして適切なスペースが確保できたとしても、次にアート材料が環境としての役割を問われます。目の前にあまりに多くの材料があると、子どもや高齢者は圧倒されて選択できず、萎縮すらしてしまうこともあります。また、少なすぎると表現の幅が狭くなることもあります。クライエントに適した量的、質的材料を選ぶことが大切ですが、あまり神経質にならなくても良いようです。ほどほどの材料があれば、そのなかから工夫して自己表現していくだけの力がクライエントにはあります。

境界の問題については、セラピーに遅れて来たり、終了の時刻なのに終われなかったりという時間の問題として、あるいは部屋を飛び出したり部屋をぐちゃぐちゃにしたりという空間の問題として出てきます。また、絵の具を撒き散らしたり、用紙を破ったり粗末な扱いをするなど、材料の扱い方に出てくることもあります。他のクライエントも使う材料や空間への境界侵害は、攻撃性の問題として捉えられる側面もありますが、ワラー（Waller, D. 1993）やサガー（Sagar, C. 1990）を初めとする多くのセラピストは、虐待の問題と関係することを指摘しています。つまり、虐待、とりわけ性的虐待を受けた人は、自分の意志とは無関係に他者の侵入を受けることになります。自己の身体という境界を侵害される体験が繰り返されるうちに、境界の意味がわからなくなってくるのです。この境界の障害は、アート作品上での境界不鮮明として表されることもありますが、セッションでのぐちゃぐちゃ行動として象徴的に出てくることもあるのです。

また、ＡＤ／ＨＤを初めとする衝動性の強い子どもたちのグループ・アートセラピーを行っているマーフィーら（Murphy, J., Paisley, D. & Pardoe, L. 2004）は、境界を維持することの大切さと難しさを強調しています。このように、さまざまな要因で境界の問題は生じてきます。

多義性（あいまいさ）とメタファー

アートセラピーの訓練を受けるなかで、よく耳にしたキーワードのひとつに、「あいまいさに耐える（tolerate the ambiguity）」ということばがあります。アート作品にすぐ意味付けをしてはいけないことを注意されましたし、ケイスとダリーも「アートセラピストは、描画を文字通りの発言として自動的に用いることはしない」（Case, C. &

Dalley, T. 1992）と述べています。作品にも制作過程にもいろいろな意味があり、ああかな、こうかしらと思うだけで、黙って抱えておくというのは、日本人の私にはそれほど難しいことではありませんでした。ところが、個としての境界と自分の考えをはっきり持った西洋人にとっては、どうも難しいらしいのです。

キャンパスでのトレーニング・グループは通常、八～一〇人位のフルタイム学生だけで行われますが、ときどきパートタイム学生も加わって、二〇数人の大グループになることがあります。多人数での一斉ワークは、ときにテリトリーの問題を起こします。ある日も、イメージ・メイキングをした後、いつものように言葉によるシェアリングをしました。そのなかで、ひとりの女性が「私の描いているところに、誰かが入ってきて余計なものを付け足した。侵入され攻撃された。私は怒っている」と発言しました。その後、「侵入」に焦点が合わされ、議論が進むかのようでした。しかし私は少し疑問を感じていました。つまり、描き足した人は、かかわりたいという接触欲求で近づいたかもしれないのです。あるいは何か他の無意識的・意識的理由があったのかもしれません。そう思っていたところ、チューターはアートセラピーで生じるひとつの事象に、ひとつの意味付けをする危険性を話しました。そして、自分の描いたものが他者により変えられたことを攻撃とみなし、怒りの感情を持ったことに意味を探すべきであることを加えました。イメージの創造過程や作られたイメージ作品には多義的な意味があり、その多義性を抱え持つことがアートセラピストの役割なのです。

しかし、矛盾するようですが、同時に、多義性のなかからメタファーをみつけることの大切さも言われています。ヘンゼルは、「多義性は必要なものだが十分な考察にならないこともある」と述べ、メタファーの重要性を強調しています。つまり、メタファーで示すということは、「熟知されたものとされていないものが近い関係を築き、熟知されているものの光によって、熟知されていないものが明らかにされる」（Henzell, J. 1984）のです。以前、こういうことがありました。小学校一年生の花子が、学校での落ち着きのなさを主訴に来院しました。授業中も上の空、休み時間も友達と遊びを楽しめません。付き添ってきた母親も理由がわかりません。私はとりあえず花子を箱庭に誘いました。けれど花子は、「砂って外にあるものでしょう。なんで中にあるの？」と戸惑って遊べません。自由画は描いてくれました。「たんぽぽはひまわりの子、お日さまのまご」という解説の言葉を添えた太陽と花の絵でした。太陽・ひまわり・たんぽぽの系列は、祖母・母・花子のメタファーだとその絵を見せてくれた瞬間思いました。自分の立ち位置が不安定で落ち着かないのではないかと想像しました。後のセッションで、外出から帰ると砂を払って入ることをしつける厳しい母親と、いつでもお菓子をくれる甘い祖母の闘いのなかで、困っている花子の姿が明らかになっていきました。このように、花子にとって祖母・母・自分の三者の心理的関係は熟知されたものではありませんが、太陽・ひまわり・たんぽぽの三者関係を宣言することにより、「私」を主張したのです。

以上、実際のイギリス・アートセラピーで用いられている理論のいくつかを述べました。アートセラピーは、アートそのものに制作者を賦活させる力があるため、理論を知らなくてもある程度の効果は期待できます。しかし、一方アートはその力ゆえに制作者を疲弊させ破壊的に働くこともあり得るのです。このようなリスクを避けるためにも、また適切なクライエント－セラピスト関係を保つためにも理論を知ることは必要です。今、セラピー過程で何が生じているのかを認識するのに理論が役に立つのです。

【第3章】

イギリス・アートセラピーの実際

1 アートセラピーの受理から終結まで

イギリスでのアートセラピーは、照会システム（referral system）のなかで実施されることがほとんどです。多くのアートセラピーは次のような流れのもとに進められますが、セラピーを行う場所やクライエントの状態に合わせて、臨機応変にセラピーの枠組みを作っていくことが求められます。

クライエントの照会

クライエントは、医師（とくに精神科医）、看護師、臨床心理士、教育心理士、学校の教師、ソーシャルワーカーなど、クライエントのケアに中心的にかかわるスタッフからアートセラピストのもとに紹介されます。医療、教育、福祉、矯正など、臨床の領域によって、照会者はいろいろですが、ここでは、医療と教育の分野での照会の実際を示します。

私の実習先は、ＮＨＳ（National Health Service）の病院でした。そのアートセラピー部門（Art Therapy Department）は、五名のアートセラピストからなり、二名のドラマセラピストと事務所を共有しながら仕事をしていました。アートセラピーへの照会は、ＮＨＳ内の医師から直接この部署へクライエントの照会状が届くことで始まります。週一回のミーティングで、照会状をもとにクライエントがアートセラピーに向いているか、あるいはカウンセリングや音楽療法など他の治療媒体のほうがいいのかなどが、討議されます。アートセラピーが適切とされ、担当者が決まったところで、照会元へ初回面接の日程が伝えられます。

教育の分野では、多くの場合、担任の教師、校長、特別な支援を必要とする子どもたちの対応をするＳＥＮＣＯ

（Special Educational Needs Coordinator）という教師から、直接開業しているアートセラピストの元へ、あるいは生徒照会ユニット（1）へと、紹介されます。

初回面接・アセスメント

初回面接は、クライエントとセラピストが最初に出会う場であり、また、クライエントが抱えている悩みごとや問題を解決するのに、アートセラピーが適切であるかどうかが評価される場でもあります。

まずセラピストの仕事は、慣れない場に来たクライエントの不安や緊張を解きほぐすことから始まります。話しやすい日常的な会話からスタートするクライエントもいれば、とにかく困っていることを聞いて欲しいという人もいます。それぞれのクライエントに合わせて、安心して話をすることができるように配慮する必要があります。不安や緊張を抱えながらも、面接にやってきたことを支え、この時間はクライエントのためにあることを告げます。

ケイスとダリー（Case, C. & Dalley, T. 1992）は、初回面接では照会の背景と情報を心に留めながら、クライエントの身体・心理両面の生育過程、家族の構成や様子、現在の生活状況を把握し、クライエントが抱えている悩みや問題は何なのかをはっきりさせていく必要があると述べています。

またセラピストは、アートセラピーとはどういうものなのか、セラピーのなかで何が行われるのかということをていねいにクライエントに説明する必要があります。クライエントのアートセラピーへの適性を評価するために、実際にセラピー室の中のアート材料を使ってアート制作に取り組んでもらう場合もあります。

初回面接におけるアセスメント項目は、対象となるクライエントグループによって異なってきますが、大きく分けて、①クライエントの身体的、心理的状態、②言語的・非言語的自己表現のあり方、③対人的コミュニケーションのあり方、④アート材料への関心、かかわりのあり方、⑤身体的、情緒的なリスク、などがあります。このアセスメントにアートセラピー参加に対するクライエントの意志決定が加わってセラピーが始まることになります。

治療契約を結ぶ

初回面接、アセスメントにおいて、アートセラピーがクライエントに適しているとされた場合、ここで治療契約が結ばれます。セラピストはセラピーが行われる場所、週に何回、何曜日の何時から何時まで、どれくらい治療を続けるのか、個別セラピーかグループセラピーか、などについてクライエントと話し合い、契約を結んでいかなくてはなりません。

「セラピーはクライエントとセラピストの間で決められた場所で、決められた時間に始まり、決められた時間に終わる」。これがセラピーの外的な枠であり、この枠の設定と維持の守りのなかで、セラピーは展開していきます。

また、セラピーに治療料金が発生する場合、どのような支払い方法をとるのかを確認します。クライエントがセラピーを休んだときにも治療料金を支払う場合は、はじめに同意が必要です。この方法をとるセラピストも、少なからずいました。セラピストはクライエントが休んだとしても、その時間をクライエントのために使い、クライエントのいないセラピールームで時間を過ごすことになるからです。

これらの細部にわたるセラピーの枠組みにセラピストとクライエント、もしくはその保護者が同意した場合、同意書にサインをもらうことで治療契約が結ばれます。この治療契約で決定された項目は、新たな合意がなされるまで普通は変更されません。

セラピーの開始

治療契約が結ばれた後、セラピストとクライエントは、セラピーを開始します。初回のセッションにおいては、クライエントが治療契約を確認した後、セラピーにおける内容は、「守秘義務」[2]によって守られていること、またセッション中に守らなければならない基本的なきまり（グラウンド・ルール）、たとえば、セラピストとの身体的接触は避ける、グループセラピーであれば、他人の作品を批判しないこと、道具の後片付けをすることなどをクライエントと決めていきます。「子どもとのセラピーの場合、このような基本的なルールを紙に書き記し、毎回のセッションの始めに確認することが安全なセラピー環境を作っていくのに役立ちます」（Safran, D. S. 2002）。また、アート材料は自由に使用することができること、セラピーでクライエントが制作したアート作品がどこにどのように保管されるのかも、セラピストとクライエントの間で確認されます。

以上のようなセラピーにおける枠を設定することは、クライエントにとっても、セラピストにとっても、安全なセラピー環境をつくり、維持するという意味で非常に大切になります。

セラピーにおける基本的な決まりごとの話し合いの後、アート制作が始まります。方法としては、セラピストがクライエントのニーズに合わせて、毎回テーマや題材を設定する「指示法」と、クライエント自身が毎回テーマや材料を自分自身で決め、制作に取り組む「非指示法」があります。多くのセラピストは、非指示法を選択することが多いようです。しかし、テーマや使う材料をなかなか自分で決められないクライエントや、自発的な活動が少ないクライエントにとっては、テーマや題材が設定されていたほうが、アート制作に取り組みやすいこともあります。またセラピー開始時は「指示法」で、慣れてくると「非指示法」に移る場合もあれば、「非指示法」を主として採用し、時に査定を兼ねてテーマを与えることもあります。このような混合法が、実際の現場では多いように思います。

どのようなアプローチをとるにしても、セラピストは、クライエントがアート制作を通して自己表現するのを見守ります。時には、アートの技術を教えるという場面も出てきますが、極力クライエントの自主性を尊重します。アート素材の使い方などを示すときも、ヒントを与えて気付いてもらいます。いずれにしても、クライエントの力とニーズに合わせ、セラピストが柔軟に機能することが大切です。セラピストは時に言葉かけをしながら、クライエントが創造的なプロセスを通して、自分自身の問題と向き合っていくのをサポートします。

治療経過のアセスメント

セラピーの過程においては、定期的に現場スタッフとのケースカンファレンスが行われ、それまでの治療経過が話し合われます。アートセラピーがクライエントにとって実際に有効であるのか、課題達成度はどうか、また、治療期間は適切であるのかなどが話題になります。修正が必要な場合は、新しい契約がセラピストとクライエントの間で結ばれます。

セラピーの終結

セラピーの終結は、さまざまな形でやってきます。治療期間の満了、治療における課題の達成、転勤や引越しなどのセラピストやクライエントの個人的な事情など、いろいろな理由で終わりになります。セラピーの終結は、クライエントにとっても、セラピストにとっても非常に重要なプロセスとなるため、細心の注意を払って、終結を迎える覚悟が必要となります。

クライエントは終結に対してさまざまな反応を示します。軽度の自閉症であったサム（七歳）は、それまでアートセラピーで生き生きと自分を表現し、ネガティブな感情をセラピストに向けることはありませんでした。いよいよ終結の時期を迎え、セラピストである私は毎回のセッションで、カレンダーを使って注意深く終結を、サムと確認します。それでも、サムは終結を受け容れることができませんでした。セラピストに対して、「うそつきだ！」「セラピーはずっとあるって言ったじゃないか！」と大粒の涙を流しながら、セラピストに怒りをぶつけてきます。結局、サムは終了時間まで変わらず、セラピストに苦い感情を残して、セラピー室を去りました。

また、認知症病棟でアートセラピーに取り組んでいたマーヤは、最後のセッションの終了時間一〇分前に、突然席を立ち、「では、皆さん、ありがとう。私は行かなくちゃいけないの。ごきげんよう」と言って部屋を出て行きました。認知症のクライエントとのセラピーでは、セラピー室や廊下を行ったりきたりと徘徊するクライエントが多いため、セラピストはマーヤの退室をめずらしいことだと捉えることなく、最後のセッションを終えました。ところが、一カ月後にマーヤの死去を知ります。最後のセッションで、マーヤが伝えたかったことの意味を、深く考えさせられることになりました。

セラピーでは、いつセラピーが終結するのかをクライエントにできる限り予告し、終結に近づく過程を、確認しながらともに終結に向き合うことが大切です。

最後のセッションでは、セラピストは置き去りにされる気持ちになったり、クライエントとの関係を失ってしまうことに、深い悲しみを覚えたりします。とくに、クライエントが子どもの場合は、セラピストの逆転移も強く起こります。自分のなかにどんな感情が生じているかに気付くことが求められます。また、クライエントはそれまで大切に保管されたアート作品を持ち帰るかどうかを選択します。自分が気に入った作品のみ持ち帰るクライエントや、すべて持ち帰るクライエントなどさまざまですが、ＢＡＡＴの規定では、残った作品は三年間はセラピストのもとに大切に保管されます。

注

（1）生徒照会ユニット▼第2章3の注1（一五三頁）参照。

（2）守秘義務（confidentiality）▼治療関係においてクライエントが安心して治療を受けられるようなセラピー環境を維持するために、セラピストがセラピーの中で起こったことを他人に口外しない義務のこと。しかし、治療が精神科医や医師、ソーシャルワーカーなどとのチームで進められている場合、アートセラピストは安全な治療を保てる程度にクライエントの情報をチームのケースカンファレンスなどで伝えることが必要である。また、クライエントが子どもの場合、虐待の徴候がみられたり、生活状態が危ういと判断される場合、セラピストは他のケアスタッフに子どもの状態を伝える義務がある。

2　アートセラピーセッションの流れと空間・材料（図2-1）

前項ではアートセラピーの受理から終結までを概説しましたが、ここでは一回一回のセッションが具体的にどう進められていくのかを述べます。セッションを構成する人（個人・グループによって、またセラピストがどのようなアプローチをとるか（指示的か非指示的か）などによって少し異なることもありますが、典型的には図2-2のようなアートセラピーセッションの流れを持つことになります。

図2-1　アートセラピーの空間と材料：ロンドンの小学校の一例

アートセラピーセッションの流れ

グループセラピーの場合は、導入部に自己紹介を行います。アート制作の前に身体を動かすウォームアップや、リラクゼーションが取り入れられる場合もあります。

一セッションの時間は、個別セラピーの多くの場合五〇分間、また、グループセラピーの場合は、五〇～九〇分間までとクライエントの状態やグループ構成によって決められます。

なおセラピー室内でのセッションの流れは図2-2の通りですが、「セラピー開始」以前に材料や空間の準備が必要ですし、クライエントによっては教室や病棟まで出迎えに行くこともあります。すでにその時からセッションは始まっています。また終わりのあいさつをしてクライエントが退室してもセラピストには「記録」と

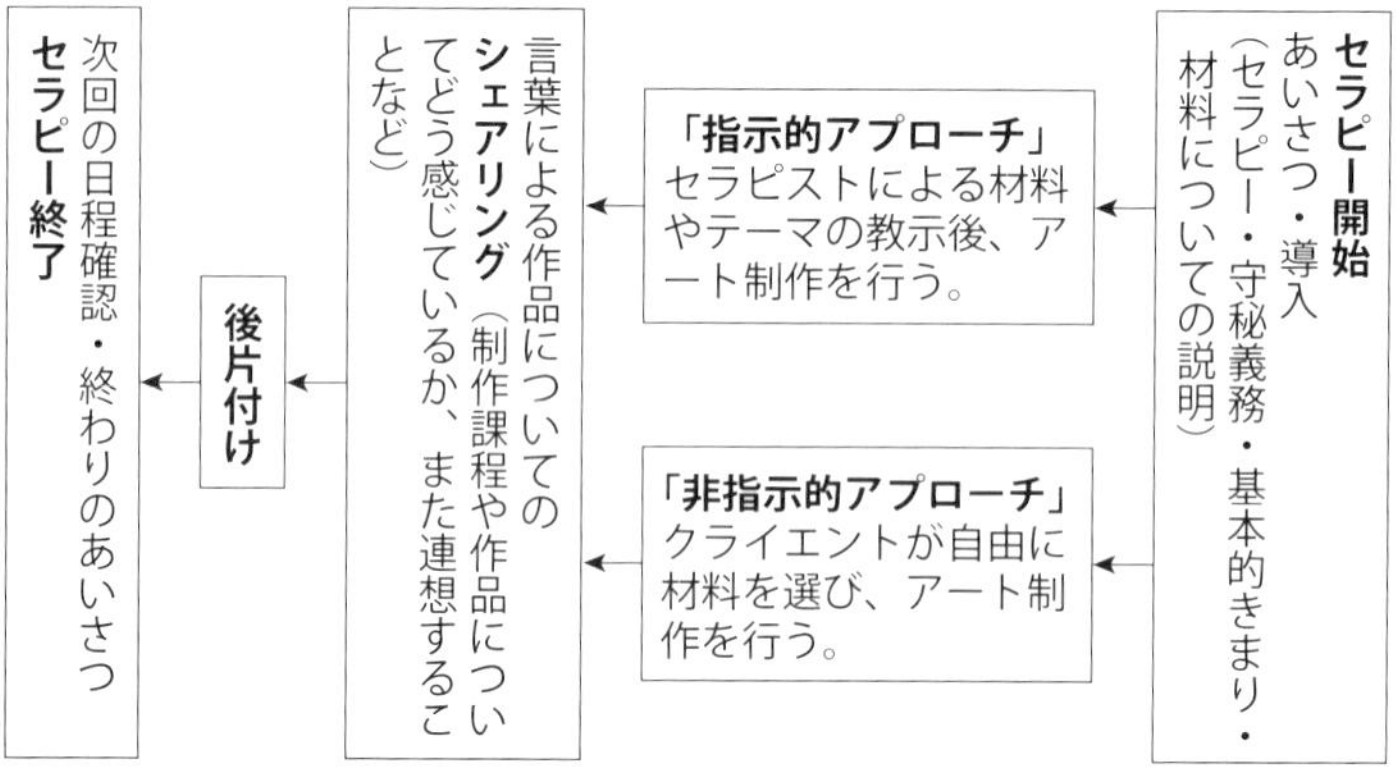
セラピー開始
あいさつ・導入
（セラピー・守秘義務・基本的きまり・材料についての説明）
「指示的アプローチ」
セラピストによる材料やテーマの教示後、アート制作を行う。
「非指示的アプローチ」
クライエントが自由に材料を選び、アート制作を行う。
言葉による作品についてのシェアリング（制作課程や作品についてどう感じているか、また連想することなど）
後片付け
次回の日程確認・終わりのあいさつ
セラピー終了

図２−２　アートセラピーセッションの流れ

いう仕事が残っています。セッション中に簡単なメモをとることもありますが、あくまで補助的なものです。セラピストはひとりになりもう一度セッションを思い返します。クライエントのつぶやきやセラピストとのことばでのやりとり、表情や態度・行動などを順を追って記録していきます。とりわけアートセラピーでは材料を選ぶ時の迷っている様子や、一度使おうとして結局作品にとり上げられなかった材料はとても意味深いものです。記録し終えるまでが一回のセッションということになります。

アートセラピーの空間

アートセラピーに使用される部屋は、セラピーが行われるそれぞれの環境（病院、学校、デイセンターなど）によって異なりますが、たいていの場合、アートの材料が置かれている棚、または作品を保管する棚やテーブル、いすがいくつか置かれ、パレットや手を洗ったり、水を汲む場所として流し台があるのが基本です。テーブルやいすは、クライエントの選択肢を広げるためさまざまなタイプのものが置かれていることが望ましく、また、絵の具や粘土を使った作業に適するように、床は掃除のしやすい質のものがよいと考えられます。

セラピー空間は、セラピストにとっても、クライエントにとっても安心できる場所となるように、外部の人間がセラピー中に出入りしないように、ドアには、「アートセラピー進行中です」などの貼り紙をしておきます。一方で、攻撃性のあるクライエントとセラピーを実施するセラピストは、自分自身の安全を守るため、セラピー室に外部と連絡をとれる電話や非常ベルを設置することを考慮しなければなりません。

クライエントのアート作品を、セラピー室に飾るかどうかについては、セラピストのアプローチの違いで、賛否両論がありますが、他のクライエントへの影響を十分考慮すべきだと考えられています。

アート材料

アートセラピーにおけるおもな材料には、以下のようなものがあります。これらは、セラピーが行われる場所や、セラピスト自身のアプローチの仕方、クライエントのニーズ、予算によって変わってきますが、セラピストはできるだけ質のいい（高価なという意味でなく適切なという意味の）材料をクライエントに提供することが望ましいとされています。提供されるアート材料の質によって、クライエントの作品、またその制作過程の質が左右されてくることもあるからです。また、クライエントが身体的な障害を抱えている場合は、クライエントが最大限にアート制作にかかわることができるように、障害にあった道具・材料を用意する必要があります。

鉛筆、色鉛筆、消しゴム、マーカー、クレヨン、パステル、木炭、水彩絵の具、油絵の具、ポスターカラー、フィンガーペイント用の絵の具、筆、パレット、水入れ、のり、はさみ、定規、テープ、画用紙、色画用紙、さまざまな種類の紙、粘土、粘土用具、画板、コラージュ用の雑誌や新聞紙、ドライフラワー、毛糸、ボタン、小石、空き箱、作品を保管するためのファイルなど

以上が基本的なアートセラピーの外的構造です。

3　さまざまな指示的方法

イギリス・アートセラピーの基本的な訓練は、第2章の「トレーニング・グループ」の項（一三三頁）で示したような非指示的なアプローチでした。しかし、ワークショップでは、指示的方法も学びました。つまり、何をするか、テーマをこちらから提示するのです。アートセラピー導入時の緊張しているクライエントや遊びなら喜んでする子どもたち、受動的傾向のある高齢者には、そのときに応じてテーマを出したり、ゲーム感覚で遊んだりすることはとても有効です。この指示的アプローチについては、グループへの適用（Liebmann, M. 1986）、粘土を用いた楽しい自己表現（Henley, D. 2002）、呼吸法を含む身体感覚と音楽も取り入れた子どもへのアプローチ（Plummer, D. 1999）、などがあります。ここでは、指示的方法の一部を紹介します。

ひとりで行う制作

■汚いからきれいに（Ugly to beautiful）

【アート材料】

画用紙（八つ切り、あるいはB４ケント紙）、コンテ（黒色）、ティッシュ、消しゴムなど

【方法】

用紙とコンテを渡し、「これ（用紙）をできるだけ汚くしてください」と教示する。時間の制限はないが、一五分位経ったとき、「十分汚くなりましたか？」と尋ねる。それまでにもう終ったような様子を見せれば、同じく「十分汚くなりましたか？」と確かめる。そして、「では、今度はこれをできるだけきれいにしてく

ださい」と促す。でき上がった後、どう感じたかを尋ね、話し合う。

【ポイント】

アートセラピーや芸術療法というと、美的なもの、芸術的なものを作らなければならないという、思い込みや心配があるかもしれません。その先入観を覆す意味を持っています。大学生に施行すると、その多くが、「汚くするのは簡単だけど、きれいにするのは難しい」という感想を持ち、主婦の多くが、全くその逆でした。つまり、主婦にとっては、きれいにすることが仕事であり、なじんだ行為ですが、汚くすることにはとても抵抗があるようでした。アートセラピーは、深層心理がいっぱい出てくるように思っている人がなかにはあるかもしれませんが、ここでは、学生や主婦という社会的役割（ペルソナ）が、ずいぶんアートワークに影響することがわかります。集合的意識は、このように自由な場であるはずのアートセラピーでも、強い力を発揮してしまうことがあるのです。

■私をたとえてみれば（Metaphorical portraits）

【アート材料】

画用紙（八つ切り、あるいはB４ケント紙）、クレヨン、パステルなど

【方法】

自分を何かにたとえた絵を描きます。何にたとえても良いのです。動物、花、木、建物、家、食べ物、抽象語、色、形……。「私はこれみたい」というものを絵にします。描いた後、話し合います。

【ポイント】

自分の特徴や本質を探究する良いチャンスです。また、描画の持つメタファーとしての特徴を意図的な状

況で体験することにもなります。子どもの場合、クライエント自身だけでなく、家族についても描いてもらうことがあります。「あなたは動物にたとえると何みたい？」「犬。ワンワンよく泣く」「おとうさんは？」「ライオン！じっとしてるけど怖そう」「おかあさんは？」「チンパンジー。キーキー言ってる」「妹は？」「リス。チョロチョロする」と話しながら描いてくれた少年がいました。家族のなかでのおのおのの在り様がよくわかります。

■曼荼羅作り（Mandala）

【アート材料】

模造紙（約一メートル四方）、絵の具、パステル、クレヨンなど

【方法】

用紙を持って居心地の良い場所を探します。その紙の上に座り、目を瞑ってしばらくリラクゼーションした後、円をひとつ描きます。その円を好きなように絵の具やパステルなどの材料を使って仕上げます。完成後、タイトルをつけて、制作過程で感じたことや仕上がり作品についての感想など言葉でのシェアリングをします。

【ポイント】

ユングが数多くの曼荼羅を描いて、自分自身の困難な時期を乗り越えていったことはつとに知られています。セラピー過程で自発的に出てくる曼荼羅は、もちろん意味深いものですが、このように課題として描いていくなかでも、独特の体験をします。つまり円を埋めていくうちに、湧き上がる気持ちと収める方向が、不思議に調和していくのです（図3―1）。

図3−1　私の曼荼羅

■身体像と身体感覚（Body image & body sense）

【アート材料】

模造紙（約二メートル四方）、マーカー、絵の具、パステル、クレヨンなど

【方法】

用紙の上に横になり、セラピストか他のメンバーに体の輪郭をマーカーで書いてもらいます。そのまましばらく目を瞑って自分の体を感じます。暖かい部分、冷たい部分、痛い部分、心地良い部位などを探します。また深く息をして、肺や心臓、手足、頭と感じていきます。数分後に立ち上がり、好きなようにアート材料を使って身体像を仕上げます。完成後、感想をシェアリングします。

【ポイント】

自分自身の身体感覚を意識化する意味があります。普段気にもとめない体を、意識の中心に据えることで、心と体の一致を図ります。また、アート素材を用いて描いていくなかで、自分の体を客体としても捉え、新しい発見をします。ある人は「いらいらすることが多くって……」と言いながら、針金をぐるぐると頭部に置きました。またある人は「温かい心でいたい」と暖色系の色を数色使って身体像に彩色しました。また今英語を学んでいるという女性は、ニューズウィーク誌の英字記事をたくさん切りとってコラージュしました。このように現実の不快な身体感覚や、理想の自己像など作る人によってさまざま

図３−２　アートでこんにちは：共同風景描画

な表現がみられます。

ふたりで行う制作

■アートでこんにちは（Conversation on the paper）

【アート材料】

画用紙（八つ切り、あるいはＢ４ケント紙）、フェルトペン（二色・青と赤、黒と黄など好きな組み合わせ）

【方法】

一枚の用紙を前にして、心地良い座り方（横並び、向かい合わせ、九〇度等）で座ります。それぞれが自分のペンを決めて、交互に描いていきます。制作中は沈黙のままです。まず、第一の方法は、線だけを用います。ひとりが線を描き、もうひとりがそれに応えて線を加えます。そして結末をふたりで決めて終わりにします（ウィニコットの交互スクィグルをそのまま使用しています）。第二の方法は、形での応答です。三角、三日月、星、いろいろな形が飛び交います。第三の方法は風景（図３−２）を描きます。ワークショップでイギリス人女性と試みたとき、私はまず山を描きたくなりました。あと、太陽が相手によって加えられ、また私は山道を登る人で応えました。そして村や森などが次々加えられて仕上がりました。三つの方法を黙ったまま終えて、シェアリングをしました。風景を作っていくとき、私はご来光（朝陽）を見に行く人のつもりで描きました。しかし、相手は夕日を見て帰るところかと思っていたのです。「イギリスでは日の出を見に行くより、夕日を見ることのほうが多いわ」という説明に、文化の違いを改めて感じました。

【ポイント】

言葉を全く使わないでコミュニケートする難しさと面白さを体験します。三つの方法すべてをひとりのクライエントにする必要はなく、通常は、どれかひとつ適切な方法を選びます。初めてセラピー場面に連れてこられた子どもは、緊張していることが普通です。言葉少なく固まっていることが多いものです。そんなとき、言葉を求められず、線や形で応答する本法は、ゲーム感覚でリラックスさせてくれます。しかも単なるウォーミングアップに留まらないこともあります。二〇二頁のトムのように、「くっつけて」にこだわった交互スクィグルは、分離不安という彼の本質を表すことにもなりました。また、成人や高齢者といっしょに風景を作り上げていく作業は、サールズのいう「治療的共生」(therapeutic symbiosis)(Searles, H. 1979) を実感させるもので、ともに存在しているという安心感が外在化されます。

■対話(Dialogue)

【アート材料】

画用紙(八つ切り)、絵の具、パステル、絵筆

【方法】

「今感じている感情や気がかりになっていることをイメージしながら、黙ったまま画用紙に描いてください」と教示します。描き終ったのを確かめて、役割を交代してはじめに自分の感情や気がかりを描いた人はパートナーが描くのを待って呼応する側に回ります。「ではその絵に、相手は同じく黙ったまま描き足して

ください」と促します。後で、ふたりで話し合います。ここに、三つの方法を挙げておきます。

①ふたりは、それぞれ同時に、自分の今の感情や気がかりを描いて、その絵を交換し、相手の絵に呼応して描く。

②画用紙の左半分に自分の今気がかりになっている問題を描く。交換して、その解決策を相手が右に描く。

③ひとりが、道を描いて画面上で旅をする。旅の途中に危険な障害物を描く。相手はその絵をもらい、解決策を描き足す。

これらはすべてを行う必要はなく、セラピストがどれかひとつの方法を選び、組になっているふたりに教示します。

【ポイント】

まず自分自身の今の感情を探求すること、そして気がかりになっているのは何なのか、自分に問うことから始まります。それを絵にすることの快感と難しさを体験します。そしてその絵をもらったほうは、相手がどういう感情や困りごとを持っているのか、絵から推測します。相手への共感と、間主観性を磨くテクニックでもあります。

グループで行う制作（三人以上）

■自分史交換（Life review exchange）

【アート材料】

描画材料（模造紙、画用紙、絵の具、パステル、筆他）、コラージュ材料（雑誌の写真、のり、はさみ）、

粘土、ウール、色薄紙、ドライフラワー他

【方法】

まずふたり一組になります。五メートルほど間隔を空けてお互いに向かい合って椅子に座ります。五分間、黙って瞑想し、これまでの自分を思い浮かべます。ひとりずつ立ち上がり、今に至るまでの自分史をジェスチャーで示しながら、相手のところまで行きます。ここでこんなことが起こり、こんな気持ちになったということを相手に理解してもらいます。役を交替し、もうひとりも同様にジェスチャーで相手に伝えながら近づいていきます。その後四五分かけて、各自が「今に至るまで」をひとり一枚の模造紙を用いてアート作品に仕上げます。全体のグループに戻り、皆でシェアリングします。

【ポイント】

多数参加のグループでは、いっきに自己開示することをためらう人もいます。そんな時まずふたり一組になってやりとりをすればその抵抗も弱まります。そして防衛の少し緩んだところで多勢の他の人にも自分史を共有してもらうのです。

今ここ（アートセラピー・セッション）にいることの意味や、これまでの自分を振り返るという時間、歴史をイメージするものです。高齢者のグループでは、何日も、ときには何カ月もかけて、自分史作りをします。人生最後のワークになることさえあります。そしてシェアリングにおいて、他のメンバーにこれまでの自分を開示することで、また他者のさまざまな生き方を知り、同世代の苦労や喜びを分かち合うことで、自己を肯定し心の安定感を得ます。

図3－3　島作り

■島（世界）作り（Building islands and worlds）（図3－3）

【アート材料】

描画材料（模造紙、画用紙、絵の具、パステル、筆他）、コラージュ材料（雑誌の写真、のり、はさみ）、粘土、ウール、色薄紙、ドライフラワー、空き箱、空き缶、押し葉、押し花、ビーズ他（用意するものはセラピスト次第です）

【方法】

模造紙を数枚貼り合わせて、広い平面を用意します。参加人数に合わせて（四人の場合は模造紙二枚ていどが目安）、広すぎず、狭すぎず、ほどほどの広さが必要です。そして、「ここに皆で島を作りましょう」と、呼びかけます。島以外には、公園、学校、町でもいいでしょう。以下に、リーブマン（Liebmann, M. 1986）によるいくつかの方法を挙げます。

①模造紙の四隅にそれぞれが（この方法に関しては四名一グループが最適ですが、他の方法は六、七人でも可能です）町を作ります。その後、他の人の町に行く道を作って行きます。

②まず家を、皆で作ります。それからその周囲の環境を作っていきます。

③箱の中に町（島、家など）を作ります。

④個人が粘土で木を作り、それを持ち寄って大きな板の上に森を作ります。もし戸外でのセッションなら、木の枝や、葉や石も加えて作ります。

⑤普通の島作りをした後、それぞれがキャラクターを作ってそれになり、好

きな場所に住み着きます。そこにひとつ贈り物を残して旅に出ます。いろいろな体験をしながら新しい場所を探してさまよいます。変化したキャラクターになって、新しい場所に滞在します。隣の人にこれまでの旅の過程を話してそこを立ち去り、元の場所に戻ります。どんな変容を遂げたか、皆で話し合います。

【ポイント】

材料を多種類使ってにぎやかにするのも楽しいですが、粘土だけ、絵の具だけ、コラージュだけと材料を限定するのも、違った面白さがあります。とくに大量の粘土で島作りをしていくと、深い感情を揺さぶられる体験をすることすらあります。粘土を手にしてそっとこねたり丸めたりする時は内なるやさしさを、粘土の塊りをひきちぎったりうちつけたりする時は内なる攻撃性を触発します。クライエントの粘土を通して体験している感情を、セラピストは粘土を扱うクライエントの態度や行動で見ることができます。また、自分が作ったものを他者がどう変えていくかを見るのも興味深いところです。時には失望、時には喜びと、他者の介入があって引き出される感情もあります。

4　イギリスにおける実習事例

アートセラピートレーニングで欠くことのできない訓練のひとつが臨床実習です。私の場合は一年生時は精神科臨床、二年生時は教育臨床でした。毎週決められた二日間は実習先の業務時間に合わせて、朝から夕方まで訓練を受けました。実習開始当初は、その施設の様子を知るためにスタッフミーティングに出席したりスーパーバイザーの進めているグループセラピーに同席したりと受身的、観察的なものでした。しかし一カ月もすると事例を持つことを勧められ、訓練生に適したクライエントがスタッフミーティングを通じて紹介されます。なお、訓練生が即刻事例担当できる背景には、当コース入学応募資格として何らかの対人援助の臨床経験（美術教師、作業療法士など領域は問わない）を一年以上していることが関与していると思われます。実際、訓練生の多くはアートセラピストとしては未熟でも、職業人としての自覚と見識を持った成熟した人たちでした。以下に述べる事例はすべて、スーパービジョンを毎週（時には隔週毎に）受けながら、私自身が担当したものです。

認知症を伴ううつ病女性

メリー（七〇歳代女性）(1)

【現病歴】

過去二回のうつ病歴があり、最初は五〇歳代で閉経後の肥満が、二回目は六〇歳代でパートナーの死がひきがねになっていました。一～二年前より記憶力や判断力の低下など認知症症状が出現。今回は、そういう状況で自身が自動車事故を起こし、その事後処理や経済的な問題のため自宅を手放すことになり、それらが負担になってうつ状

図4－1　デイホスピタルの回想室

図4－2　ハンドツリー

態になりました。現在、病棟管理下の家に住み、地域担当の精神科看護師を通じて服薬治療を受けていますが、対人関係を回避する傾向があるため、デイホスピタル（2）（図4－1）への参加が勧められました。

【生活歴】

長女のメリーは、若くして父親が死去した後、母親を助ける役割をしていました。成人してからは美容師として、また中年以降は飲食店のマネージャーとして、六〇歳代後半まで積極的に働いていました。

【セラピーに至る事情】

デイホスピタルではグループ・アートセラピーに参加していましたが、通所以前のうつ状態がひどい時と同様に睡眠薬の過量服用があり、積極的介入が必要ということで、毎週一回三〇分の個別のアートセラピーが始まりました。なお期間は七カ月で、計十三回のセッションでした。

【セラピー経過】

第1期　潜在空間の構築

私が初めてメリーと会ったとき、デイホスピタルではクリスマスのデコレーションであるハンドツリー（図4－2）を作っていました。メリーをラウンジに迎えに行くと、彼女は少し躊躇しましたが、そばにあったはさみと緑色の紙を大事そうに持って、セラピールームに入っ

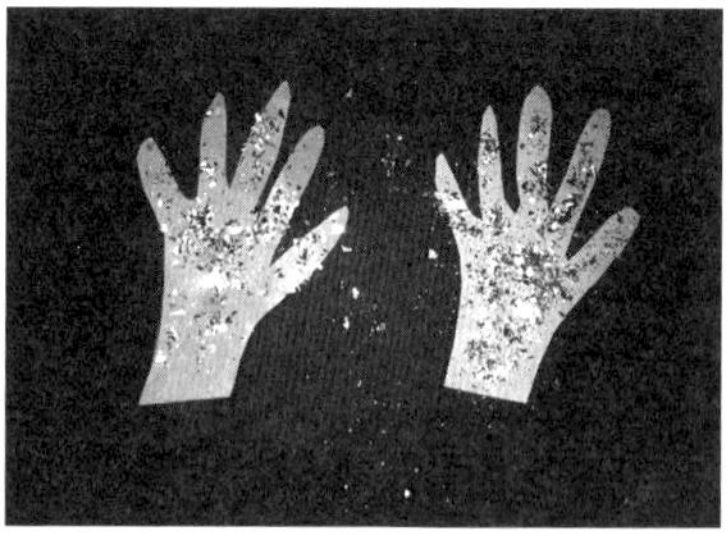

図４－３　メリーと私の手形

て来ました。まずアートセラピーの大枠を説明した後、メリーの個人史についての簡単な問いかけをしました。しかし戸惑いをみせたため、言語的接近は侵襲的と考え、「ここで何をしたいか」をたずねて、メリーの選択を待ちました。彼女は「切りたい」と言って、フェルトペンで自分の左手を型どりし、持って来たはさみで手形を切り取りました。そしてアート材料の入っているトローリーから糊とスパンコールを黙って取り出し、その手形に糊を塗った後ふりかけました。メリーが作るのを見ながら、私もピンクの手を切り取ってぼーっとしていますと、彼女が自分の手形に施したのと同じように、スパンコールをふりかけてくれました（図４－３）。初回のセッションはそのケースの持つ問題が包括的に現れることがありますが、この、メリーが私を助けてくれた行為はこれからの治療関係を暗示していました。つまり、私はセラピストでありながら面倒をみてもらう立場でもあり、メリーはクライエントでありながら時に母親的な役割もする人という、母娘転移・逆転移が初回から稼働し始めていました。

次の回、メリーは六本指の手を作り、認知力の不正確さが露呈しました。しかし、ひとつひとつ部分を確かめていけば修正できる力もあることが感じ取れました。この治療の始まりの時期は、同じ時間に同じ場所で同じセラピストと出会うという、メリーにとって安全に抱えてもらえる体験でした。しかも「手」という自体愛的な表現をそのままセラピストに受け入れてもらえるセラピー空間は、潜在空間（potential space）（Winnicott, D. 1971）となり、これ以後安心して遊び、創造的行為ができる場所となりました。

第２期　混乱の受容と共有

メリーは入室するとすぐ糊を紙に半円状に塗り、スパンコールをふりかけました。そして私の顔を見ながら、「虹」と言います。しかし、紙を揺すると、スパンコールは全部落ちて、虹はなくなってしまいました。希望や、償い、心の架け橋のシンボルである虹ですが、虹を作るのはなかなかのことだと感じました。がっかりした表情のメリーに、「もうひとつ作ってみますか」とたずねると、顔が輝き、今度はていねいに糊を塗ってできあがりました。作った後の感想は、ただ「良いです」で、言語的交流に関しては受動的であり、自ら話そうとはしませんでした。

第五セッション。この日、メリーはそわそわした様子で時間を半分以上残して退室しました。スタッフからの情報によると時間感覚や記憶の混乱が顕著となり、家でも落ち着きなく、好きな編物も五分と続かない状態であったようです。その日の手形はオレンジ色の掌で、より生身の手に近づいています。手の内を見せてもいい、あるいは見せたいというメリーの無意識的志向性が働いたのかもしれません。

第七セッション。その日は白い紙とチャコール、風景画のチラシを家から準備して私を待っていました。記憶力低下の顕著なメリーですが、セラピーが心のなかに定着しているのです。風景画の模写後、「この家は描けなかったのだけど」と、こちらの顔をうかがうように言いました。上手にはできないけどわかって欲しいというような、依存欲求を感じました。しかし、私はうまくそれを扱い、メリーに返すことができませんでした。スーパーバイザーから後でこのことを指摘されたリアクションとしてか、次の回には逆転移に基づく見当違いの解釈的言語化までしてしまいました。これまでのメリーとの言語的交流の乏しさに不安があった私は、その不安に突き動かされるように、メリーに対して以前のオレンジ色の手についてまで言及してしまったのです。もちろんそれにメリーは応じるはずもなく、ただ困惑だけを与えたようでした。

ここで、困惑していたのは実はセラピスト（私）自身だったのかもしれません。そのころの実習の客観的状況はかなり複雑でした。実習の基地病院は良いホールディング環境でしたが、このデイホスピタルの地理的、交通事情的要素はとても安心して通える所ではありませんでした。セッションに遅れることもあり、時には帰り道、とっぷり日も暮れたイングランドの田舎で道に迷ってしまうなど、心細い思いをしたことがありました。そしてそういう状況に置かれたことに対する行き場のない怒りすらあったかもしれません。おそらくメリーもたくさんの喪失体験のなかで、つまり、大切な人や家、そして彼女自身の若さや知性を失っていくなかで、同じように心細さや怒りなど複雑な感情に圧倒されていたのに違いありません。ここでは傷ついている二者、治療者とクライエントの強い感情の共有がありました。こうして混乱を共有しているうちに春となりました。

第3期　「時」の復活

春休みの後、メリーは紙皿で時計を作りました。「時」、すなわち内的秩序を取り戻そうとする情緒的混乱からの転回点と、肯定的に捉えました。しかも「いつもこの時刻には何をしているのですか？」とたずねると「テレビでフットボール」と答えます。日常生活と今ここでのセラピーの場が結びつき、連続性のある自分というものが強化されたように感じました。

メリーの力を感じ始めた私は、はじめてこちらから共同風景描画に誘いました。まず私が横線一本を描くと、メリーはそれを地平線に見立てて、緑の木二本と生垣を描きました。しかし、その生垣の端の奇妙な始末の仕方に、私は思わず家を描かずにいられませんでした。するとメリーはその家にきれいに色をつけ、煙も昇らせ温かいイメージの家となりました。その後もこちらが池やすすべり台などの輪郭を描くと、メリーがそのなかに色をつけたり、道にれんがを敷き詰めたりなどしました。ホールディングするスペースを与えてあげれば、安心して感情を出せるのです。また、私がふたつのブランコを描くと、メリーは黄色の彩色でそれをひとつにしました。彼女自身の融合欲求が出てきたのかもしれません。

第十一セッション。自分の作った手形に対して「右に行け（と言っているみたい）」というジェスチャーを投影します。彼女本来の主導的で積極的な姿勢を投影できるようになったことが印象的でした。共同自由描画(3)では、パッチワーク様に画面を異なった色でつぎつぎとていねいに塗りこめていき、「ジクソーパズル」と「フットボール」を完成させ満足そうでした。それらは彼女の日常生活に不可欠のものであり、しかも「ジクソーパズル」は断片から全体へという統合化の課題であり、セラピーの過程を象徴しているようにも感じました。現実生活でも、他者への配慮を見せ、本来持っている社交性が復活してきていることを感じさせられました。

第4期　痛みの開示と回復

第十二セッション、メリーはいつものように作った手形の上に、両手を置き「関節炎」と言いました。そして足の手術跡を私に見せて、「前は痛かったのだけど、今は大丈夫」と語りました。うつも認知症もすべてひっくるめての痛みとしての「関節炎」であったのかもしれません。自分の痛みも改善も全部あわせもった自己を開示したい、そしてそれを受容してほしいという欲求が出てきたように感じました。共同風景描画(4)も前回のとは異なったものでした。セラピスト（私）はわずかのメリーの反応を誘発するような刺激線を描くだけで、メリーが輪郭を完成させ彩色も自分でしたのです。しかも真っ赤な木と真っ赤な道が描かれ、彼女の強い意志とはっきりした感情表現が見られました。また、池とぬかるみも描き、水と泥という清濁の両要素を内的に定着させたことにも、老いを引き受けて自分を抱えることができるようになった自律性や自己信頼を感じました。

最後のセッションで、メリーははじめて絵の具を選びました。時に流れ出してしまう絵の具はコントロールの難しい素材ですが、絵の具をチューブから画用紙に絞り出して筆で上手に広げ、外にはみだすことなく描きあげました。メリーの心のおさまりを感じました。そして、「虹です。すてきな虹です」ときちんとしたセンテンスで自ら話します。

　このようにメリーのアート作品は変化していきましたが、全作品をずらっと眺めても、彼女自身は変化を認めませんでした。おそらく彼女の変容は情緒的な深いレベルで起きていたのであり、言語的知的機能の弱っているメリーにとって、言語表現するのは難しかったのかもしれません。それにもかかわらず、虹の自由な明るさや華やぎは現実生活においても現れ、デイホスピタルでは他者となごやかに交流し、家では落ち着いた生活を送っています。

まとめ

　たび重なる喪失体験とうつ病を抱えながらも積極的に生きてきたメリーでしたが、認知症症状の出現は彼女を不安と混乱に陥れ、アイデンティティの危機を迎えました。しかしアートセラピーにおける慣れ親しんだ道具や材料を使っての自己表現と、治療者に受け容れられているという安心感のある場は潜在空間としての機能を発揮し、そこでメリーは自由に遊び、創造性を発揮しました。高齢者にとって、道具や材料は抱える環境として大変重要であり、作品とともにプロセスに注目することを、バイヤーズ（Byers, A. 1995）は指摘しています。メリーの場合、手を繰り返し作り続けたことには、現実的、象徴的意味がありました。現実的にはデイホスピタルへの行事参加という社会的協調的行為です。そして手はさまざまな象徴的意味（山上 二〇〇二）を持っています。手（＝自己）を表出することによって、自分を模索し、自己存在を確かめようとしたとも言えます。またセルフコントロールを失う怖さにとりつかれていたメリーにとって、アート素材をコントロールしながらの制作課程は、自己統制できるのだという自信を得る機会にもなりました。そこでは「イメージの超越機能」（Henderson, J. 1964）が大きな治癒力となりましたが、治療関係がより治療過程を促進させたようです。高齢者とのセラピーにはさまざまな転移（Knight, B. 1996）が生じますが、私の異文化性（日本人であったこと）が促進要因のひとつになったのかもしれません。つまり、「依存的になることへの恐怖」（Martindale, B. 1989）が、セラピストの異文化性によって薄められたとも考えられるのです。

さらに、「傷ついた癒し手」(Sedgwick, D. 1994) としての私に、メリーの「癒し手元型」(5) が刺激を受け、セラピストだけでなく、活性化された「内なる癒し手」が彼女自身をも癒す、という分析心理学が示す転移・逆転移が働いたとも考えられます。

アスペルガー症候群を疑われた少年

ジョン　七歳、小学生一年生男子

診察待ちのため医学的診断は未確定。

【問題点】

奇声をあげて廊下を走るなどの問題行動やモノローグ、クラスでの孤立、遊べない、授業形態無視など社会性の乏しさがありますが、一般的知識量や計算などの知的能力は非常に優れているので、学校側はアスペルガー症候群ではないかと考えていました。

【家族】

会社員の父は、いつも自分の論理だけでことを推し進め、教師との意思疎通が難しく、アスペルガー症候群のようです。母親はごく普通に意思疎通のできる人ですが、「困った子」のジョンより、順調な発育をたどっている四歳の弟へ愛情を向けがちです。父親はジョンへの学習指導には熱心ですが、情緒や行動への問題意識はありません。

【セラピー経過】

私が初めて学校に出向いた日、教室での他の児童は先生の周りに集まり話を聞いていました。ジョンはひとり離れて、背を向けて座り、ときどき「キー」という奇声をあげます。しかし、「本が泣いている」とつぶやいたり、先生の話に的を射た反応を返したりと、単なる自閉傾向だけではない複雑さを感じました。アートセラピーの目標

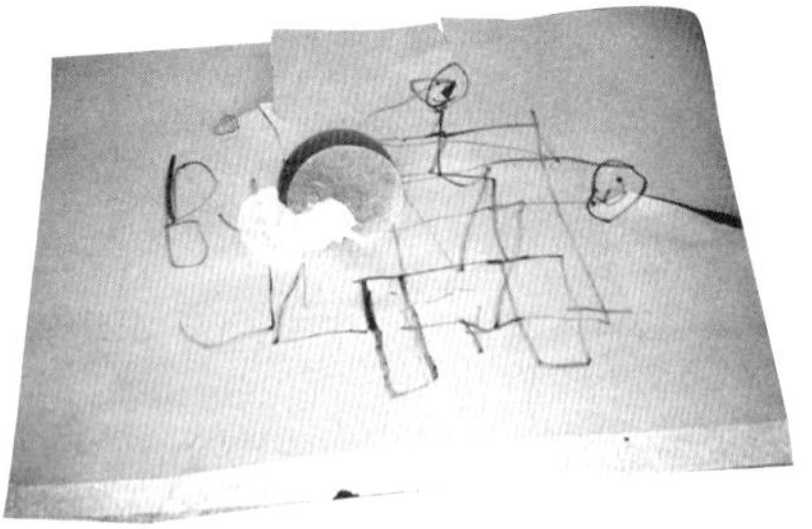

図4−4　「皆の頭をちょん切ってやる！」

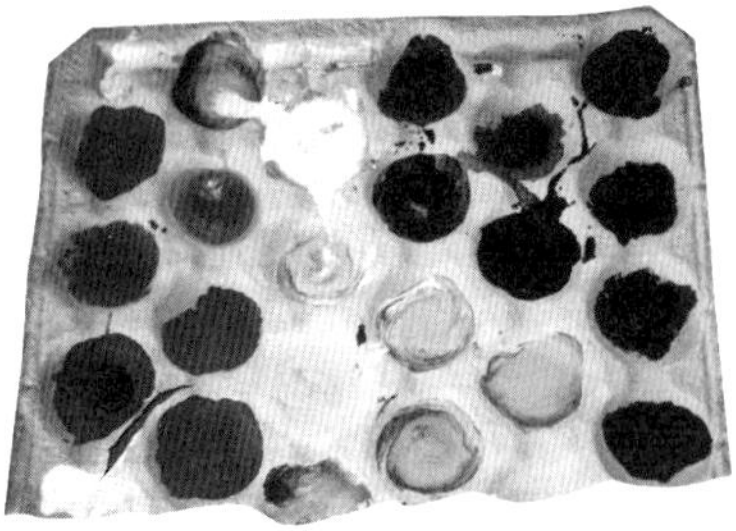

図4−5　戦争

を査定とクラスへの適応に設定し、個人セッションが始まりました。

「ジョンは本が泣くぐらい悲しくて苦しいのかもしれない」というセラピストの了解的理解を察知してかどうか、初回から退行行動がみられました。セラピーにあてられた部屋は多目的ルームでいろいろな物があります。そのなかから乳母車を持ってきて自分が乗り込み、「押して」と言ったり、大きな袋の中に入り、「毛布をかぶせて僕を隠して」と要求します。そしてお母さん（Mummy）とお父さん（Daddy）のスペルを教えてとセラピストにたずねました。たくさんの難しい言葉を読み書きできるジョンのこの言動、つまり父と母がわからないということにはとても考えさせられました。

次の回、ジョンは絵の具を紙に搾り出し「池を作った」と言い、絵の具の上にもう一枚紙をかぶせて転写しました。いろいろな物や思いが沈殿している池に、ふたりで近づこうとする作業になるのではないか、と初めての作品に思いました。そのあと、人を二人描いて、「皆を縛ってしまおう」と言いながら、ぐるぐる線を描き、「頭をちょん切ってやる」とジョンははさみを入れました（図4-4）。気持ちを聞くと、「大嫌い、悪い奴らだ」と、級友にいじめられていることを告げました。担任とこのことについては後で話し合い、子どもたちへの指導がなされました。

怒りを主とする激しい感情や思いがあるジョンの思いを救うコンテイナーが必要である、紙だけではおさまらない、と感じた私は、ジャンクマテリアルと言われる空き箱、空き缶などを用意しました。ジョンはゴルフボール・ケースのくぼみに絵

図4−7　ジョンの手形

図4−6　「家が絵の具でぐちゃぐちゃに」

の具を搾り出し、筆でぐちゃぐちゃにして、「戦争」「さあ軍隊がでるぞ」と言いました（図4−5）。ちょうどイラク戦争が始まった直後で、テレビのニュースを見ていたのかもしれません。現実界も彼のなかも戦争が始まったのだ、でも彼の内なる戦争は何に向けての戦争なのでしょうか。

次のセッションでは「さあばかなものでもつくろうか」と言いながら、画用紙に家を描きました。「ばかなもの？」とこちらが繰り返すと、「いえいえ偉大なものです」とセラピストの顔をうかがいながら笑います。皮肉たっぷりです。これだけのコミュニケーション力があるのだから、アスペルガー障害ではなさそうです。ジョンはその家を切り抜き、屋根、本体、基礎に切り分けて、大きな紙にばらばらに貼り付けました。そのあと絵の具を流し込みました（図4−6）。本当の自分を受け容れてくれない家族への否定的感情を感じます。実際父親とのずれを、「ぼくは水鉄砲なんかしたくないのに、いつもパパはやれって言うんだ」と言語化しました。またイメージを作りながらいつもの奇声を発し、「皆ぼくが叫ぶの嫌いなんだよ」というので「皆が嫌がることをしたいのね」と返すと、「いいんだ」とつぶやきました。ワルの役を自ら引き受けている、おそらく父親の分まで引き受けさせられているのです。この回も絵の具のびんを足で蹴ったり、黒の絵の具を机の上に搾り出そうとしました。荒れている心とともに、セラピストがどこまで許容してくれるか試しているようにも感じましたので、大きな画用紙を指し出し、スペースを制限しました。すると机の上の絵の具を手につけて手形を押しました（図4−7）。悪いことをするジョンがここにいるぞという自己主張のようでした。

その後三週間の春休みが過ぎて、ジョンがとりかかったのはぐちゃぐちゃ作りでした。この日はこれまでの、黒、青、緑と違って、赤を選択しました。拒絶や怒りだけでなく、かなり激しい形での悲しみや傷つきなど情動の噴出です。実際これらを作りながら、弟の名前を出して、「ママはあいつばっかり」とつぶやきます。また部屋においてあるドラマセラピー用の衣装のなかから魔女の扮装をし、私にもマントと帽子をかぶせます。変身したいジョン、その可能性を魔女かもしれないセラピストに託したのでしょうか。あるいはジョンにとっての母元型は不思議な魔術を使う魔女なのでしょうか。そして「また来週ね」と挨拶するセラピストに、「また明日ね」と言い換えます。「明日来て欲しいの」とたずねると「うん」と今までにない笑顔で答えました。貪欲なまでの独占欲求です。

最後のセッションには白い絵の具を搾り出します。浄化する白です。これに薄い紙をつけて転写したものに見入り、「感動的」とまで言っていました。しかし、今日が最後であることを告げると、再びぐちゃぐちゃの世界になってしまいました。セラピーのはじまりから経過中も、たびたび終結時期を伝え続けてきたはずですが、あらためてこれで終わりということへの怒り、失望、見捨てられ感など形にできない思いが湧いてしまったようでした。しかし教室では以前のように孤立するのでなく、授業参加できるようになり、奇異な行動も少なくなりました。

【まとめ】

ぐちゃぐちゃ作りの意味

アスペルガー症候群らしき父親に取り込まれ、父をモデルとして同一化する一方、現実的な対人関係では父親とは異なる感受性を持っているジョンです。そこには内なる齟齬が生まれ、また他者の期待する「乱暴で困り者」のジョンと、「友達と仲良くしたい、母親に甘えたい」というジョンとの外的、行動的ずれもあります。これらは言葉にすることはもちろん、気持ちの分化の難しい思いです。数々の混沌とした作品産出を繰り返しながら問題は核心へと収束しました。つまり、父親と自分は異なる人格であること、弟への羨望や嫉妬、友人への怒り、受け容れてくれない母親への切ない思いなどが少しずつ形をなし、言葉の助けも借りて分化していきました。

なお、ぐちゃぐちゃ作りについては、「コンテイナーと境界」（一六一頁）の項で触れています。そこでも述べているように、ワラー（Waller, D. 1993）やサガー（Sagar, C. 1990）を初めとする多くのセラピストは、ぐちゃぐちゃ作りを虐待との関連で見ています。ジョンの場合、いわゆる虐待を受けてはいません。むしろ、父親は学習指導に熱心でした。しかし父親のジョンへのエネルギー配当は、父親自身の興味関心によるもので、ジョンの気持ちは考慮されていません。また母親も、ジョンに対する愛情を注ぎかねています。このような状況がジョンの混沌とした内的世界を生み出していたのでしょう。ここでアートセラピーがコンテイナーとなり、ジョンの思いを包含しました。ちょうどジョンのセラピーを進めているとき、私の所属する実習先である教育臨床は騒動が持ち上がっていました。その結果として、当然コンテイナーとしての包含力は落ちてきます。このような現実状況も加わり、ジョンの怒りやもどかしさへの共感は高まりました。言い換えれば、ビオンの「夢想」（Symington, J. & Symington, N. 1996）が十分機能し、セラピーを進展させていったのです。

ネグレクトされているダウン症の聾唖少女

ナターシャ　七歳の特殊支援学校生徒

【問題点】

聴力障害とダウン症という二重の困難。発語困難のうえ、手話未習得のため、細やかな相互理解が難しく教師も指導に戸惑っている。

図4−8　スポンジで作った人の形

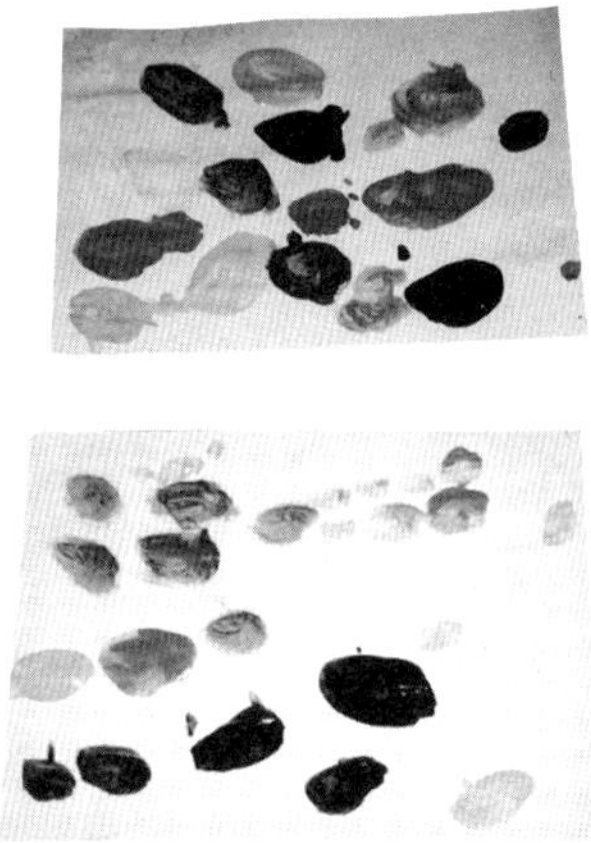

図4−9　「ブルー」と初めて言った円

【生活歴】

家族は旧植民地国から移民として渡英し、経済的に貧窮しています。そのうえ、両親の不自由な英語力のため、家族自体が地域から疎外されている状態でした。両親のナターシャへの関心は薄く、むしろネグレクトしており、汚れた服をいつも着せていました。洗髪も教師が週一回学校で、という有様でした。学校としては聾学校への転校を勧めたい意向でしたが、両親は連絡にも応じません。

【アートセラピーの目標】

いくつもの疎外を受けているため、自己実現する場の提供ということで個人セラピーを始めました。

【セラピー経過】

初めての日、ナターシャは用意されたもののなかから画用紙、絵の具、筆を選び、絵筆を意味なく動かして数枚描きました。目と手の感覚運動の協応そのものを楽しんでいます。その次の回は、シンクの中にあった人の形をしたスポンジをとって、混ぜた絵の具をつけてプリントをしました（図4−8）。人の形が出てくる驚きと喜びを笑顔で表し、ひとなつっこさを感じさせます。その後に続く数回のセッションは、同じようなブラッシングがずっと続きました。何枚も何枚もです。繰り返される絵の具でのなぐり描きに、アートセラピーの定番の問いかけである「どんな気持ちですか？」とことばで尋ねても、聞こえないため答えは返ってきません。ただどんな色を選んだか、単色か混色か、画面いっぱいを使ったか、少しの領域か、筆遣いはどうか、表情や取り組む態度などで、その日のナターシャの気持ちを推測し、楽しさ、怒り、寂しさなどを感じ取りました。そうしているうちに、ナターシャのセラピストに対する態度や行動が変化してきました。セラピスト（私）の持ち物探索は毎回で、バッグを開けては何が入っているかを見ます。許容限界の試し行動でもあり、それらのなかにセラピストを探しているようでもありました。言い換えれば、ナターシャにとっての新しい体験（＝ひとりのセラピストという大人とアートによる遊びができる）は、彼女にとって不思議なことであり、バッグの中を探す行為はセラピストの真意を探る象徴的行為のように思えたのです。二人の接近が極まったある日、ナターシャは絵の具のついた筆を、セラピストの手や顔にわざとつけようとします。私は材料の置いてあるテーブルに戻るようジェスチャーで示しました。すると、青を塗った上に黒でぐしゃぐしゃとなぐり描きをし、怒りを表し、ため息をついてしばらくぼっーとしました。再び黒の絵の具を筆につけなおし、ぐしゃぐしゃとしたその回りに大きなドットをていねいに描いて円を作りました。セラピストとの一体感で守られていた時期、誇大自己を受容されていた時期が過ぎて、ナターシャ自身が個としてのアイデンティティを確立していかなければいけない、その第一歩を記したようにも、自分という小宇宙をささやかに提示したようにも感じました。

その次のセッションでは今までにない描き方をみせました。円を紙面いっぱいたくさん描きました（図4–9）。カラフルな風船をいっぱい飛ばしたような、リズミカルで楽しい雰囲気です。同じ色の円を指差してはこちらの顔を見ますので、「同じ色だね」と答えました。すると、青を指して、「ブルー」と発声しました。くぐもった声ですが、確かにそう聞こえました。終結まであと二回残したところでナターシャの声を聞いたのは初めてでした。

最後の日、セラピーの終わりを告げると、ナターシャは画用紙を黒でぐしゃぐしゃと塗り、怒りました。しかし左上に自分の名前を初めて書き込みました。楽しさも怒りもすべてひっくるめての自分がこれだよと告げているようで、最初の日、おずおずとした小さい女の子だったナターシャが大きく感じ、実際まっすぐ前を見て誇らしげでした。

【まとめ】

ナターシャのセラピーを振り返って見ると、概念発達の遅れがあるためか、大変プリミティブなものでした。しかし、「線描き（ストローク）から円スクリブルという描画の発達段階」(Eng. H. 1954) の一過程をセラピーのなかに持ち、シンプルな形と色だけでの自己表出は、発話を促すほどの情緒的支えとなりました。流れる絵の具はさまざまな思いを運ぶ良い手段であると同時に、自分そのものだったのかもしれません。

喪と異文化問題を孕んだ学校不適応児童

トム　七歳、小学校一年生男子

【問題点】

入学当初は登校しぶりがあり、朝、校門での母親との分離が困難でした。四カ月を経た現在、登校はスムースになりましたが、昼食を皆と一緒に食べることができず、家で食べるために帰宅して午後に再び登校する毎日です。教室では鉛筆や玩具などを他児童に投げつけたり、足をひっかけたり、後ろから突いたりなどの暴力がみられ、皆から怖がられ嫌がられています。また授業妨害などの問題行動と、集中力や安定性の欠如という情緒的問題も呈し、教師から困った子というラベルを貼られていました。

【生活歴】

家族は中近東出身の母親とふたりです。イギリス人の父親は一年前交通事故で亡くなっています。ちょうど離婚した直後でした。母親はこの事実をトムにすぐには告げませんでした。三カ月後，教師らの勧めもあり，ようやく母親から知らされることになります。このような辛いなかで，母親はうつ状態となります。親戚や友人などからのサポートが少ないにもかかわらず，公的援助を拒んでいた母親でしたが，このころやっとサイコセラピーを受けはじめていました。

【セラピーがはじまる前に】

セラピーに先立ち関係者のミーティングがもたれました。母親，母親のセラピスト，校長，生徒指導担当教諭，担任教諭に私も加わり，問題行動の明確化やセラピーの目標が話し合われました。アートワークを通して自由な自己表現を可能にし，トムの内的外的問題をより深く，広く理解すること，さらに，六歳としての責任性（responsibility）の自覚も付け加えられました。幼くても個としての責任は果たさなければならないという個人主義の厳しさが求められるのです。

【セラピー経過】

セラピーは半年に渡りました。毎週一回決まった曜日の決まった時間に学校を訪れ，多目的ルームで個別セッションをしました。

第１期　悪い子の自分（Ｘ年１月～２月）

はじめてトムと出会ったとき，私の顔をまじまじと見ながら，「中国人？」と尋ねました。「日本人よ」と答えましたが，日本を知らないようでした。異邦人であるセラピストは，異空間であるセラピー空間にトムを誘うには格好の案内人であったようで，その後多くのファンタジーをセラピストに話してくれます。「青い猫を飼っている」「昨日インドへ行った」という誇大的なものから，「ガラスの上を歩く少年」「窓枠にもたれ落ちかかる」という危ういものまで多彩です。しかしこのファンタジー好き少年も，教師からは「一度も本当のことを言ったことがない子」

図４－10　太陽と赤い雨がふりそそぐ家と人

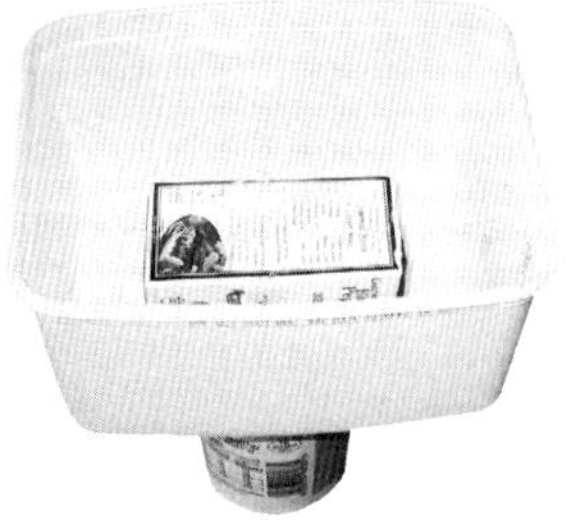

図４－11　大きなアイスクリーム

と評される嘘つきでしかなく、彼自身悪い子に同一化していました。セラピー中、高い階段から飛び降りようとしたり、部屋にある物を壊す振りをしたり、破壊性をどこまで許容してくれるのかという試し行動がみられました。はじめてのアートによる表出は、アートでこんにちは（Meeting on the paper）の一方法です。セラピストが青、トムが赤のフェルトペンを用います。「くっつけて！」という言葉を頻繁に発しながら、青と赤をつなぐのに懸命なのが特徴でした。愛着と分離が彼のひとつのテーマかと感じました。同じ初回に描いたのは「太陽、赤い雨、人間、家（屋根の黄土色の絵の具でうんちを表現）」（図４-10）であり、肛門期攻撃性などの汚い感情を露悪的に表出したかのようです。しかしトムの隠れている感情もちらほら見え隠れします。描画上の人間を、「おかあさん」とはじめは言いましたがすぐ、「You」と私を指差し、早くも転移が始まりました。また、赤い雨は太陽が流す血の涙のようでもあり、トムも母親も傷ついた世界にいることを感じさせました。

　次の回は粘土を用いて地図を作りました。四つの赤いしるしは左上から時計回りに日本、イギリス、トムの母国、インドとのことでした。トムにとって意味ある国を布置しており、異文化性はトムの重要事項のひとつです。ひまわりのはなびらはセラピストにも「手伝って」と言って、いっしょに作りました。粘土をさわるのは退行促進やリラックス効果があるのか、これらのアートワークをしながらトムは口笛を吹き、「お父さんは口笛を上手に吹くよ」と誇らしげに言います。「吹いていた」でなく「吹く」であり、まだ父親は生きているかのようで、喪の作業が完了してい

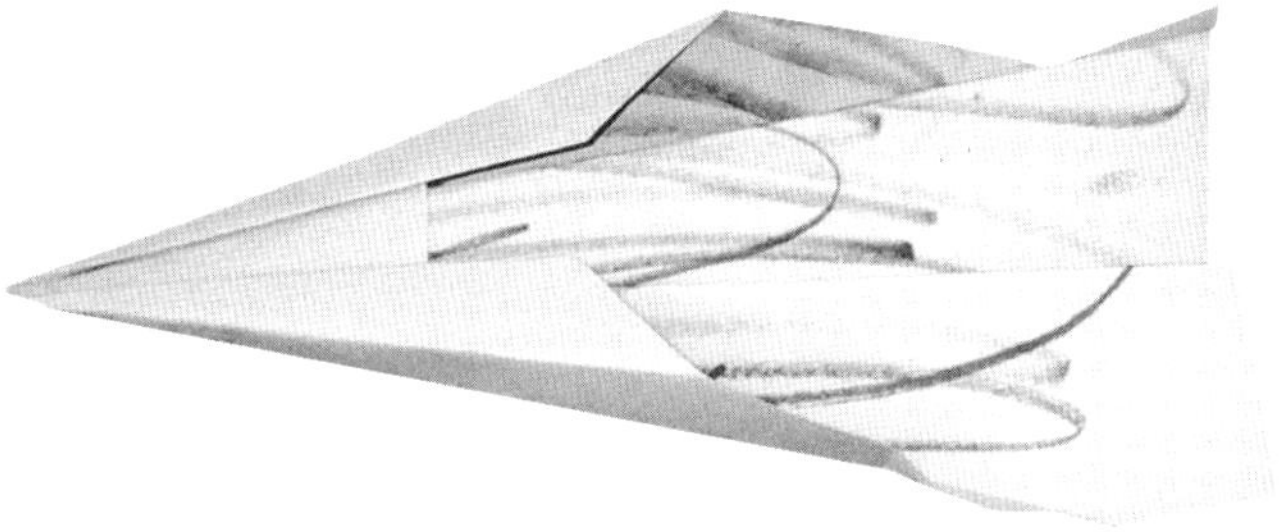

図4−12　怒りを背負った飛行機

ないことがうかがえます。このように分離不安や父への愛着も表現しますが、この第1期は基本的には、悪い子である自分、攻撃的である自分を表現し、スクリブルで赤の線が画用紙の外のビニールシートにまではみでてしまったほどでした。

第2期　甘えと怒りと（X年3月）

大きなアイスクリームをジャンクマテリアルで作りました（図4−11）。これを手に持ち舐める真似をしたり、「ケーキを作ってあげる」とセラピストに紙のケーキをくれたり、口唇期的な甘えを見せ始めます。しかもコーンに見立てた小さい箱には、彼の大事な物（色薄紙）が隠されています。トムはこの紙を椅子の上に立ってばらまくのが好きです。今回は「さわって、そしてつかまえて」という意味深いことばを叫びながらまきました。そして拾い集めるとき、「小さいの、ち・い・さ・い・の」と歌をうたいながら椅子の下まで入り込んで探し、セラピストにも探すよう頼んできました。このように退行した態度で受動的な愛を求めてきます。

次のセッションは怒りが激しく表現されました。自由画を描くとき、強くフェルトペンでたたきつけたために、紙に穴が開いたほどでした。セラピストが「今日は怒っているの」とたずねると、「おなか空いているかだって？」という反応でした。angry と hungry は彼にとって切っても切れないものかもしれないと感じました。またピカチュウを描き、電気の力が凄いんだと言います。マジカルな力を得たい、強いものへの取り入れ同一視を感じます。このイメージの後、室内の消火器に近づき、大口を開けて「火事だ！」と言いながら取ろうとします。テーブルに戻るように促すと、赤マジックの「火事」のついた飛行機を作りました（図4-12）。トムは自分の行動を制止されたことに対する怒りの感情を赤マジックのぐちゃぐちゃの絵に転移したのです。そして「火事」と自ら名づけた、激しい怒りを背負った飛行機をトムは飛ばしました。「つかまえて」とセラピストに要求し、何度か飛ばしあった後、飛行機は海に落ちたことになりました。場面は海に換わり、そこで釣りをする人になったトムはセラピストに向かって、「お前は海のなかだよ、ぼくは釣ったよ、おまえを食べたぞ」と言いました。口唇期攻撃性を中心とする転移感情の表出はエスカレートしてきます。次の回、春休みを告げると、さらに怒ったのか、黒ペンキを塗りたくった「ごみ」を作り、さらにその上にウンチだという黄土色の絵の具を搾り出し、「くさーい」と嫌そうな顔をして、くしゃくしゃと丸めて捨てました。セラピストへの怒りはごみ箱に捨て去りたいのでしょうか？　そうしながらもそれらの受け容れ難い感情も少しずつトムのなかでの居場所をみつけていきます。つまり「火事」を背負った飛行機を飛ばしたり、「ごみ」を捨てるという象徴的な行為で内なる攻撃感情を排出しただけでなく、外在化された作品をセラピストと共有することで嫌な感情とも向き合えるようになったのです。

第3期　秘密の基地作り（X年4月～5月）

三週間の春休みの後のセッションで、トムは言葉が出ませんでした。のどが痛いというジェスチャーをしてしばらく無言で遊びます。いつものようにトムの好きな円形の色薄紙をひらひらと舞わせ、その紙ふぶきのなかにばたんとトムは倒れました。そして「本当は話せるんだ、だましてやった」と笑います。しばらく不在で自分を放っておいたセラピストへの復讐でしょうか？　それとも無言で逝ってしまった父への喪の作業を死の再現をすることで果たそうとしているのでしょうか？　彼はその後、紙や椅子で基地を作りました。「ここなら誰も僕たちのことみつけられないよ」と秘密たっぷりです。「ぴーぽー」と救急車の音を真似て、ほら聞いてと注意を向けます。父の交通事故が無意識的にイメージされているのでしょうか。そして、粘土のサイコロを作り、その六面に人のジェス

図4−13　子ども飛行機

チャーの六種を描きました。そのジェスチャーというのは、「立っている」「座っている」「スキップしている」「泣いている」「キスしている」「蹴っている」というもので、サイコロを振って出てきた絵のジェスチャーどおりするんだよと勝手にルールを決めてやりはじめました。立ったり、座ったり、泣く真似をしたり、そしてキスのサイコロが出ると、セラピストに頬にするように要求しました。できないことを告げると、おかあさんはしてくれるよと言います。「私はおかあさんなの？」と解釈し終わらないうちに、トムのほうからセラピストの頬にキスしました。この誘惑的な行動は原光景再現でしょうか？　それとも父親の喪の作業をひとまず完了したことで、安心して原始的愛着欲求を母でもあるセラピストに向けるようになったのでしょうか。次の回では、かくれんぼでわざとセラピストを見つけられないふりをしたり、高い棚の上にあがり壁にぺたっと身体をつけて、「くっついてしまった、ぼくを抱いて」と叫びます。「抱いてほしいのね、でもひとりであがったのだから、ひとりで降りれるはずよ」と言うと、降りて倒れこみ泣きました。セラピストが「どうしたの？」と覗き込むと大笑いです。率直な愛着願望を表出し、それにセラピストがどれだけ答えてくれるかを試しています。

ゴミ箱の中にあった他の児童の「卵から孵るひな」を見つけて取り出し、トムの名前を書きました。新しいトムの誕生です。しかし、誕生すればもう次のステップに行くかというとそう簡単ではありません。次のセッションも紙飛行機を飛ばしては「つかまえて」の連発でした。トムは高い梁の上に乗ってしまった紙飛行機をとりに行っては、「動けない、助けて」と甘えてきます。セラピストは包容されたいというトムの強い願いを受容しつつ、ひとりでできる能力を支持します。今回の紙飛行機は以前の火事を背負ったものでなく、かわいいめがねをかけた「子ども飛行機」（図4-13）でした。

最終期　新しい飛行機（X年5月〜6月）

最後のセッションでは、ふたりでこれまでの作品を見直します。トムは粘土で作ったひまわりをセロテープで修理します。破壊的だった彼がはなびらの破れをていねいにつぎあわせる行為はまるで自分自身の傷を手当てしているかのようでした。「火事を背負った飛行機」と「子ども飛行機」を重ねてしっかり持ったトムは私にセロテープで貼ることを要求します。怒りも子どもらしさも持つ飛行機が二人の間を飛び交い、セラピーは終了しました。この最後の日、トムは自分の好きな男性歌手の写真を三枚持ってきて、私に見せてくれました。繊細そうな白人といかにも強そうな黒人と、もう一人マッチョだけれど哲学的な雰囲気のする黒人の男性三人が写っていました。父の死を受け容れることで、父へのとらわれから離れ男性同一化の新しいモデルに近づきはじめたように感じました。現実場面でも、トムの変化は著しく、教室では落ち着いて授業を受け、友達とも普通のかかわりができているとのことでした。ただ昼食時の帰宅は依然として同じです。しかしこれも母親のサイコセラピーが進むことで、母親が夫とのことを整理していけば、トムを無意識的に取り込む必要もなくなると思われます。

【まとめ】

悪い子としての自己を前面に出していたトムは、次第に怒りの感情のみならず、その奥に隠された、あるいは排除してきたさまざまな情動的経験をアートセラピーで表現しました。父親喪失による哀しみ、母もいなくなってしまうのではないかという不安、自分のせいでこのような悲しい状況になったという罪責感、異文化のなかでの疎外感、頼りない自分を抱きしめて欲しいという愛着欲求など、ひとりでは抱えられない感情がたくさんありました。ダリーが指摘しているように、「（教育臨床のなかで）個別の時間や注意や援助、とくにセラピーを必要とする子どもを助けるのは専門家」(Dalley, T. 1990) であり、トムにはアートセラピーが役立ちました。ここでいうアートセラピーとは、アート作品だけでなく、セラピールームや廊下での言葉のやりとり行動すべてを含むものです。とりわけトムとのセッションは、プレイセラピーの要素も非常に多く、かくれんぼ、ボール投げ、飛行機とばし、秘密基地でのサイコロ投げなど、どれをとっても象徴的で意味深いものでした。このように深く広いアートセラピーはビオンのいう「容器」(Symington, J. & Symington, N. 1996) の役割を担ったと考えられます。ビオンは、「容器」という概念を「ホールディング」(Winnicott, D. 1971) とは違うダイナミックな意味で使っています。つまり、ひとつの内容が次のステップの内容に移るためには、容器と内容の交配が必要だと言っています。トムとのセッションのなかで彼が差し出したさまざまな象徴的行為や作品のイメージをしっかりとらえ、意味を見出して返していく過程こそ交配でした。彼が包容できなかった、また彼の母親もうつ病のためにできなかった内容が対応可能なまでに変容し、それがさらにセラピーによって包容され、次の内容に進化していったのです。ときには破壊的方向にも行く容器ですが、エネルギーと表現力を持つトムだからこそ、統合的、発達的な方向に進めたのです。

成人急性期病棟グループ

【セッティング】

大学付属病院内、精神科急性期治療対応の閉鎖病棟を、アートセラピストが毎週一回訪問します。場所は多目的ルーム、時は毎週同じ時刻で一時間、セラピスト二名という限定された設定ですが、参加者は入退院による入れ替わりがあるため、半クローズドなグループです。


【参加者】

統合失調症、気分障害、アルコール依存症、境界性人格障害などの男女、年齢は二〇歳代から五〇歳代まで。

毎回四〜五名の参加。

【約束】

アートセラピーで生じた出来事については、グループ外に持ち出さないという守秘と、セッション開始一五分後に来室した人については次回参加を勧めること、飲食喫煙の禁止という三つの基本的な約束が、毎回参加者に確認されました。

【枠組み】

アートセラピストは病棟に到着すると、「今からアートセラピーが始まります。希望者は多目的ルームにどうぞ」と呼びかけて回ります。ソファーに座ってテレビを見ている人も、お茶を飲んでいる人も、関心のある人は立ち上がって、集まってきます。前回参加した人には病室まで出向いて、一応は声かけをします。参加を決定するのはもちろん本人ですが、予定を覚えていないことがあるためです。

参加者が入室するまでに、セラピー空間を整えておきます。テーブルを集めて数人が周りに座れるようにします。テーブルの真ん中に置かれた材料はシンプルな物、つまり、ケント紙と数色の色画用紙、絵の具、パレット、水入れ、パステル、色鉛筆など、描画用の素材です。着席した参加者は、名前だけの自己紹介を順番にして、アート制作にとりかかります。主セラピスト（私のスーパーバイザー）と、コセラピスト（私）も、描画をします。五〇分の制作の後、シェアリングです。参加者とともに片付けて、病棟担当のOTや看護師と情報交換をします。最後に各参加者のカルテと、グループ用のノートに記録をします。

【内容】

五カ月間、一五回にわたる実習でした。ここではある日のセッションを報告します。その日は三人だけの参加でした。統合失調症の三〇歳代男性Cさんは、八つ切り画用紙に、絵の具で大胆な描画をしました。ほとんど無表情

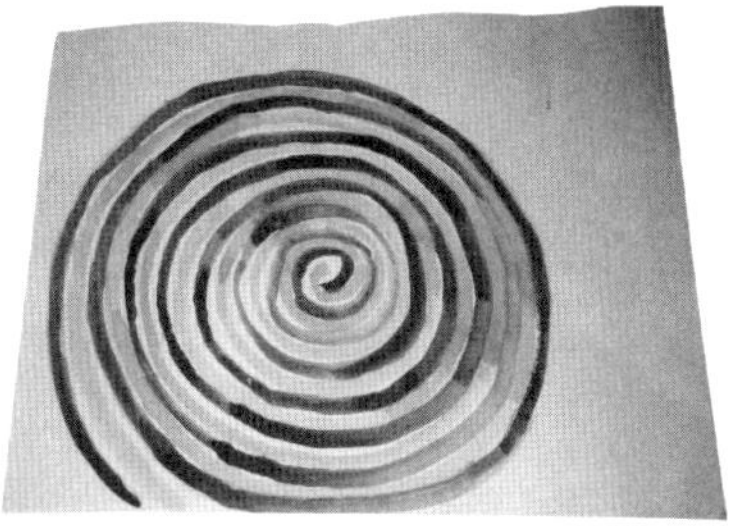

図4−14　渦巻き

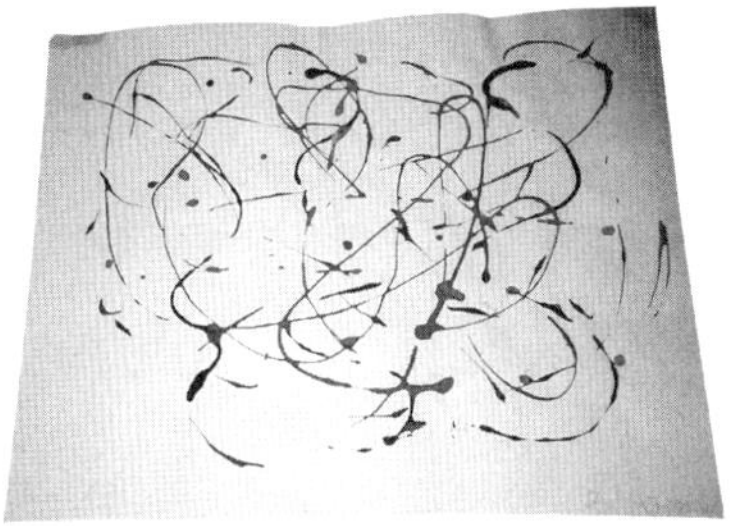

図4−15　搾り絵の具のスクリブル

で、黙って筆を走らせていました。画面の三分の二ほどが藍色の「空」で、黒い雲が描かれています。画面中央下には黒い舗装道路が途中まで描かれ、「谷」と言います。シェアリングでは、淡々とこの絵について話してくれました。前日のCさんの夢で、「日没の後の景色、とてもきれいだった」そうです。題名は「何かありそう（mysterious）」でした。そして、「あの向こうで何が起こるかわからない」と説明します。主セラピストは「この空はCさんの不安を表しているように見えるけど」と解釈しました。Cさんもうなずいた後、「谷は底で、絶望です」とつけ加えて言語化しました。四回目の入院のCさんにとって、統合失調症独特の世界没落感や不穏な予兆はとても耐え難いものであり、夢のなかで個人的に襲ってきたイメージを、アートとして外在化し、言葉で明確化することによって少し距離化ができたかもしれません。

　Cさんの隣では、三〇歳代女性のBさんが重苦しい表情で黒と橙色の絵の具を使って渦巻き状の絵を描いていました。自殺企図、自傷行為、アルコール依存、抑うつ症状などの多彩な症状を持つ、人格障害と診断されている女性です。Bさんは描画についても、自分の気持ちについても何も話しません。タイトルを尋ねると、「渦巻き（spiral）」（図4−14）とだけ言いました。他の参加者が、「ケルトのイメージだね」「永遠のシンボルじゃないの」と感想を述べ、セラピストも「強烈なイメージ」と言うだけです。あまりに元型的なイメージで言葉にするのは難しく、ただ意識的なコントロールを超えた何かにとらえられているという印象の強いものでした。

もうひとりの参加者Dさんは、三〇歳代の女性で、躁うつ病と診断されていました。その日は、コントロールはされているものの、少しハイな気分に見えました。Dさんは、一枚目の画用紙に、直接絵の具をボトルから搾ってスクリブルを描きました（図4–15）。パレットと筆という仲介物なしに直接搾り出す行為は、感情表出の性急さとも思われます。そして、二枚目の絵は、Bさんの渦巻きに影響を受けたのか、左に渦巻きを、あとの空間には、青、黄、緑のブラッシングでした。題名は、「混乱」とつけました。そして、「自分のしようとしていることがわかっているときと、わからないときがある」と言いました。このように言語化できるのも聞いてくれる人があってこそです。

【まとめ】

重篤な精神疾患に罹っている人へのアートセラピーについて、キリックは注意を促しています。それは、「精神病患者が制作したイメージ（アート作品）は、包含する関係が築かれて初めて、象徴的な目的のために役立つ」（Killick, K. 1991）ということです。本グループでのCさんとセラピストとの関係は数年に渡り、しっかりした信頼関係が築かれていました。アートセラピーという枠組みのなかで、何を表現しても抱えてもらえるという安心感がありました。だからこそ「黒い雲が浮かぶ藍色の空」に対して、セラピストは、「Cさんの不安を表しているよう」と、象徴的意味を見つけ解釈をしました。また、それに対してCさんもうなずきました。ではBさんとセラピストの関係はどうだったでしょうか。アートセラピー参加間もないことと、Bさんの人格障害としての特徴が相まってか、信頼関係が築かれていたとは思えません。そこではセラピストは、「強烈なイメージ」と感想を言うだけでした。また、Dさんについては、材料の使い方や、他のメンバーの影響など、Dさんの他者や物とのかかわり方に注目しています。ここでは、グリーンウッドの指摘、「精神病水準の人とのワークでは、作品内容や形式に対する意味付けを重要視しないで、その代わりに、物事がどのように関係づけられているかに注目しなさい」（Greenwood, H. 1994）ということが生かされていました。

また、セラピストが毎回気をつけていたことは、参加者の人数です。二名以下の希望者のときは、セッションを取りやめることともありました。つまり、セラピスト二名に対して、それ以上の人数がいないとクライエントは圧倒されてしまうのです。この「圧倒しないこと」は、参加者とスタッフの割合だけでなく、材料についても、あまり多くを用意しすぎないように注意しました。ここでのクライエントは、「個別セラピーでは親密すぎて緊張してしまう人」（Liebmann, M. 1986）でもあるため、グループワークが選ばれてもいるのです。それぞれのメンバーがどのような参加をしているか、きめ細やかな配慮が必要とされます。

急性期高齢者病棟グループ

【セッティング】

大学付属病院内、精神科急性期治療対応の高齢者用閉鎖病棟を、アートセラピストが毎週一回訪問します。場所は食堂の一隅（カーテンで仕切ります）、時は毎週同じ時刻で一時間、セラピスト二名に作業療法士一名のスタッフ、という限定された設定ですが、参加者は入退院による入れ替わりだけでなく、セッション途中に入退席があるため半オープン(6)なグループです。

【参加者】

気分障害、不安障害、アルコール依存症、認知症など基盤にある疾病はさまざまですが、不穏な状態で、自宅での生活が難しい高齢者です。年齢は六〇歳代以上。毎回一〇～一五名の参加があります。

【約束】

アートセラピーで生じた出来事に関する守秘について毎回参加者に確認されました。

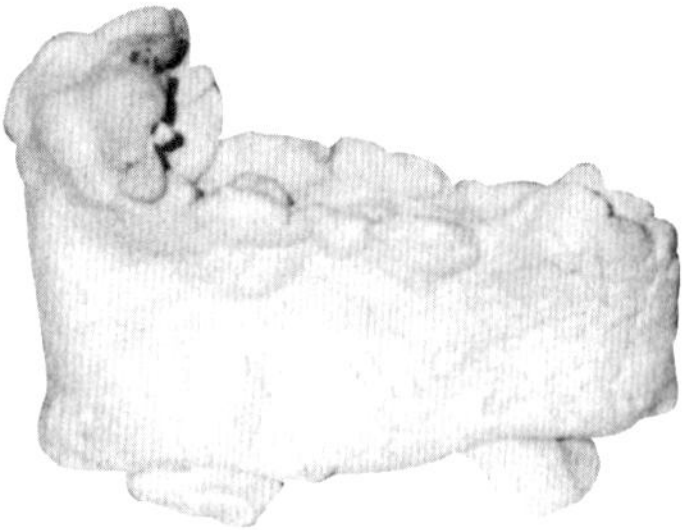

図 4−16　ゆりかごの赤ん坊

【枠組み】

成人病棟グループと基本的には同じです。材料については、初回、描画材料だけを用意していましたが、参加者が「難しい、どう使ってよいかわからない」と困惑したため、二回目より粘土も用意しました。

【内容】

粘土を導入すると、参加者の多くが粘土を手に取ります。ただ捏ねることでその感触を楽しんでいる人、花や皿などの日常的な物を作る人もいます。ある日のこと、八〇歳代の女性Kさんが、粘土で赤ん坊を作っていました。それに気がついた他のメンバーMさんが、「赤ん坊はゆりかごにいれてやらないと」と言いました。認知症の症状もあり、不安も強いKさんは、戸惑っています。Mさんは自分のを後回しにして、Kさんのためにゆりかごを作りました。もうひとりHさんは、毛布を同じように粘土で作ってあげました。こうしてゆりかごの赤ん坊ができました（図4-16）。このように、グループ・ワークでは、ヤーロムの言う「利他主義」（Yalom, I. D. 1975）がしばしば見られました。普段、自分の衰えた機能ばかりが目に付き、自己評価を下げている高齢者ですが、他者のために役立っているという体験は自己価値を高めます。

またある日、最近夫を亡くしうつ状態で入院したSさんは、「船」を描いて「船は家に帰ろうとしている」と言ったものの、その絵が気に入らなかったようで、「もうゴミ箱に捨てて」と主張しました。他のメンバーは、「素敵な絵だわ」「私は好きよ」と、とりなしますが聞こうとしません。ぷいっと席を立って出て行きました。残されたメンバーは、大切な人の死、そして自分自身の死を話し合いました。結局Sさんもグループに戻り、「家に帰っても、夫もいない、ひとりぼっち、そう思うと、何かわからない気持ちがこみあげてきた」と、さっきの言動を説明しました。喪失による怒りや哀しみを言語化し、他者とシェアすることで、少しは気持ちが落ち着きました。

このように深刻で重い話ばかりが焦点化されるとは限りません。ある日は、アルコール依存症の七〇歳代男性が、粘土でヘリコプターを作りました。「ヘリコプターでここを逃げ出したいよ」と言います。「逃げてどこへ行くの?」「パブでしょう」「また飲むよ、この人は」と、他のメンバーがひやかします。本人も苦笑い、皆も爆笑です。このように、辛く痛い体験がユーモアに変ってしまうのも、いろいろな個性やスタンスを持ったメンバーが介入するからであり、グループ・ワークならではの興味深い展開です。

【まとめ】

時には一〇人以上にもなる大グループでは、作品のシェアリングが、品評会のように感じる人もいます。初回のセッションは、描画材料だけのワークでした。そのときのシェアリングで、二、三人の女性が、「こんな下手な絵で、恥ずかしい思いをした(felt humiliated)」と発言しました。その発言をセラピストたち(私ともうひとりの実習生)と作業療法士は取り上げ、話し合いました。レクリエーション感覚で、「上手にできたね」「きれいね」と褒めてしまいやすい作業療法士に、評価はしないで欲しいこと、セラピーの意味やアプローチの仕方などを説明しました。他職種に理解してもらうことは、リーブマン(Liebmann, M. 1990)も指摘するように大変重要です。とりわけ、入院患者にとっては、アート材料に触れて使うこと自体が、積極的な参加となります。たとえ、作品ができあがらなくても並べたり、触ったりが意味をもつことをバイヤーズ(Byers, A. 1995)も言っています。ここでは粘土が有効に働き、個人の自己探索だけでなく、他のメンバーとの相互交流の良い手段となりました。このように材料は、抱える環境の一要因としてとても大切なものです。

注

（1）本ケースは二〇〇五年日本芸術療法学会で発表し、詳細は『芸術療法』誌三五巻一号に掲載した。

（2）デイホスピタル▼看護師や作業療法士のスタッフが終日ケアを提供する施設。認知症や高齢の統合失調症者などデイホスピタルに登録しているメンバーが朝から夕方までを過ごす。ゆったりしたソファーでくつろげるラウンジをはじめ、食堂、アートセラピー室、面接室、一九四〇年代のものでしつらえた回想室がある。

（3）（4）共同自由描画、共同風景描画▼「さまざまな指示的方法」の「アートでこんにちは」の方法。クライエントとセラピストが交互に形を描きこんでいく、あるいは風景に仕上げていくというもの。

（5）癒し手元型▼身体の病気やケガをした時、薬の助けを得ながらも自己治癒力で治っていきます。心にも自己治癒力があります。それが「内なる癒し手」であり、人は「癒し手元型」を持っています。クライエントの弱った心の回復のためにはクライエント自身の「内なる癒し手」の側面が成長しなければなりません。それにはセラピスト自身が個人的な傷と対峙し、傷ついた癒し手元型を活性化させることが必要です。そうすることにより変化していくセラピストを「導き手」として、また役割のモデルとしてクライエントは自身の内なる癒し手を成長させていくのです。

（6）グループセラピーでの半オープンと半クローズドの違い▼半オープンは基本的にはオープンな構造。つまり数時間の設定枠の中で入退室は自由、参加者も自由なのがオープン。高齢者グループでは時間（始まりと終わり）を限定しているので半オープン。それに対して半クローズドは基本的にはクローズド（時間もメンバーも限定）だが、急性期成人グループでは、クライエントの入退院が頻繁で、限定したメンバーの維持が難しいため半クローズドな構造となった。

5　展望――イギリス・アートセラピーを日本の実践に生かすために

訓練を受けるなかで、私が感じたイギリス・アートセラピーの特徴を、「はじめに」の項で、五つ挙げました。それらを再考しながら、日本での実践の問題について展望します。第一に、投映法テストの道具としての描画ではなく、表現活動そのものの尊重についてです。アートをジャッジ（裁定）してはならないことはもちろんです。だからといって査定しないのではありません。数量化し難く、そのため標準化も難しいアートセラピーですが、最近では、エビデンスに基づく研究として、高齢者へのアートセラピー効果の判定（Waller, D. 2002）が報告されています。このアートセラピーの査定力については認知症高齢者だけでなく、自閉症スペクトラムの子どもたちについてもあてはまります。例えば標準化された心理テストでは、これらの子どもは「不可」としか結果が出ないことがあったり、アートセラピーにおいても、作品完成に至らないことは稀ではありません。それでも、目の前にアート材料があれば、それらと何らかのかかわりは持ちます。彼らはクレヨンを並べたり匂ったり、薄紙の触感を楽しんだり、包んだり破ったり、いろいろな行動をします。それらから、何にこだわっているのか、発達の到達段階はどこかなどが見えてきます。とりわけ学校臨床では、心理テスト実施には慎重にならざるを得ない現況です。このとき、アートセラピーが査定にも大きな力を発揮します。

第二に、クライエント・セラピスト関係の構造化についてです。構造化には、枠や境界、関係性の明確化が必要です。しかし、「個としての境界をはっきり持つ主体的な西欧人」と、「相互依存や場との一体感を重視する日本人の場合は、治療の設定枠やルールは異なった工夫が必要になってくる」のではないでしょうか？　「日本人の場合、治療開始時に明確な境界を告げると、切断の恐怖や見捨てられ不安が浮上してくる」（山上 二〇〇五）こともあり得ます。とはいえ、欧米からの個人主義も浸透してきている現代です。真の個人主義には必須の、主体性と責任性を養うためにも、境界設定は必要です。セラピストまかせにしない自覚をクライエントが持つことで、自立が促されます。

第三に、さまざまな心理療法理論の認識と実践への応用です。医療や教育臨床の個別セラピーでは、積極的な分析的アプローチが有効でしょう。しかし、対人援助の現場はさまざまに広がっています。ホスピスなどの緩和ケアでは、短期の、ときには一回限りのセッションになることもあります。そのとき、受容と支持の人間性心理学の理論が優しくクライエントを包むでしょう。また在宅介護をしている家族や介護士へのグループ・セッションでは、アートを用いての集団力動に注目する態度も必要です。大切なのは、さまざまな現場に柔軟に対応できるよう「セラピスト自身が心地よい理論を探

コラム

「アートセラピーによる査定基準」（エバンスとドゥボウスキーによる）

1）自発性：アート材料を自ら手にして積極的に取り組むか。

2）注意集中度：作品制作に注意を集中できるか。

3）同調：自分の作品に感情や気持ちがこもっているか。

4）楽しさ：楽しんで制作しているか。

5）生気：生き生きした表情や態度を見せているか。

6）対話：作品制作後のシェアリングにおいてセラピストと、（グループセラピーではメンバーとも）率直な意見交換ができているか。

7）ためし行動：破壊性や危険性に関するセラピストの許容限界をためすような行動がないか。

8）相互交流：グループセラピーではひとり孤立することなく他のメンバーとやりとりしているか。

9）役割交代：受身性、能動性、指導性、従順さなど、グループの中でいろいろな役割をとれるか。

10）交換：アート材料をひとり占めすることなく、他のメンバーとやりとりできる柔軟さがあるか。

（Evans, K. & Dubowski, J. 2001）

し、ゆるぎのない姿勢を身につける」こと（Dalley, T. 2002）のように思えます。

第四に、アーティストとしての自覚と研鑽についてです。このことについては、アートそのものの癒す力を主張するアートセラピーの立場と、アートを通したセラピストとの対話を重視するアート心理療法（箱庭療法や描画療法など）の立場によって、力点が異なってくるかもしれません。死の床に伏す人に替わってイメージを描くほどの、アートの技量を獲得するのはなかなかのことです。しかし、アート制作に励むなかで体験する苦しみや喜びは、クライエントへの共感的理解を進めます。言い換えれば、心に浮かぶ内的イメージと外在化したイメージのずれについてのジレンマや、表現する喜びは、クライエントのアート制作においても生じています。さらに、クライエントのナラティブそのものが、ジレンマと喜びの両方を包含していることを実感するのです。

最後に、積極的な領域開拓についてですが、これこそ日本の実践における現実的問題です。現在、アートセラピストが、専門家として働ける職場はまだ多くはありません。しかし、医療や福祉の領域で、上質のケアを求める動きは高まっています。精神科、小児科、緩和ケア、高齢者への支援にアートセラピーを取り入れることは、ケアの質的向上となります。さらに期待したいのは、教育臨床です。現在、一九九五年以来のスクール・カウンセラー制度は定着していますが、生徒、保護者、教師に活用されていますが、ここに、スクール・アートセラピストの参入する可能性はないでしょうか？　言葉で伝えることが難しい低年齢児童や、独特の感受性に襲われる思春期の生徒たちに、アートセラピーは良い自己表現の場となるでしょう。個人セラピーだけでなく、クラスでのグループ・ワークも意味深いものになり得ます。アート材料を用いて集団で何かを作り上げる作業は、自分の気持ちや他者の気持ちを考える、内的・外的対人関係を訓練する機会になるのです。

また、さまざまな問題を抱える人たちの自助グループや、ＮＰＯなどの援助活動の盛んなこのごろです。アルコール、薬物、ギャンブル、ネット、携帯、過食など、いろいろな依存症で苦しむ人、ＤＶ被害、虐待体験のトラウマ・サバイバーなど、グループ・カウンセリングにアートセラピーを取り入れるメリットは大きいのです。ただしこのとき、アートセラピストという専門家がともにいることが必要です。言葉ではないイメージを用いての表現には、可能性と同時に危険性もあるからです。危険を回避し、癒す力を促進させるような介入ができること、このような専門性を備えたアートセラピストが期待されるのです。

おわりに

ロンドン・キングスクロス駅は、遠くはスコットランドやヨークシャー地方など、イギリス北部に向かっての始発駅です。そのキングスクロス・九と四分の一番線から（もちろん実際には存在しないプラットホームです）、ハリーポッターはホグワース魔法学校に旅立ちました。私たちの目指すハートフォードシャー大学へ向かう電車は、一一番線から出発します。電車はロンドン市内を抜けると、車窓には緑豊かな郊外の景色が展開し、二五分も走るとハットフィールドに着きます。小さな駅ですが、その駅前にあるエリザベス一世で有名なハットフィールド・ハウスの門が威厳を保っています。駅周辺のオールドタウン（次ページ写真）と、拡張を続けるハートフォードシャー大学がこの町の概観を構成しています。

夜になると暗闇に包まれるこの町を、「退屈だ」という学生もいましたが、小高い丘の上に広がるキャンパスは、学ぶには最適でした。初めて学舎に入る朝、目の前をウサギが小走りで横切りました。さすがピーターラビットの国なんだと感激しました。ラズベリーの茂みを見つけたり、たわわに実るりんごの木を眺めながらの通学――自然がいっぱいの環境が、授業の予習や論文書きにフル回転している頭と、慣れない実習先での緊張感を和らげてくれました。

けれど、こんなに優しく美しい時は、せいぜい一〇月までです。イギリスの秋は枯葉になって吹き飛ばされます。長い冬が続きます。この季節に私は臨床実習のために、電車とバスで北に一時間半の精神科病院に通いました。朝

オールド・ハットフィールド

七時半、まだ暗い駅に立つと、足の底からじんじんと寒さが上がってきます。電車の中で迎える朝は、太陽もなく、霧の中でいつの間にか白んできたというような重いものでした。これから始まる高齢者とのセッションを思うとなおさら気が重くなりました。彼ら高齢者の話す英語はアクセントがきつく、とりわけグループ・ワークでは聞き逃すことも多くありました。しかし、スーパーバイザーの「私たちだって高齢者がぼそぼそ話すと、聞き取れていないわ」という助言に、日本の高齢者との面接を思い浮かべました。確かに、日本語でも理解していないことがあるのです。高齢者だけでなく、クライエントは普通に話していても、その声をセラピストがすべてキャッチしているとは限りません。クライエントの声量に同調しながらも、セラピストの主観性で物語を紡ぐように聞いています。イギリスでうまくいかない理由を、異言語に求めるのはよそうと思いました。

太陽の出ない長い冬が過ぎると、黄色のラッパ水仙がそこここに咲き始めます。再び光の季節がやってきたのです。初夏、アートセラピー最後のセッションは、キャンパス内の森の中でした。木の枝をいっぱい集めて、皆で小さな小屋を作り、肩を寄せ合って二〜三人ずつその中に入りました。しばらくじっと座っていると、風の音やちらちら動く木漏れ日にひたされていきます。ともに学ぶのも今日でおしまいと自覚させられる儀式でした。

こうして、いろいろな学びの詰まった二年間が過ぎました。アートセラピーそのものはもちろんですが、多くの人との出会いは宝物となって、私の心のなかに確かにあります。ハートフォードシャー大学の先生方、実習先でのスタッフとスーパーバイザー、パーソナルセラピスト、クライエントの子どもたち、精神科病棟の患者さん、デイホスピタルの高齢者、たくさんの人の支えで学ぶことができました。また生活するなかで出会った人たち、バスの中で降りる停留所を教えてくれた女性、田舎道で迷ったとき、ジョークで励ましてくれたパブのおじさんたち、ラマダン（断食）の厳しさを見せてくれたヨルダンからの隣人、世界にはさまざまな生き方があるのを教わりました。そして何より、厳しい課題をともにしたコースの仲間たち、私たち著者ふたりも、学年は違いますが、同じコースで学んだことで知り合いました。また、日本での多くのサポート、イギリス行きを快く認め、帰国後再び迎えてくださった職場の方々、ケースのスーパービジョンだけでなく、セラピーの意味と心を示してくださっている横山博先生、温かい序文を寄せてくださった森谷寛之先生に深く感謝いたします。そして、遠く日本から、メールと電話で励まし続けてくれた家族に、今、ありがとうと言いたい。

なお、執筆に当たっては、話し合いは多く持ちましたが、第1章6、7、第3章1、2を山根・山上が、第2章3を山上・山根が、あとのすべての項を山上が担当しました。

最後になりましたが、本書の出版にあたり、作品の使用を許可してくださったクライエントの方々（仮名を用い、特定されないように一部省略しています）と、誠信書房のご理解に感謝いたします。とくに編集部の松山由理子様の助言と励ましがなくては、このような形になりえていませんでした。本当にありがとうございました。

私たちはこれからもアートセラピーを続けていきます。

「はんぶんおりたところ」　ミルン

――

かいだんをはんぶんおりたところは
うえでもないし
したでもない。
子どもべやでもないし
まちでもない。
するとたくさんのおかしな考えが
あたまのなかをぐるぐるするよ
ここはほんとは――
どこでもないんだ！
どこか
ほかのとこなんだ！

（安達まみ『くまのプーさん　英国文学の想像力』光文社新書、二〇〇二より）

空想でもなく現実でもない（空想でもあり現実でもある）、私でもなくあなたでもない（私でもありあなたでもある）、この不思議な空間を大切にしながら、アートセラピーの心を探し続けていきたいと思っています。

山上榮子

【付録】

イギリス暮らし絵日記

コース開始のオリエンテーションで勧められたことのひとつに、絵日記を書くことがありました。その日のできごとや感じたことを、言葉だけでなく絵で表現するのは、アートセラピストになるための訓練になります。

と同時に、日常体験を自分史のなかに根付かせるために、いかに言葉とイメージが大切かも実感しました。

当初、チュートリアル（指導教員による個人指導）に絵日記を持参するようにという示唆があったので、熱心に英語で書いていました。しかし、それも必須ではないことが分かり、自分だけのものになると、英語と日本語の混じった、今読み返すととても変な文章です。読みやすいようにすべて日本語に修正しています。

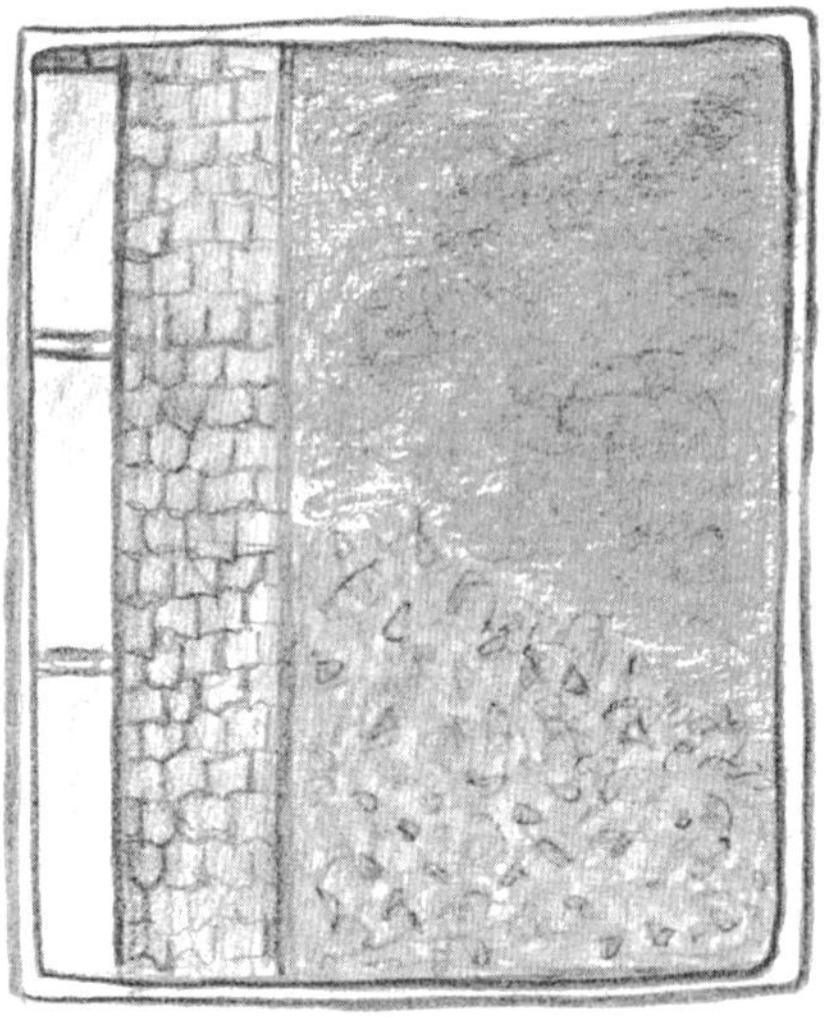

2001年9月26日

ついに始まったアートセラピー・コース。イギリス一の設備を誇るLRC情報処理センターに、大勢の新入学部生、院生が列を作る。数千台あるというPCに散らばって、入学登録を各自が自分で入力する。もたもたしながらも何とかできた。クレジット・カードによる授業料の支払いを本館の事務所ですませ、正式にハートフォードシャー大学の大学院生となった。年間あたり授業料は、海外からの留学生が8000ポンド（約160万円）、イギリス人は1000ポンド（20万円）という格差があり、教育産業で外貨を稼ぐというのはこのことなんだと実感。写真のついたIDカードをもらい、そのカードをドアに挿し通して、初めてアートセラピー・コースのある芸術学部の建物に入る。これからこのIDカードは、キャンパスのどこに行くのにも必携。

フルタイム学生8人の顔合わせ。学生どうしはもちろん、先生をもファースト・ネームで呼ぶらしい。建物内を15分探検してくるようにと指示され、戻ってきてそのことも含めて、初日のイメージメイキングをする。絵筆を止めてふと窓を見ると、少し雲行きが怪しい。朝あんなに清清しく晴れていたのに。1日のうちに春夏秋冬があるというイギリスの典型的気候とこれから付き合っていくのだ。スタジオのこの小さな窓の向こうには空があり、日本につながっている。どうしているかな……。

2001年10月4日

長い1日だった。ヤネック（チューター）による午前の講義に続いて、午後のワークショップ。各学生がマットを持って自分の好きな場所を選ぶ。マットに横たわりリラクゼーション。目を閉じてヤネックの指示に従う。「手に集中して、堅く、堅く、堅く、はいリラックス」「顔に集中して、堅く、堅く、堅く、はいリラックス」と、身体のいろんな部位に集中してはリラックスしていく。リノリウムの床から伝わってくる固さと冷たさは決して快いとは言えないが、目を閉じて横になること自体自分だけの世界に入り込みほっとした。その姿勢のまま、ヤネックの語る物語を聞く。まるでラジオドラマを聞いているような、迫真的演技のストーリー・テリングだ。海辺の村に迷い込んできたあしかは、女性の姿に変わり漁師と結婚する。子どもにも恵まれ幸せな年月を送っていたが、天変地異が起こり、不漁続きでその村は大変な窮地に陥る。漁師たちの願いを悟った女性は子どもを連れて海に戻った。海の神様にお願いして、大漁となり、村は平和を取り戻した。こんな話の筋だったように思う。その話から連想するイメージを作り上げていく。たっぷり2時間かけて、粘土で、絵の具で、それぞれが思い思いの作品に仕上げた。あとのシェアリングで、異界からの女性として「夕鶴」を連想したことを話した。

2001年10月6日

まりさん（日本から短期研修でロンドンに来ている友人）と、テート美術館に行った。イギリスが誇るターナーの作品を集めている部屋にしばらく立ち止まる。どうしてターナーはこんなに風景にばかりこだわったのだろうか。人を描いた時期もあったのだろうか。実際の対人関係はどうだったのだろう。病跡学的なアプローチも面白いかもとふと思った。

2001年10月7日

ネブワースに住むサイコセラピストに会いに行った。パーソナルセラピストがなかなか決まらない。自分の個人的な問題に向き合うための援助者を見つけるのは難しい。ドラマセラピーコースの友人（台湾人）の紹介で、日曜日の午後7時のアポだ。自宅玄関横の部屋に案内された。居間からテレビと女の子の声が聞こえる。コーヒーカップを片手に持った中年女性が入ってきた。パーソンセンタードの立場だというそのセラピストは、きさくで陽気だが、なんだか雑な感じもした（ハートフォードシャー大学のチューターのひとりは、同じパーソンセンタード派だがとても繊細で心配りをする人なので、人柄だろう）。小さな町の夜道は、薄暗い街灯がぽつぽつあるだけ、人っ子ひとり歩いていない。小走りで駅に着く。プラットフォームには誰もいない。心細さとさっきのセラピストに対する失望で、どっとしんどさが押し寄せてきた。

2001年10月11日

今日は予定が変更されて、授業はなく自習になった。LRC情報処理センターで本を探す。アートセラピーや心理療法関連の本だけでなく、世界中の学術雑誌もそろっているLRCは魅力的な場所。「日本」の棚の中に日本芸術療法誌を見つけて感激。何かなつかしいものに出会ったような不思議な感覚。あれこれ本を手にとってみたが、結局、ワラーの『専門家になること』（Becoming a profession）を読むことにした。主として半世紀前からのイギリスにおけるアートセラピストの歴史が概説されている。現在のように社会的に認知されるようになるまでに、大変なアートセラピストの努力と闘いがあったことが分かる。専門家としての強い職業意識と連帯感に圧倒された。

2001 年 10 月 15 日

体験グループアートセラピーとしてのトレーニンググループがやっと始まった。

まずチューターが念を押したのは、守秘義務 confidentiality だった。この 8 人のグループ内で起きたことは外に漏らさないということ。ジョウジーは 9.11 ニューヨークのテロを描いた。シェアリングの時、私は阪神大震災の神戸を思い出したと言った。「惨事を前にしての呆然とした……」と説明しかけて胸が熱くなり、言葉が続かなかった。皆も静かに私の気持ちを共有してくれた。

2001年11月17日

ジョウジーとクレア、そして彼女たちと同室のパキスタンからの留学生男性といっしょに、隣町のセント・オーボンスに行った。ローマ人の襲撃に備えた砦が今も残っている歴史的な街だ。大聖堂は見事なステンドグラスの丸天井や窓を持ち、石造りの広い礼拝堂にパイプオルガンが流れる。その音色に吸い込まれるように、心が聖堂の中を浮遊する。外に出るとまぶしさにくらくらした。広場はマーケットが開かれにぎわっている。近郊農家が野菜や果物を並べているのだ。洋ナシ、りんご、プラムどれも日本のと比べると小ぶりだ。あまり改良されていないのだろうか。店の人がナイフで果物を裂き、一切れ味見をさせてくれた。甘い！　ひと山の洋ナシを買った。土曜日がどこも一番にぎやか。日曜日は安息日、教会に行かない人も家でひっそりしている。スーパーが午後2時に閉まるのにはびっくりした。以前は日曜日は終日閉店だったとか。

2002年1月28日

来る日も来る日も雨。風の逆巻く嵐の日もある。もう1カ月以上お日様を見ていない。駅のホームに立っている人たちもコートの襟を立て、眉間にしわを寄せている。イギリスに季節鬱病が多いのも無理からぬことと感じる。実際、友達の家族やあの先生もという話を聞く。私も鬱になりそう、いや半分鬱かしら、それとも単なるホームシック？　LRCで日本の家族にメールを打っていると涙が止まらなくなる。恥ずかしくなってぐっと息を止めた。初めての論文の評価があまりよくなかったせい？フィリッパ（チューター）に、「よく書けているわ、でももっとアートセラピーの肯定的な面に焦点を当てなさい」と言われてしまった。けれど私はあの看護師の反応「アートセラピストって何をするの？」がショックだったのだ。すっかりイギリスでは知れ渡っていると思っていたのに。藤村じゃないけれど、ソトもウチも嵐だ。トレーニング・グループで、漢字や平仮名を書いて、皆に見てもらい今の気持ちを話したら少し楽になった。

2002年3月23日

春だ！　やっと春が来た！　寮の庭に、キャンパスに、道端に、駅の土手に、あっちにも、こっちにも黄色のラッパ水仙が咲き乱れている。冬の間、実習病院にむかう電車の中から見える景色は霧に閉ざされ、雨に煙った灰色の世界だった。それが何と一面黄色の菜の花の世界！いちめんのなのはな、いちめんのなのはな、……思わず口からこぼれる1フレーズ（ただし遠くから見ているので、本当は菜の花かどうか分からない。とにかく黄色のじゅうたんがずっと続いている）。こちらの牧場はスノードロップスの白とやわらかな草の緑。この春の美しさを享受するために、あの冬の厳しさがあったのかしら。きりきり、かりかりと机に向かっていた日々に比べると、何とゆったり本をめくれるのだろう。

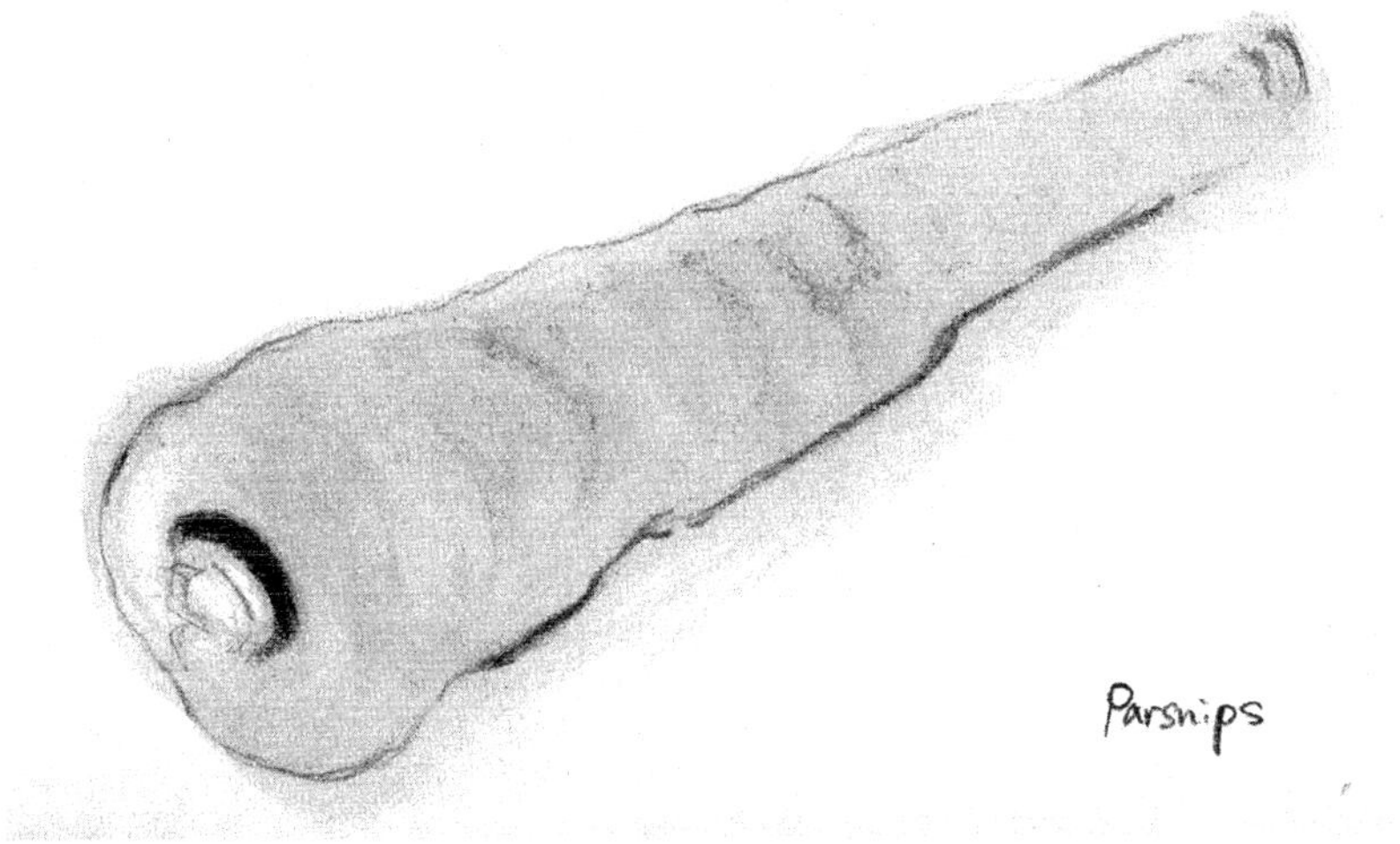

2002年11月24日

2年目の訓練が始まって2カ月過ぎた。ジョウジー、クレア、サッシャー、私の4人で暮らし始めた生活もごく平穏に流れていく。「アートセラピスト・フラット（アートセラピストのアパート）」として、コースの仲間たちを呼んでパーティもするが、普段は静かにそれぞれのペースで過ごす。週末に、彼女たちのボーイフレンドが泊まっていくこともあるが没交渉。水曜日だけは例外だ。毎週水曜の夕ご飯は4人一緒に食べる。当番3人が主菜、副菜、デザートと担当を決めて用意する。月に1回は「私食べる人」になるので楽だ。サッシャーがベジタリアンなので、お肉はなし。ベジ・ソーセージやベジ・ハンバーグがあることも知った。この「parsnips」という野菜は、形は人参、色はごぼう、味は……何とも言い難し。ポトフに入れたり、ゆでてマッシュにして食べた。ジョウジーの南アフリカ風アプリコット入りシチュウ、クレアのイングランド式にんにく風味じゃがいも炒め、サッシャーのタイ風カレーライス、私の海苔巻と味噌汁が、今月の主菜メニュー。にぎやかにおしゃべりしながら食べる夕食に、夜がふけていく。

2002年12月3日

また冬の季節がやってきた。午後3時半には夕暮れの色に包まれていく。長い夜の時間が訪れる。それでも去年ほど落ち込んでない、かな。ことはあまりうまくいってないけれど。CRB（Criminal Record Bureau：犯罪記録局）の電話応対にはうんざり。日本のお役所仕事どころでない。早く許可が出ないと訓練生として小学校に入れない。臨床実習のスタートが遅れている私に、同居している3人はいろいろ気遣ってくれる。クレアは自分の実習先のボスに掛け合ってくれて、臨時参加の許可をもらった。問題行動のために停学や退学を命じられた子どもたちの施設で、日本の伝統的遊びを紹介した。「悪ガキ」たちが一所懸命竹とんぼを飛ばし、福笑いを楽しむ姿に施設長もびっくり。私も楽しんだが、あくまで臨時イベント。ジョウジーも花束を買って来てくれたり、話を聞いてくれたり優しい。けれど、どうなるんだろう。そして私はどうしたいのだろう。

2003年2月8日

あれほどやきもきした教育現場での実習も、始まってしまえば嘘のよう。スムースに流れている。と言っても、どこの小学校も門は固く閉ざし、インターフォンで、名前と役割を告げないと中には入れない。昨日は折角小学校まで行ったのに、トムは停学命令が出て、学校には出てきていなかった。友達への乱暴と授業妨害をすると、小学校1年生でも責任をとらなきゃいけないということ。今日はサッシャーといっしょに遠出の散歩。外は寒くぬかるんだ田舎道でも、イギリス人は散歩が好き。暖かい紅茶を魔法瓶に詰めて、手袋とマフラーで防寒をしっかりして出発。途中の池にがちょうがたくさんきていて、車椅子の男性がえさをやっていた。ごく自然な風景……何だかいいなあ。「こんにちわ」と挨拶すると、「ハーイ」と微笑んでくれた。

2003年6月8日

イギリス暮らしもあと1カ月となった。今日のワークショップはグループでの島作り。私は緑の薄紙で富士山を作った。どうしてもそれを空間の真ん中に置きたくて、誰よりも先にどんと中央に置いた。その周りを他のメンバーが道をつけたり、家や港を作っていった。何というアサーション！　自分でもびっくり。夕方のパーソナルセラピーで、このことを話した。「自己主張しないで、閉ざしていた？　では何のために閉ざしていたのだろう？」と、私がつぶやくと、テッサ（セラピスト）は、「何故と自分に問うているのね。自分（セラピスト）の気持ちを探っていく explore your mind のは、クライエントの作品のイメージを探るのと同じぐらい大事なことよ。それが身についてきたのね。あなたは確かに変容 transform したわ」と言ってくれた。この小さな部屋の窓から庭を眺め、机に向かう日も残りわずか。じっとりした霧を迎え入れた朝、吹雪の外をみつめていた昼、窓辺で雨の音を聞いた夜、いろんな日をこの窓が、この庭が運んでくれた。今、初夏のさわやかな風が私を包んでいる。

引用・参考文献

はじめに

Case, C. & Dalley, T.（1992）*The handbook of art therapy*. London : Routledge.（岡昌之監訳〈一九九七〉『芸術療法ハンドブック』誠信書房）

Herman, J.（1992）*Trauma and recovery*. Basic Books.（中井久夫訳〈一九九六〉『心的外傷と回復』みすず書房）

第一章

1

伊藤良子（二〇〇六）「青年期のクライエントが振り返る一〇歳のころ」『臨床心理学』六巻四号、四九二―四九七頁

Kalff, D.M.（1966）*Sandspiel : Seine therapeutische Wirkung auf die Psyche*. Zurich und Stuttgart : Rascher Verlag.（河合隼雄監修〈一九七二〉『カルフ箱庭療法』誠信書房）

村瀬嘉代子（二〇〇六）「自律と保護のバランス」『臨床心理学』六巻四号、四三七―四四二頁

Symington, J. & Symington, N.（1996）*The clinical thinking of Wilfred Bion*. London : Routledge.（森茂起訳〈二〇〇三〉『ビオン臨床入門』金剛出版）

Winnicott, D. W.（1971）*Playing and reality*. London : Tavistock Publications Ltd.（橋本雅雄訳〈二〇〇三〉『遊ぶことと現実』岩崎学術出版社）

2

Dubowski, J.（1992）Art versus language. Case, C. & Dalley, T. eds., *Working with children in art therapy*. London and New York : Routledge.

Goodman, N.（1976）*Languages of art : An approach to a theory of symbols*. Indianapolis and Cambridge : Hackett Publishing Company Inc.

皆藤章（一九九四）『風景構成法――その基礎と実践』誠信書房

Lillitos, A.（1992）Control, uncontrol, order and chaos : Working with children with intestinal motility problems. Case, C. & Dalley, T. eds., *Working with children in art therapy*. London, Tavistock/Routledge.
Winnicott, D. W.（1965）*The naturational processes and the facilitating environment*. London : The Hogarth Press Ltd.（牛島定信訳〈一九七七〉『情緒発達の精神分析理論』岩崎学術出版社）
山中康裕（一九九〇）「絵画療法とイメージ——ＭＳＳＭ交互なぐりがき物語統合法の紹介を兼ねて」水島恵一編「イメージの心理とセラピー」『現代のエスプリ』第二七五号、至文堂

3

Case, C.（2006）Observation of children cutting up, cutting out and sticking down. *International Journal of Art Therapy : Inscape*. Vol.11, No.1, June .
Erikson,E. H.（1959）*Psychological issues, identity and the life cycle*. International Universities Press.（小此木啓吾訳編〈一九七三〉『自我同一性』誠信書房）
小此木啓吾（二〇〇〇）「ひきこもりの社会心理的背景」狩野力八郎・近藤直司編『青年のひきこもり——心理社会的背景・病理・治療援助』岩崎学術出版社
高橋徹（一九七六）『対人恐怖——相互伝達の分析』医学書院

4

Asper, K.（1987）*The abandoned child within : On losing and regaining self-worth*. Olten : Walter Verlag AG.（老松克博訳〈二〇〇一〉『自己愛障害の臨床』創元社）
Henderson, J.（1964）Ancient myths and modern man. Jung, C., Von Franz, M., Henderson, J., et al., *Man and his symbols*. London : Aldus Books Limited, 95-156.（河合隼雄監訳〈一九七二〉「古代神話と現代人」『人間と象徴——無意識の世界』河出書房新社、一一一—一七二頁）
Herman, J.（1992）*Trauma and recovery*. New York : Basic Books.（中井久夫訳〈一九九六〉『心的外傷と回復』みすず書房）
中井久夫（一九九三）「コラージュ私見」森谷寛之・杉浦京子・入江茂・山中康裕編『コラージュ療法入門』創元社
Schaverien, J.（1995）*Desire and the female therapist : Engendered gazes in psychotherapy and art therapy*. London and New York :

Routledge.

5

Abram, J.（1996）*The Language of Winnicott : A dictionary of Winnicott's use of words*. London : Karnac Books Ltd.（館直彦監訳〈二〇〇六〉『ウィニコット用語辞典』誠信書房）
Henzell, J.（1984）Art, psychotherapy, and symbolsystems. Dalley, T. ed., *Art as therapy : An introduction to the use of art as a therapeutic technique*. London : Tavistock.
Herman, J.（1992）*Trauma and recovery*. New York : Basic Books.（中井久夫訳〈一九九六〉『心的外傷と回復』みすず書房）
皆藤章（一九九四）『風景構成法――その基礎と実践』誠信書房
狩野力八郎（二〇〇〇）「精神障害とひきこもり」狩野力八郎・近藤直司編『青年のひきこもり――心理社会的背景・病理・治療援助』岩崎学術出版社
河野正明（二〇〇〇）「外傷性精神障害とひきこもり」同『青年のひきこもり――心理社会的背景・病理・治療援助』
菊地孝則（二〇〇〇）「通院設定での個人精神療法」同『青年のひきこもり――心理社会的背景・病理・治療援助』
Liebmann, M.（1986）*Art therapy for groups : A handbook of themes, games and exercises*. Newton : Brookline Books.
Mollon, P.（2001）*Releasing the self : The healing legacy of Heinz Kohut*. London and Philadelphia : Whurr Publishers.
Schaverien, J.（1987）The scapegoat and the talisman : Transference in art therapy. Dalley, T. ed. *Images of art therapy*. London : Tavistock, 74-108.
Symington, J. & Symington, N.（1996）*The clinical thinking of Wilfred Bion*. London : Routledge.（森茂起訳〈二〇〇三〉『ビオン臨床入門』金剛出版）
Von Franz, M.-L.（1980）*The psychological meaning of redemption motifs in fairytales*. Inner City Books.（角野善宏・小山智朗・三木幸枝訳〈二〇〇四〉『おとぎ話のなかの救済』日本評論社）
Winnicott, D.W.（1971）*Playing and reality*. London : Tavistock Publications Ltd.（橋本雅雄訳〈一九七九〉『遊ぶことと現実』岩崎学術出版社）

6

Case, C. & Dalley, T.（1992）*The handbook of art therapy*. London : Routledge.（岡昌之監訳〈一九九七〉『芸術療法ハンドブック』誠信書房）

Di Leo, J.（1977）*Child development : Analysis and synthesis*. Brunner/Mazel.（白川佳代子・石川元訳〈一九九九〉『絵に見る子どもの発達――分析と統合』誠信書房）

磯部潮（二〇〇五）『発達障害かもしれない――見た目は普通の、ちょっと変わった子』光文社新書

Lillitos, A.（1990）Control, uncontrol, order, and chaos. Case, C. & Dalley, T. eds., *Working with children in art therapy*. London and New York : Routledge.

Rhode, M.（2003）Assessing children with communication disorder. Rustin, M. & Quagliata, E. eds., *Assessment in child psychotherapy*. Karnac Books Ltd.（木部則雄監訳〈二〇〇七〉『こどものこころのアセスメント――乳幼児から思春期の精神分析アプローチ』岩崎学術出版社）

Safran, D. S.（2002）*Art therapy and AD/HD-diagnostic and therapeutic approaches*. London and Philadelphia : Jessica Kingsley Publishers.

Schaverien J.（1992）*The revealing Image : Analytical art psychotherapy in theory and practice*. London and Philadelphia : Jessica Kingsley Publishers.

Walon, P., Camber, A., & Engelhart, D.（1990）*Le dessen de l'enfant*. Presses Universitaires de France.（加藤義信・日下正一訳〈一九九五〉『子どもの絵の心理学』名古屋大学出版会）

Winnicott, D.W.（1986）*Home is where we start from*. The Estate of D. W. Winnicott.（伊原成夫・上別府圭子・斎藤和恵訳〈一九九九〉『家庭から社会へ』岩崎学術出版社）

7

Blank, M.（1974）Raising the age barrier to psychotherapy. *Geriatrics*, 141-148.

Canete, M., Stormont, F., & Ezquerro, A.（2000）Group-analytic psychotherapy with the elderly. *British Journal of Psychotherapy*. Autumn.

Cossio, A.（2002）Art therapy in the treatment of chronic invalidating conditions, from Parkinson's disease to Alzheimer's. Diane, W. ed., *Art*

therapies and progressive illness-nameless dread. Brunner Routlege.
Couch, B.（1997）Behind the veil : Mandala drawings by dementia patients. *Art Therapy : Journal of the American Art Therapy Association*, 14 (3): 187-193.
Drucker, K.（1990）Swimming upstream : Art therapy with the psychogeriatric population in one health district. Liebeman, M. ed., *Art therapy in practice*. London : Jessica Kingsley Publishers.
Erikson, E. H.（1950）*Childhood and Society*. Free Press.
Freud, S.（1905）On psychotherapy. *Standard Edition of the Complete Works of Sigmund Freud*. London : Hogarth Press.
Hilderbrand, H.P.（1982）Psychotherapy with older patients. *British Journal of Medical Psychology*, 55, 19-28.
Jensen, S. M.（1997）Multiple pathways to self : A multi-sensory art experience. *Art Therapy : Journal of the American Art Therapy Association*, 14 (3), 178-186.
Kahn-Denis, K. B.（1997）Art therapy with geriatric dementia clients. *Art Therapy : Journal of the American Art Therapy Association*, 14 (3), 194-199.
ボブ・ナイト（二〇〇二）長田久雄監訳『高齢者のための心理療法入門——成熟とチャレンジの老年期を援助する』中央法規出版
黒川由紀子・斉藤正彦・松田修（二〇〇五）『老年臨床心理学——老いの心に寄りそう技術』有斐閣
Martindale, B.（1989）Becoming dependent again : The fear of some elderly persons and their younger therapists. *Psychoanalytic Psychotherapy*, 4 (1), 67-75.
Martindale, B.（1998）On aging, dying, death and eternal life. *Psychoanalytic Psychotherapy*, 12 (3), 259-270.
松岡恵子「痴呆性高齢者のグループを対象とした芸術療法」（二〇〇四）『老年精神医学雑誌』一五巻五号
宮原英種監修、稲谷ふみ枝（二〇〇三）『高齢者理解の臨床心理学』ナカニシヤ出版
日本認知症ケア学会編（二〇〇四）『認知症ケアの基礎』ワールドプランニング
Orbach, A.（1996）*Life, psychotherapy and death : The end of our exploring*. London : Jessica Kingsley Publishers.
Poggi, R. & Berland, D.（1985）The therapists' reactions to the elderly. *The Gerontologist*, 25, 508-513.
Schexnayare, C.（1993）Images from the past : The life review scrapbook technique with the elderly. Virshup, E. ed., *California Art Therapy Trends*.

Shore, A.（1997）Promoting wisdom : The role of art therapy in geriatric settings. *Art Therapy : Journal of the American Art Therapy Association*, 14 (3), 172-177.

Skeikh, A. J., Mason, J., & Taylor, A.（1993）An experience of an expressive group with the elderly. *British Journal of Psychotherapy*, vol. 10, Autumn.

徳田良仁（一九九八）「高齢者の創造と表現」徳田良仁・飯森真喜雄他監修『芸術療法（1）理論編』岩崎学術出版社

Waller, D. ed.（2002）*Art therapies and progressive illness : Nameless dread*. Hover : Brunner-Routledge.

Yalom, I. D.（1995）*The theory and practice of group psychotherapy*. 4th edition. Basic Books.

山上榮子（二〇〇五）「手のイメージを作り続けること――認知症（痴呆）を伴ううつ病女性のイギリスでのアートセラピー」『日本芸術療法学会誌』三五巻・一二号

8

Franks, M. & Whitaker, R.（2007）The image, mentalisation and group art psychotherapy. *International Journal of Art Therapy : Inscape*, Vol. 12, No. 1, June.

Freudenberger, H.J.（1974）Staff burnout. *Journal of Social Issues*, 30(1), 159-165.

Harrison, J.（2001）*Synaesthesia : The stranger things*. New York : Oxford University Press.（松尾香弥子訳〈二〇〇六〉『共感覚――もっとも奇妙な知覚世界』新曜社）

Knight, B.（1996）*Psychotherapy with older adults*. London : Sage Publications.（長田久雄監訳〈二〇〇二〉『高齢者のための心理療法入門』中央法規出版）

小堀彩子・下山晴彦（二〇〇六）「対人援助職の感情労働とバーンアウト予防」『臨床心理学』六巻五号

Liebmann, M.（1986）*Art therapy for groups : A handbook of themes, games and exercises*. Cambridge, Massachusetts : Brookline Books.

Poggi, R. & Berland, D.（1985）The therapists' reactions to the elderly. *The Gerontologist*, 508-513.

Skaif, S.（2002）Keeping the balance : Further thoughts on the dialectics of art therapy. Gilroy, A. & McNeilly, G. eds., *The changing shape of art therapy*. London and Philadelphia : Jessica Kingsley.

Skaif, S. & Huet, V.（1998）Dissonance and harmony : Theoretical issues in art psychotherapy groups. Skaif, S. & Huet eds., *Art*

psychotherapy groups between pictures and words. London : Routledge.
田尾雅夫・久保真人（一九九六）『バーンアウトの理論と実際――心理学的アプローチ』誠信書房

9

Byers, A.（1995）Beyond marks : On working with elderly people with severe memory loss. *Inscape*, Vol. 1 : 13-18.

Hosea, H.（2006）The brush's Footmarks : Parents and infants paint together in a small community art therapy group. *Inscape*, Vol. 11,No.2, Dec.

Liebmann, M.（1986）*Art therapy for groups : A handbook of themes, games and exercises*. Cambridge, Massachusetts : Brookline Books.

Stern, D.（1985）*The interpersonal world of the infant*. London : Karnac Books.

Stern, D.（1995）*The motherhood constellation : A unified view of parent-infant psychotherapy*. Basic Books.（馬場禮子・青木紀久代訳〈二〇〇〇〉『親 - 乳幼児心理療法――母性のコンステレーション』岩崎学術出版社）

Winnicott, D. W.（1965）*The maturational processes and the facilitating environment*. London : The Hogarth Press Ltd.（牛島定信訳〈一九七七〉『情緒発達の精神分析理論』岩崎学術出版社）

Winnicott, D. W.（1971）*Playing and reality*. London : Routledge.（橋本雅雄訳〈一九八五〉『遊ぶことと現実』岩崎学術出版社）

10

Case, C. & Dally, T.（1992）*The handbook of art therapy*. London : Routledge.

Henderson, J.（1964）Ancient myths and modern man, Jung, C., Von, Franz., M, Henderson, J., et al., *Man and his symbols*. London : Aldus Books Limited, 95-156.（「古代神話と現代人」河合隼雄監訳〈一九七二〉『人間と象徴――無意識の世界』河出書房新社、一一一－一七二頁）

Kris, E.（1964）*Psychoanalytic exploration in art*. New York : Schoken Books.

Mclead, J.（1996）The humanistic paradigm. Woolfe, R. & Dryden, W. eds., *Handbook of counseling psychology*. London : Sage.

Naumburg, M.（1966）*Dynamically oriented art therapy : It's principles and practices*. New York & London : Grune & Stratton.

Waller, D.（1993）*Group Interactive Art Therapy*. London : Brunner- Routledge.

1

Case, C.（1990）Reflections and shadows : An exploration of the world of the rejected girl. Case, C. & Dalley, T. eds., *Working with children in art therapy*. London and New York : Routledge.

Case, C. & Dalley, T.（1992）*The handbook of art therapy*. London and New York : Routledge.（岡昌之監訳〈一九九七〉『芸術療法ハンドブック』誠信書房）

小此木啓吾（一九九〇）「治療構造論序説」岩崎徹也他編『治療構造論』岩崎学術出版社

Rogers, N.（1993）*The creative connection : Expressive arts as healing*. Science & Behavior Books.（小野京子・坂田裕子訳〈二〇〇〇〉『表現アートセラピー』誠信書房）

2

Adamson, E.（1984）*Art as healing*. London : Conventure Ltd.

Connell, C.（1998）*Something understood : Art therapy in cancer care*. London : Wrexham Publications.

Heusch, N.（1998）Art therapist's counter-transference : Working with refugees who had survived organized violence. Hiscox, A. & Calisch, A. eds., *Tapestry of cultural issues in art therapy*. London : Jessica Kingsley Publishers.

Hogan, S.（2001）*Healing arts : The history of art therapy*. London and Philadelphia : Jessica Kingsley Publishers.

Pratt, A. & Wood, M. eds.（1998）*Art therapy in palliative care : The creative response*. London : Routledge.

Stevens, A.（1984）Foreword. Adamson, E. *Art as healing*. London : Conventure Ltd.

Waller, D.（1991）*Becoming a profession : History of art therapy in Britain*（1940 - 1982）. London : Tavistock/Routledge.

3

Waller, D.（1993）*Group interactive art therapy : Its use in training and treatment*. London : Brunner- Routledge.

Winnicott, D. W.（1971）*Playing and reality*. London : Routledge.（橋本雅雄訳〈一九八五〉『遊ぶことと現実』岩崎学術出版社）

4

Case, C.（1990）The triangular relationship (3). Heart forms : The image as mediator. *Inscape*, Winter.

Case, C. & Dalley, T.（1992）*The handbook of art therapy*. London : Routledge.（岡昌之監訳〈一九九七〉『芸術療法ハンドブック』誠信書房）

Fuller, P.（1980）*Art and psychoanalysis*. London : Writers and Readers.

Henderson, J.（1964）Ancient myths and modern man. Jung, C., Von Franz, M., Henderson, J., et al., *Man and his symbols*. London : Aldus Books Limited, 95-156.（河合隼雄監訳〈一九七二〉「古代神話と現代人」『人間と象徴――無意識の世界』河出書房新社、一一一－一七二頁）

Henzell, J.（1984）Art, psychotherapy, and symbol systems. Dalley, T. ed. *Art as therapy*. London : Routledge.

森茂起（一九九六）「子どもたちへのグループワークの効果」岡堂哲雄編『現代のエスプリ　被災者の心のケア』至文堂、二二九－二三七頁

Murphy, J., Paisley, D., & Pardoe, L.（2004）An art therapy group for impulsive children. *Inscape*, Vol.9, No.2.

Sagar, C.（1990）Working with cases of child sexual abuse. Case, C. & Dalley, T. eds., *Working with children in art therapy*. London : Routledge.

Schaverien, J.（1987）The scapegoat and talisman : Transference in art therapy. Dalley, T. ed., *Images of art therapy*. London : Tavistock, 74-108.

Schaverien, J.（1990）The triangular relationship (2). Desire, alchemy and the picture : Transference and countertransference in art therapy. *Inscape*, Winter.

Schaverien, J.（1999）The scapegoat. Jewish experience and art psychotherapy group. Campbell, J., Liebmann, M., Brooks, F., Jones, J. & Ward, C. eds., *Art therapy, race and culture*. London : Jessica Kingsley Publishers, 56-67.

Symington, J. & Symington, N.（1996）*The clinical thinking of Wilfred Bion*. London : Routledge.（森茂起訳〈二〇〇三〉『ビオン臨床入門』金剛出版）

Waller, D.（1993）*Group interactive art therapy : Its use in training and treatment*. Hove and New York : Brunner-Routledge.

Weir, F.（1987）The role of symbolic expression in its relation to art therapy : A kleinian approach. Dalley, T. et al., *Images of art therapy*. London : Tavistock.

Winnicott, D. W.（1971）*Playing and reality*. London : Routledge.（橋本雅雄訳〈一九八五〉『遊ぶことと現実』岩崎学術出版社）

山上榮子・西田美穂子（一九九八）「阪神淡路大震災を契機に入院に至った精神科患者への投影法による接近――風景構成法に表現された混乱と回復」『精神科治療学』一三巻一二号、一四五五－一四六二頁

山上榮子（二〇〇五）「手のイメージを作り続けること――認知症（痴呆）を伴ううつ病女性のイギリスでのアートセラピー」『日本芸術療法学会誌』三五巻一・二号、一八－三〇頁

第三章

1

Case, C. & Dalley, T.（1992）*The handbook of art therapy*. London : Routlege.（岡昌之監訳〈一九九七〉『芸術療法ハンドブック』誠信書房）

Safran, D. S.（2002）*Art therapy and AD/HD-diagnostic and therapeutic approaches*. London and Philadelphia : Jessica Kingsley Publishers.

The British Association of Art Therapists（BAAT）（1999）Code of ethics and principles of professional practice for art therapists.

2

Faculty of Art and Design, University of Hertfordshire.（2002）*Handbook of MA Art Therapy*.

3

Henley, D.（2002）*Clayworks in art therapy*. London and Philadelphia : Jessica Kingsley Publishers.

Liebmann, M.（1986）*Art therapy for groups : A handbook of themes, games and exercises*. Cambridge and Massachusetts : Brookline Books.

Plummer, D.（1999）*Using interactive imagework with children : Walking on the magic mountain*. London and Philadelphia : Jessica Kingsley Publishers.
Searles, H.（1979）*Countertransference and related subjects : Selected papers*. International Universities Press.

4

Byers, A.（1995）Beyond marks : On working with elderly people with severe memory loss. *Inscape*, Vol.1, 13-18.
Dalley, T.（1990）Images and integration : Art therapy in a multi-cultural school. Case, C. & Dalley, T. eds., *Working with children in art therapy*. London : Routledge, 161-198.
Eng, H.（1954）*The psychology of children's drawings*. Routledge & Kegan Paul Ltd.（深田尚彦訳〈一九九九〉『子どもの描画心理学――初めての線描き（ストローク）から、8歳時の色彩画まで』黎明書房）
Greenwood, H.（1994）Cracked pots : Art therapy and psychosis. *Inscape*. Vol.1, 11-14.
Henderson, J.（1964）Ancient myths and modern man. Jung, C. Von Franz, M. Henderson, J. et al., *Man and his symbols*. London : Aldus Books Limited, 95-156.（河合隼雄監訳〈一九七二〉「古代神話と現代人」『人間と象徴――無意識の世界』河出書房新社、一一一―一七二）
Killick, K.（1991）The practice of art therapy with patients in acute psychotic states. *Inscape*, Winter.
Knight, B.（1996）*Psychotherapy with older adults*. London : Sage Publications.（長田久雄監訳〈二〇〇二〉『高齢者のための心理療法入門』中央法規出版）
Liebmann, M.（1986）*Art therapy for groups : A handbook of themes, games and exercises*. Newton : Brookline Books.
Liebmann, M.（1990）Art therapy and other caring professions. Liebmann, M. ed., *Art therapy in practice*. London : Jessica Kingsley Publishers Ltd.
Martindale, B.（1989）Becoming dependent again : The fears of some elderly persons and their younger therapist. *Psychoanalytic Psychotherapy*. 4(1) : 67-75.
Sedgwick, D.（1994）*The wounded healer : Counter-transference from a Jungian perspective*. London : Routledge.（鈴木龍監訳〈一九九八〉『ユング派と逆転移――癒し手の傷つきを通して』培風館）

Sagar, C.（1990）Working with cases of child sexual abuse. Case, C. & Dalley, T. eds., *Working with children in art therapy*. London : Routledge.
Symington, J. & Symington, N.（1996）*The clinical thinking of Wilfred Bion*. London : Routledge.（森茂起訳〈二〇〇三〉『ビオン臨床入門』金剛出版）
Waller, D.（1993）*Group interactive art therapy : Its use in training and treatment*. Hove and New York : Brunner-Routledge.
Winnicott, D. W.（1971）*Playing and reality*. London : Routledge.（橋本雅雄訳〈一九八五〉『遊ぶことと現実』岩崎学術出版社）
Yalom, I. D.（1975）*The theory and practice of group psychotherapy*. New York : Basic Books.
山上榮子（二〇〇二）「象徴としての手」吉川真理・山上栄子・佐々木裕子『臨床ハンドテストの実際』誠信書房、二一九–二三七頁

5

Dalley, T.（2002）著者への私的な助言
Evans, K.（2001）*Art therapy with children on the autistic spectrum : Beyond words*. London : Jessica Kingsley.
Waller, D.（2002）Evaluating the use of art therapy for older people with dementia : A control group study. Waller, D. ed., *Arts therapies and progressive illness : Nameless dread*. London : Brunner-Routledge, 122-137.
山上榮子（二〇〇五）「手のイメージを作り続けること——認知症（痴呆）を伴ううつ病女性のイギリスでのアートセラピー」『日本芸術療法学会誌』三五巻一・二号

●著者略歴

山上　榮子(やまがみ　えいこ)

1969 年　神戸大学教育学部教育心理学科卒業
2003 年　ハートフォードシャー大学大学院アートセラピー・コース修了
現　在　神戸学院大学人文学部人間心理学科講師，臨床心理士，芸術療法士，イギリスアートセラピスト協会会員
著訳書　『児童分析の指針』アンナ・フロイト著作集第５巻（分担訳）岩崎学術出版社　1984，ワグナー『ハンドテスト・マニュアル』(共訳）誠信書房　2000，『臨床ハンドテストの実際』（共著）誠信書房　2002，『カウンセリングを始める人のために』（分担執筆）世界思想社　2003

山根　蕗(やまね　ふき)

1999 年　京都教育大学教育学部卒業
2004 年　ハートフォードシャー大学大学院アートセラピー・コース修了
現　在　洛和会音羽病院医療介護研究所 アートセラピスト(高齢者，ホスピス，子ども）

対人援助《たいじんえんじょ》のためのアートセラピー

2008 年 9 月 3 日　第 1 刷発行

著　者　山 上 榮 子 / 山 根 蕗
発行者　柴 田 敏 樹
印刷者　西 澤 道 祐
発行所　株式会社　誠 信 書 房
〒 112-0012　東京都文京区大塚 3-20-6
電話　03 (3946) 5666
http://www.seishinshobo.co.jp/

あづま堂印刷　イマヰ製本所

Printed in Japan
ISBN978-4-414-40045-8 C3011

表現アートセラピー
創造性に開かれるプロセス

ISBN978-4-414-40278-0

N.ロジャーズ著　小野京子・坂田裕子訳

「表現アートセラピー」とは，絵画，ダンス，音楽などのさまざまなアートを自在に組み合わせ，人間が本来もつ内的な成長プロセスを育む統合的な独自のアプローチであり，その適用は多様な場面で可能性をもつ。本書はその理論と実際を事例やエクササイズも豊富にまじえ，わかりやすく示す。

目　次

A5判上製　定価(本体4500円＋税)

表現アートセラピー入門
絵画・粘土・音楽・ドラマ・ダンスなどを通して

ISBN978-4-414-40024-3

小野京子著

表現アートセラピーは，絵やダンスなどさまざまなアート表現により本来の自分を取り戻すセラピーである。本書は，ロジャーズのパーソン・センタード・アプローチに基づいて，分析や解釈をせず，絵画，粘土，ダンス，音楽などの表現を尊重している。セラピーを受ける人は，ありのままに自分を表現することによって，ストレスや葛藤から解放され，活力をとり戻す。子どもから高齢者まで誰にでも有効なセラピーである。

主要目次

A5判並製　定価(本体2400円+税)